Saggi

DANIEL LUMERA

Scegli la tua vita

Vocazione, significato, talento: come trovarli dentro di sé

SOLFERINO

SOLFERINO

www.solferinolibri.it

Published by arrangement with
The Italian Literary Agency

ISBN 978-88-282-1755-8
Prima edizione: novembre 2025

A chi sta cercando
il significato della propria vita

Prefazione
Il significato della tua vita

Quanto ti pagano all'ora per rinunciare ai tuoi sogni?

La nostra felicità, il senso di pienezza, di libertà, di leggerezza, di realizzazione e anche, in buona parte, la nostra salute mentale e fisica dipendono da quanto siamo connessi con l'autentico scopo della nostra vita.

Ho conosciuto molte persone di successo, capaci di realizzare grandi ricchezze, obiettivi personali e professionali, ma solo in pochissimi ho visto l'integrità e la pienezza di chi sta vivendo la vita che davvero gli appartiene.

Nella millenaria tradizione indovedica, il proposito della propria vita è chiamato *svadharma*.

Rappresenta la vera natura di sé, la legge naturale. Corrisponde all'unicità che ci contraddistingue, alla propria eresia, alla natura essenziale che la vita manifesta attraverso ognuno di noi. È una vocazione che, quando non viene soffocata, può dirigere le proprie attitudini sociali, professionali, artistiche, tecniche, spirituali.

Lo *svadharma* di un fiore, per esempio, è quello di sbocciare alla luce del sole e diffondere la propria fragranza.

Mi sono avvicinato a questo concetto da ragazzo per la prima volta e oggi, dopo trent'anni di pratica, sento di condividere questa via di piena realizzazione.

Si tratta di essere capaci di riconoscere la propria legge naturale e seguirla con coraggio, qualunque cosa comporti. Di essere se stessi, autenticamente e onestamente, fino in fondo. Di arrivare al termine di questa esistenza avendo vissuto la vita per cui siamo nati. Non è mai troppo tardi per iniziare. Non siamo fatti per adeguarci e omologarci a modelli di successo e felicità preconfezionati. È questo il motivo di fondo per cui tanta gente sta davvero male.

Nella profondità dell'anima, siamo tutti dei rivoluzionari. Venuti alla luce per trovare la propria vocazione autentica e renderla manifesta in questo mondo.

Credo che tutti si siano chiesti, almeno una volta nella vita, quale fosse il fine della propria esistenza. Molti, però, non hanno dedicato tempo ed energie a scoprirlo. Questo accade perché viviamo immersi in un contesto disgregante, che ci allontana costantemente dalla comprensione del vero proposito della nostra vita, unico e irripetibile, e ci spinge verso un'omologazione massiva regolata da precise esigenze di mercato, aspettative familiari e necessità sociali che nulla hanno a che vedere con i nostri bisogni più profondi.

La scienza ci dimostra, invece, quanto sia importante porsi questa domanda, in termini sia di salute e benessere, sia di successo. Cosa è accaduto alle persone che hanno trovato e seguito la propria vocazione autentica? Cosa succede a chi realizza il proprio *svadharma*?

È un viaggio, questo, per liberarsi da tutto ciò che non ci appartiene realmente e abbracciare la nostra vocazione, il senso e il significato autentico della propria vita... ciò per cui siamo nati.

Quante volte hai messo a tacere il tuo sogno per seguire la strada più sicura, conveniente e riconosciuta? E quanto vale un'ora spesa lontano da ciò che realmente sei?

Al lettore
Una chiamata interiore

C'è una domanda che, prima o poi, bussa silenziosa al cuore di ogni essere umano: chi sono? Chi sono davvero quando non recito un ruolo? Quando non inseguo ciò che gli altri si aspettano, le forme, le storie in cui mi sono identificato? Chi sono davvero quando tutto tace? Quando rimango nudo, semplice, essenziale? Viviamo in un mondo che misura il valore delle persone in base a quanto producono, guadagnano o possiedono, ai titoli e ruoli che rivestono. Abbiamo imparato a vendere il nostro tempo, a sacrificare sogni, passioni, intuizioni, per avere in cambio l'impressione di sicurezza, approvazione, stabilità, successo e riconoscimento. Facciamo tutti parte, che vogliamo ammetterlo o meno, di una sorta di prostituzione produttiva. Siamo come animali di un allevamento intensivo. Qual è il prezzo che stiamo inconsapevolmente pagando?

È davvero questa, la nostra natura? Cosa sei venuto a fare qui, in questa vita? Che implicazioni ha sulla salute fisica e mentale trovare una risposta a questa domanda?

Quello che stai per leggere non è solo un libro da comprendere con la mente. È un invito a camminare. Un viaggio che intreccia scienza e spiritualità, psicologia e saggezza millenaria, parola scritta e silenzio interiore. Con un intento chiaro: aiutarci affinché possiamo dar spazio alla voce più autentica. Quella che forse abbiamo dimenticato, perché il mondo cerca di soffocarla. Quella voce, se ascoltata, ci ricorda che siamo nati per fiorire.

L'uomo è un essere multidimensionale, i cui principali piani di espressione sono otto: fisico, vitale, emotivo, mentale, relazionale, sociale, esistenziale e spirituale. Ciascuno di essi ha uno specifico linguaggio, una sua prospettiva. Per questo ho scelto di affrontare un tema così profondo come quello della vocazione, del proposito e del significato della propria vita attraverso un approccio trasversale. Facendo incontrare e interagire diversi linguaggi: poetico, spirituale, scientifico e narrativo. Esploreremo tre livelli di approfondimento, che parlano sia al cuore sia alla mente: l'intuizione; l'ispirazione e la prospettiva spirituale; la spiegazione razionale e scientifica. Lo faremo grazie al contributo di neuroscienze, psicologia e sociologia. Infine, come di consueto, abbineremo un approccio concreto.

Sempre più ricercatori, anime sensibili, stanche dei ruoli imposti e preconfezionati, sono in cerca di un senso profondo in questo passaggio terreno, e sono pronte a esplorare la propria natura con la mente aperta, il cuore libero e l'anima in fiamme.

Lo *svadharma* di un fiume è scorrere verso il mare, seguendo la sua corrente naturale.

Lo *svadharma* del vento è muoversi libero, portando vita e respiro ovunque passi.

Lo *svadharma* del fuoco è ardere e trasformare, senza chiedere nulla in cambio del consumarsi per donare calore e luce.

Lo *svadharma* delle stelle è brillare nel cielo delle notti silenziose, splendendo senza nulla possedere.

Lo *svadharma* della terra è custodire il seme nel grembo, nutrirlo finché il miracolo del germoglio non si compirà.

Lo *svadharma* dell'albero è radicarsi nella terra e offrire ombra, frutti e riparo.

Lo *svadharma* del mare è abbracciare i fiumi, accogliendo tutte le acque e sciogliendo in sé ogni diversità.

Lo *svadharma* della luna è riflettere la luce del sole, guidando i passi nella notte.

Qual è lo *svadharma* dell'uomo?

1
Roaming wild

Il prezzo dei sogni che non ci appartengono

Secondo le stime scientifiche, la probabilità che tu, esattamente *tu*, venissi al mondo, è di circa 1 su 400 trilioni. Alcune analisi spingono il calcolo fino a 1 su $10^{2.685.000}$. Un numero che supera di molto la quantità di granelli di sabbia presenti su tutti i litorali della Terra. Questa consapevolezza, quella che l'esser nati sia un miracolo straordinario, dovrebbe accompagnarci sempre. E riempire le nostre giornate di gratitudine, gioia e meraviglia. 1 su 400 trilioni... eppure, eccoti qui. Sei quell'unicità, quel privilegio. Sei accaduto. Hai superato 400 trilioni di potenziali altre combinazioni genetiche di ogni singolo concepimento. La vita ha scelto te. Sei il frutto di una catena perfetta e irripetibile di incontri, sguardi, parole, baci, cellule, battiti, possibilità, sincronicità. Hai superato l'enorme possibilità che fosse qualcun altro a nascere e hai avuto accesso a una manciata di decenni, uno spazio esistenziale breve, prezioso, unico, irripetibile. La vera domanda non è «Quanto tempo ho a disposizione?», ma «In cosa sto investendo il tempo che mi è stato concesso?». In cosa stai investendo questo miracolo?

Hai un credito aperto nel conto corrente della Banca Universale, non in denaro o in beni materiali, ma in istanti di vita, in presenti preziosi. In cosa stai spendendo questo credito? È una vita che ti appartiene realmente? Davvero vuoi passare tutta l'esistenza impiegando l'energia vitale che hai a disposizione per pagare conti, comprare oggetti, inseguire tendenze, perderti nei gossip, nutrire rabbia e rancore, guadagnare denaro per soddisfare desideri frutto di precise esigenze di mercato? In realtà, la vera moneta che usiamo per comprare non è il denaro, ma gli istanti di vita. Ogni scelta, ogni acquisto, ogni compromesso, ogni rinuncia, ogni ora al lavoro, ogni relazione mantenuta o abbandonata, tutto viene pagato con istanti del tuo essere. La moneta che stiamo usando è la nostra stessa vita, la nostra presenza, energia, attenzione. Davvero vogliamo usare questo miracolo per inseguire obiettivi, luoghi e relazioni che non ci appartengono, ignorando il bisogno profondo di fiorire, di sentire, di danzare la nostra unicità? Vogliamo proprio accettare che la nostra vita sia un contratto sociale, anziché un'opera d'arte?

Per ciò che mi riguarda, credo che l'anima umana non venga al mondo per conformarsi e omologarsi, ma per esprimere la propria natura, far fiorire la propria unicità, trovare e seguire la propria vocazione.

E invece spesso ci troviamo a lavorare quarant'anni in cambio dell'illusione di una sicurezza che prima o poi cederà il posto a un amaro risveglio: la consapevolezza di non aver vissuto davvero il nostro miracolo. Ogni secondo che passi lontano da ciò che sei è un frammento di miracolo che svanisce.

I rimpianti dell'anima

Non rimpiangerai di non aver scalato la montagna, ma di non esserti fermato a contemplare le stelle. Non ti mancheranno gli applausi, ma la voce dentro di te che non hai ascoltato. Perché l'anima, alla fine, reclama sempre la propria verità.

In questa vita ho camminato accanto alla morte, tenendo la mano a chi stava per attraversare l'ultima soglia. Ho guardato negli occhi chi si spegneva e lì, nel silenzio che precede il grande passaggio, ho ascoltato le parole più autentiche che un essere umano possa pronunciare. Parole nude e sincere come il primo vagito del neonato. Mai, in quegli istanti, ho sentito qualcuno rimpiangere di non aver lavorato abbastanza, di non aver guadagnato più soldi o raggiunto il successo. Mai. Ho visto spegnersi vite vissute come abiti presi in prestito. Inutili tutti i «sì» detti per paura di deludere. In quei momenti estremi, in cui il corpo cede e le maschere cadono una a una, emerge sempre la verità. Quella dell'anima. Un richiamo interiore vuole sapere se siamo stati fedeli alla nostra vocazione e ai nostri talenti; se abbiamo avuto il coraggio di rispondere alla chiamata più intima, irripetibile e sacra che ci è stata affidata nel venire al mondo. Ignorare quella voce è come vivere la vita di qualcun altro. E non c'è rimpianto più grande che rendersene conto solo alla fine, quando non c'è più tempo per cambiare rotta. Ogni cultura racconta le stesse ultime parole, lo stesso vuoto: non aver seguito il richiamo dell'anima; non essere stati fedeli alla propria verità interiore; non aver avuto il coraggio di amare, creare, essere secondo la propria legge naturale.

Questa condivisione non è un invito a stravolgere tutto, ma a riconoscere ciò che conta e a prestare ascolto a ciò che si muove dentro. A vivere oggi, senza aspettare il momento giusto, che mai verrà; senza pretendere di sapere tutto o di sentirsi coraggiosi, perché il tempo per vivere la propria verità e rispondere al suo richiamo è ora. Non esiste un momento perfetto, sappiamo però che c'è questo istante. E in questo istante possiamo scegliere. Voglio confidarti che quel richiamo interiore, se ascoltato, è la stella che conduce a casa.

Accompagnando le persone al fine vita, ho assistito a tanti pentimenti. Non, come dicevo, per non aver avuto tempo di fare carriera, accumulare più denaro o raggiungere il successo. Ma per aver sprecato la vita, senza il coraggio di viverla davvero. Ciò che emerge è sempre qualcosa di molto profondo: aspetti che, se non coltivati, ci fanno guardare indietro con rimpianto. In quei momenti, sul confine tra il vivere e il morire, si rivede il proprio cammino. È lì che affiorano, con una chiarezza sorprendente, i veri rimpianti dell'anima. Raccogliendo le ultime parole, le confessioni più sincere, senza filtri né giustificazioni, ciò che ho scoperto è stato per me di una potenza sorprendente. Il rimpianto più ricorrente che ho riscontrato, quello probabilmente più viscerale, è stato descritto anche dall'infermiera australiana Bronnie Ware nel libro *The Top Five Regrets of the Dying* (*Vorrei averlo fatto. I cinque rimpianti più grandi di chi è alla fine della vita*) e può essere espresso più o meno in questo modo: «Avrei voluto avere il coraggio di vivere una vita fedele a me stesso, e non quella che gli altri si aspettavano da me». È il rimpianto di chi ha indossato abiti non suoi, di chi ha detto troppi «sì» quando avrebbe voluto dire «no», di chi ha camminato nel rispetto delle aspettative altrui e nei sentieri noti e ben tracciati, dimenticando il richiamo silenzioso della propria anima. Per questo vi propongo di vivere rimanendo fedeli a voi stessi, non secondo modelli preconfezionati, ma seguendo una verità interiore profonda. Ignorarla ci priva del miracolo della nostra vita, unica e irripetibile.

Il rischio è proprio che le verità fondamentali sulla nostra natura si rivelino solo quando il tempo si fa breve e non si può più fingere, quando siamo costretti a guardarci senza filtri né scuse. In quel momento la vita parla, e lo fa con la voce della verità, dolce e crudele al tempo stesso. Quelle parole si somigliano in ogni lingua, in ogni età. Non raccontano di potere, riconoscimenti, fama. Ma di non aver vissuto secondo il proprio *dharma, seguendo la propria legge naturale e la propria vera vocazione*. Non essere stati capaci di ascoltare e seguire ciò che si sentiva come autenticamente profondo, giusto, anche se scomodo.

Vorrei farti un'altra confidenza: non è mai troppo tardi per rispondere al richiamo dell'anima. La vita non chiede perfezione, ma verità, e anche se hai camminato lontano da te stesso, la tua verità non si è mai spenta. È lì, paziente, che attende solo il coraggio del tuo ritorno.

Perdersi

Si dice che sia necessario perdersi per potersi ritrovare. Perché perdendosi si ha la possibilità di risvegliare quell'istinto naturale che conosce la via verso noi stessi. Lo stesso che permetteva agli aborigeni australiani di orientarsi nel deserto o di sapere quando un capo di un'altra tribù fosse morto, senza esserne informati di persona. Quella profondità nel sentire vive nella nostra anima ed è un'eredità naturale che può essere riscoperta.

Sono nato con la predisposizione a essere fuori dal mondo. O meglio, è sempre esistita in me l'esigenza di essere fuori da ciò che comunemente si considera realtà, perché sin da piccolo ho intuito che fosse una sorta di illusione. Molte persone si ammalano perché vivono solo nella mente, anziché nella vita vera. Chi è alla ricerca del proprio cammino ha un istinto naturale: l'esigenza di non percorrere strade già tracciate e prestabilite dai modelli comuni di successo e felicità, di non assecondare le aspettative sociali, ma di vagare libero in sentieri inesplorati, senza costrizioni. Non si tratta di ribellione, e neppure di rifiuto di un sistema, ma piuttosto di un richiamo, del bisogno viscerale di immergersi nel flusso della vita che scorre libero, verso l'oceano dell'esistenza.

Il maestro mi disse che, quando l'anima è pronta, il cammino le si svela.

Non come strada tracciata sulla terra, ma come l'eco della vita che abbiamo nel cuore, un richiamo molto antico che parla indubbiamente la lingua del silenzio. Allora l'uomo si alza, smette di ascoltare le voci del mondo, lascia i nomi e i ruoli che gli sono stati assegnati, i doveri cuciti sulla pelle come abiti altrui, e inizia il proprio viaggio. Per sentire il suo richiamo, l'anima deve essere libera.

Se mi chiedessi cos'è lo *svadharma*, ti direi che è il canto con cui l'anima danza mentre il mondo dorme. È ciò che sei venuto a offrire prima ancora di sapere di esistere. Non è mestiere, né ruolo, né ambizione o paura travestita da scopo. È il tuo posto nel grande respiro del cosmo, la tua espressione unica nella trama infinita dell'Essere. Ricordi la domanda che avevi portato con te quando sei nato?

Se non avessi trovato la mia via, probabilmente sarei morto o mi sarei ammalato d'infelicità. Ci sono persone che semplicemente non riescono a vivere dentro a modelli standardizzati. Ci provano, anche con impegno, magari per compiacere le aspettative della famiglia o del partner, ma il malessere che provano è viscerale. Una forza indomita non permette loro di adattarsi e omologarsi. È un richiamo dell'anima che farà passare attraverso crisi, dubbi, difficoltà e prove. Ma non importa ciò che dovranno affrontare e se falliranno nell'intento, perché non sarebbe possibile fare diversamente. Nella *Bhagavadgita*, meraviglioso poema epico della tradizione indovedica, in un dialogo tra i due protagonisti, il Signore Kṛṣṇa e il Guerriero Arjuna, Kṛṣṇa dichiara che è preferibile perire in battaglia piuttosto che avendo rinunciato. E poi ribadisce: «Meglio è morire compiendo il proprio *dharma* che vivere seguendo quello di un altro. Il *dharma* dell'altro porta paura e confusione» (*Bhagavadgita*, 3.35). Questo appello è un invito radicale a vivere in coerenza con la propria natura autentica, anche a costo del fallimento o della morte. Perché morire nel proprio *dharma* – ossia nel proprio sentiero, nella propria vocazione, nella propria legge naturale – è un atto di verità. È meglio una vita (o una morte) piena di significato che un'esistenza comoda ma disallineata con ciò che siamo davvero.

Nel tempo in cui ci troviamo, molte persone vivono in una forma di compromesso continuo: intraprendono sentieri tracciati da altri, perseguono obiettivi che non sentono propri, adattano la propria esistenza alle aspettative della società, della famiglia, del mercato. Eppure, questo *para-dharma* (*dharma* altrui) porta inevitabilmente paura, ansia, frustrazione, disagio, angoscia e malattia. Lo *svadharma*, invece, è un fuoco che non si spegne mai completamente, anche se cerchiamo di soffocarlo con le «buone ragioni» dell'opportunità e della convenienza. Le braci, seppur sotterrate, continuano ad ardere. Vivere il proprio *svadharma*, anche imperfettamente, è un atto di integrità e coraggio, che porta a un senso profondo di benessere e soddisfazione.

Rimasi molto colpito dal breve racconto che mi fece un vecchio scultore in India. Lo incontrai mentre risalivo i sentieri della montagna sacra di Arunachala. Aveva steso un lenzuolo per terra, tra le rocce e la vegetazione, e vendeva ai pellegrini le sue statuette di legno, che rappresentavano le varie divinità indù. Mi fermai, incuriosito dalla sua arte, e osservai attentamente come modellava quelle forme, incurante dei passanti. Indossava solo un semplice telo bianco che avvolgeva la zona pelvica. Il suo corpo seminudo era segnato dal tempo, eppure sembrava un bambino completamente assorto nel suo gioco. Nel frattempo passarono diverse persone, ma lui non propose a nessuno di comprare qualcosa. Compresi che il suo intento principale non era vendere, ma continuare a creare sculture di legno. Poi, d'improvviso, mi guardò fisso negli occhi e sorrise. Ricambiai, piacevolmente colpito. Dopo un breve silenzio, iniziò a raccontarmi la storia di un ragazzo che abitava in un piccolo villaggio. Tutti si aspettavano che quel giovane brillante diventasse medico. Aveva talento, capacità e un'intera famiglia pronta a sostenerlo in quella direzione. Ma lui, ogni volta che chiudeva gli occhi, si vedeva seduto a intagliare il legno, a scolpire forme, a restituire anima ai rami secchi. Un giorno, con il cuore che tremava, disse alla famiglia: «Non posso più andare avanti per questa strada. Se devo fallire, voglio farlo nel mio *dharma*». Quel ragazzo non divenne famoso, né ricco. Ma oggi, a distanza di anni, chi passa si ferma a guardare le sue sculture, ciascuna con un'anima. Quando gli chiedono se abbia mai avuto rimpianti, risponde sempre così: «Morire facendo ciò che faccio sarebbe una benedizione. Vivere facendo altro sarebbe stata una prigione».

Nel mio diario di viaggio, quella sera, scrissi cinque domande e mi ripromisi di rileggerle ogni giorno e meditarci su per il resto del viaggio. Mi impegnai a ripeterle a me stesso senza l'intento di cercare risposte giuste o calzanti, ma semplicemente per potermi ascoltare onestamente. Quindi, per i successivi venti giorni, dopo la meditazione mattutina, nel silenzio della mente e del cuore, aprii il mio diario e le lessi.

Cosa temi di perdere, se decidessi di essere fedele a ciò che senti davvero?
Qual è la trave storta che hai cercato o stai cercando di raddrizzare per compiacere gli altri?
Quali sono le vite altrui che inconsapevolmente porti avanti?
In che misura stai vivendo secondo il tuo *dharma*?
Se morissi oggi, moriresti nel tuo *dharma*?

Annotai tutte le strade che avevo imboccato e le scelte fatte che non erano propriamente mie: un lavoro, una relazione, un percorso di studi. Accanto a ognuna di esse scrissi le mie riflessioni sul prezzo pagato in termini di energia, felicità e verità.

La trave torta

C'era una volta un falegname che stava costruendo una piccola casa per suo figlio. Usava solo legno pregiato e tagliava tutto con precisione. Un giorno trovò una trave bellissima, forte, ma leggermente curva. La mise da parte. «Troppo storta» pensò.

Provò a raddrizzarla col vapore, col peso, col tempo. La trave però continuava a tornare alla sua curva originaria. Frustrato, decise di non usarla. Il figlio, anni dopo, trovò la trave dimenticata. La usò per costruire una panchina, proprio nel punto in cui la casa si apriva sul giardino. Era perfetta. La sua curva accoglieva con gentilezza, invitava ad accomodarsi per contemplare e riposare. In verità, non era mai stata un difetto. Semplicemente era stata incompresa.

Molti di noi stanno ancora cercando di raddrizzarsi. Di correggere la voce, il corpo, le scelte, la vocazione. Per non deludere, per essere accolti, per funzionare. C'è un prezzo alto da pagare quando cerchiamo di raddrizzare la trave storta per compiacere gli altri. Se viviamo seguendo un modello che non ci appartiene, non solo smarriamo noi stessi, ma anche la possibilità di vivere pienamente. Diventiamo esperti nel fare bene ciò che non ci appartiene. Il mondo è pieno di questo tipo di specialisti. Efficaci, ma spenti. Rispettati, ma lontani da se stessi.

Alcuni passano una vita intera a cercare di raddrizzare qualcosa. Non che quell'angolatura impedisca loro effettivamente di vivere, ma qualcuno, un giorno, gli ha detto che non andava bene così.

Spesso accade quando siamo molto piccoli, puri, permeabili,

plasmabili. Questa dinamica può iniziare con frasi apparentemente innocue, semplici, che sono ritenute funzionali: sei troppo sensibile, ma quanto parli, non fare così, sembri strano, comportati da adulto, non dare problemi. È così che viene creata l'esigenza profonda di correggersi. E che la trave inizia a sentirsi sbagliata. Quando parliamo dovremmo prestare molta più attenzione a ciò che muove le nostre parole, perché rischiamo di far sentire gli altri come una trave torta. Spesso si impara presto che per essere amati bisogna essere diversi da ciò che si è, che per essere accettati occorre cambiare inclinazione e che è meglio piegarsi per non rischiare di essere esclusi. Ma il modo in cui sentiamo, amiamo, sogniamo, creiamo in maniera spontanea e naturale non è un errore da correggere. Si tratta della nostra unicità che chiede spazio.

Nel contesto di assoluta vulnerabilità dell'età infantile, quando si interiorizzano i primi messaggi su chi siamo, ogni parola può diventare una cesura profonda tra la consapevolezza di se stessi e la percezione del proprio valore. Un bimbo non sa distinguere tra comportamento e identità. Quando gli si dice che è troppo, non pensa: «Ho fatto troppo», ma pensa: «Io sono troppo. Così come sono, non vado bene». È lì che nasce un solco invisibile, la convinzione che dobbiamo essere diversi da ciò che siamo, che dobbiamo correggerci; che per non essere rifiutati dobbiamo imparare a piegare la nostra forma naturale. È lì che la nostra unicità inizia a essere vissuta come un difetto da nascondere, un'inclinazione pericolosa da contenere. Ma quella trave non è sbagliata, è semplicemente viva nella sua natura e desiderosa di esprimersi.

La psicologia dello sviluppo ci insegna che le prime relazioni plasmano non solo il nostro senso di sicurezza, ma la nostra stessa immagine del Sé. Non amiamo noi stessi in modo spontaneo, impariamo a farlo osservando come veniamo amati. E quando l'amore è condizionato – se stai buono, ti abbraccio; se sei tranquillo, ti ascolto; se fai il bravo, ti sorrido – allora apprendiamo che, per essere degni, dobbiamo essere altro da ciò che siamo. Così si forma un copione adattivo invisibile ma onnipresente. Continuiamo a vivere secondo un'immagine costruita, a rincorrere l'approvazione in modi sempre più sofisticati, mentre la nostra trave storta giace sepolta sotto anni di correzioni. A volte la voce che ci ha fatto sentire sbagliati si trasforma nella nostra stessa voce interiore. Che ci dice di non disturbare, di non esagerare, di non provarci. E così, giorno dopo giorno, ci tiene lontani dalla nostra natura autentica.

In un tempo in cui il linguaggio viene utilizzato come veicolo di violenza, menzogna, dominio, sopraffazione, è ancora più importante prendere consapevolezza del fatto che ogni parola può formare o ferire. Le parole che usiamo – soprattutto verso i bambini – sono strumenti di costruzione dell'identità. Ogni frase, sguardo, silenzio, non dice solo cosa si deve fare, ma chi si è. *Cosa muove le nostre parole? Vogliamo davvero aiutare l'altro a crescere, o stiamo cercando di adattarlo al nostro ideale? Stiamo parlando alla sua autenticità, o alla nostra paura di non saperla gestire?*

Chi cresce con l'idea di essere «troppo» – sensibile, creativo, emotivo – spesso diventa un adulto che si trattiene, che teme di essere giudicato. Proprio nella tensione costante tra autenticità e accettazione, si perde il senso di essere a casa in se stessi.

Ognuno di noi può diventare pienamente consapevole che la trave storta non è uno strumento di compensazione o ribellione, ma può essere trasformata in un'occasione di riconciliazione. Impariamo a dare cittadinanza a quelle parti che abbiamo accantonato e rifiutato per cercare di sopravvivere. Sono ancora vive. Aspettano solo uno spazio dove potersi esprimere senza giudizio. Non si tratta di costruire un nuovo Sé, ma di ricordare chi siamo realmente sotto tutti gli strati dovuti all'adattamento.

Diamo voce a quanto era stato messo a tacere; rendiamo sacra la sensibilità, prima considerata un problema; onoriamo la creatività vista come stranezza; camminiamo nel mondo con la nostra inclinazione, non più difetto, ma disegno unico e irripetibile.

Quale parte di te hai imparato a nascondere per cercare di essere amato? Cosa accadrebbe se oggi la lasciassi tornare alla luce, senza più giudicarla, ma onorandola e accettandola come tua forma naturale?

Se lo volessimo davvero, potremmo smettere di cercare di raddrizzarci e adagiare un istante la schiena in quella curva, dare voce alla sua verità, lasciando che l'anima prenda dimora nella propria casa.

Ci sono semi che non cadono nel terreno giusto per poter germogliare. È così che chi è nato con la passione del disegno ha smesso perché si dice che con l'arte non ci si campa; e chi avrebbe voluto fare l'insegnante ha scelto ingegneria per rendere contenti i genitori; e chi ancora avrebbe voluto restare, o partire, ha rinunciato perché non era conveniente per il sentire comune. Con il tempo, queste piccole e grandi rinunce si accumulano, e spesso diventano abitudini. Tracce di vite che non ci appartengono, ma che continuiamo a portare avanti come se fossero nostre.

Quali sono le «vite altrui» che stai vivendo? Quali scelte non parlano di te, ma di qualcuno che hai voluto compiacere? Qual è la trave storta che stai cercando di raddrizzare? Quale parte di te continui a contenere, aggiustare, censurare, per non deludere nessuno?

Forse oggi è il giorno giusto per iniziare a costruire la tua casa con quella trave storta. Per smettere di adattarti e cominciare a respirare. Forse non sarà comodo e non sarà approvato da tutti. Ma sarà qualcosa di tuo. Perché nulla è più liberatorio del sentire che sei esattamente dove dovevi essere.

Cosa accadrebbe se permettessimo alla trave di restare così com'è? Non sto proponendo di lasciare libero sfogo a qualunque tipo di vizio, distorsione mentale o comportamentale, ma di imparare ad ascoltarsi, a riconoscersi. Se onorassimo la piega naturale di quella trave, invece che cercare di raddrizzarla, forse accadrebbe qualcosa di inaspettato. E di bello.

Quante vite portiamo avanti che non ci appartengono... quante scelte, lavori, relazioni, sogni non nascono realmente in noi. Quanti obiettivi inseguiamo che non ci nutrono. Quanti copioni che non abbiamo scritto, ruoli in cui respiriamo a fatica, nomi che non sentiamo più nostri. C'è una soglia, un punto, in cui adattarsi ancora significa perdersi.

Il sentiero che ci riporta a noi esiste. È la strada in cui la nostra trave storta smette di essere un problema e diventa la forma perfetta che solo noi possiamo incarnare. Non siamo nati per vivere la vita degli altri, ma per onorare la nostra forma unica, qualunque essa sia, perché lì vive la nostra verità.

Alcuni hanno abbassato talmente tanto la testa, sprecando e soffocando energie vitali, che a un certo punto hanno bisogno di una rottura drastica, di uscire completamente dagli schemi per vagare per un po' liberi, senza più controllo, destinazione, obiettivi. È un movimento di bilanciamento naturale, una strategia di sopravvivenza. Tutto quello che pensavi di essere comincia a tremare: le certezze, i ruoli che ti definivano, perfino i sogni che inseguivi con tanto zelo iniziano a perdere consistenza. Si sfaldano, come nebbia che si dissolve al primo sole. Ad ascoltarla bene, non si tratta di una crisi. È un richiamo. Una voce sottile ma insistente che dice: «Non sei qui per compiacere. Non sei qui per imitare. Sei qui per essere ciò che sei». Molti abbasseranno ancora una volta la testa, perché la paura di abbandonare quelle certezze e non farcela è troppa. Altri smetteranno di seguire la via sicura e cominceranno a camminare senza mappa, senza meta, affidandosi a qualcosa di più profondo della logica razionale: il sentire.

Dall'omologazione all'intuizione

Abbiamo dimenticato come si sente realmente la vita senza i filtri della mente. La maggior parte delle persone sono convinte di vivere l'amore, ma in realtà stanno solo esplorando l'idea che hanno dell'amore, con tutti i preconcetti, la narrazione, le opinioni, i codici e le credenze che l'ambiente intorno a loro ha suggerito. Abbiamo smesso di sentire la vita così com'è tanto tempo fa e l'abbiamo sostituita con l'idea che abbiamo di essa e di come dovrebbero essere le cose. Non riusciamo a vedere realmente le altre persone, ci relazioniamo quasi esclusivamente con l'idea che abbiamo di loro e con le nostre aspettative. Proiettiamo su di loro i nostri bisogni di sicurezza, accettazione, riconoscimento, stabilità e amore. La mente filtra il sentire, lo interpreta, lo trasforma in idee e non lo lascia libero di essere.

Anche per questo il richiamo alla rottura e alla liberazione talvolta è viscerale e forte. Se deciderai di farlo, di smettere di cercare di raddrizzare la trave storta, devi sapere che potresti sembrare perso agli occhi del mondo. Potresti non avere una risposta pronta quando ti chiedono cosa fai, dove vai, chi sei. Ma la tua unica responsabilità è quella di essere fedele alla traiettoria profonda con cui la tua anima ha scelto di venire al mondo. La riconosciamo solo quando smettiamo di forzare, di controllare, di fingere. Quando lasciamo che sia la vita a guidarci, come un fiume guida una foglia. Un aforisma zen dice: «Non cercare il sentiero. Cerca te stesso. E il sentiero si formerà sotto i tuoi piedi».

Perdersi è necessario. Viviamo in una cultura che premia la chiarezza, la direzione, l'efficienza. Ma l'anima non si muove in linea retta. Ha bisogno di curve, pause, vuoti, istinto e lunghi silenzi. Bisogna uscire dal ritmo imposto per trovare l'unicità del proprio battito. Un'altra antica storia zen racconta di un giovane discepolo che chiese al maestro: «Come faccio a trovare il mio cammino?».

Il maestro lo portò nella foresta e gli disse: «Cammina».

«Ma dove?» chiese il discepolo.

«Ovunque non ci siano sentieri» rispose il maestro.

Prima o poi verrà il momento in cui dovrai scegliere se uscire dal sentiero già segnato, per lasciarti sorprendere dal passo successivo, disattivando la mente per permettere all'intuizione di emergere. Ciò che l'ego percepisce come disorientamento, per l'anima è iniziazione. In un mondo che corre, prendersi il tempo per perdersi può sembrare un lusso. Ma è proprio nel momento in cui non sai più chi sei, che sei più vicino a te stesso.

Oggi il vero coraggio consiste nell'essere fedeli e coerenti a qualcosa di più grande dell'ambizione personale. Fedeltà alla danza misteriosa del *dharma*, che non chiede risultati ma presenza. Perché un passo vero vale più di mille passi perfetti. Quando ci sentiamo persi, anziché correre subito per riacquisire il controllo, riempire quel vuoto e cercare un senso, dovremmo fermarci e benedire quelle sensazioni. Tornare al sentire nudo. Senza più meta, né scopo. Perché, ad ascoltarsi bene, forse non ci siamo realmente perduti. Forse ci stiamo semplicemente ritrovando.

Ci hanno insegnato a temere il disorientamento. A evitare le strade che non sappiamo spiegare, a rifuggire ogni smarrimento come fosse un segnale di debolezza, di sconfitta. La credenza che *perdersi equivalga a fallire* è forse l'ostacolo più grande da superare nel cammino verso il proprio *svadharma*. Un pensiero rigido, cresciuto dentro una cultura che esalta la direzione, l'efficienza, il controllo, in cui tutto deve avere un perché, un obiettivo, un risultato quantificabile. In molte tradizioni spirituali e iniziatiche, perdersi non è un errore. È una soglia, una tappa necessaria, una benedizione travestita da vuoto. Quando ti perdi, non stai sbagliando strada, stai disattivando il pilota automatico. Stai spegnendo, anche solo per un attimo, la mente condizionata e condizionante: quella parte di te che vive di schemi, aspettative, convinzioni. Nello spazio che si crea – incerto, nudo, silenzioso – qualcosa di nuovo può emergere: l'intuizione.

L'intuizione non urla. Non s'impone e non segue orari. Arriva quando vuole, soprattutto quando ammetti a te stesso di non sapere più dove stai andando, quando ti permetti, anche solo per un breve intervallo, di respirare pienamente nell'incertezza. Il vuoto, che tanto ci spaventa, è in realtà un grembo. È il luogo dove nasce il nuovo. Dove l'identità rigida comincia a sciogliersi e lascia spazio a qualcosa di più sottile, più vero, più vicino all'anima.

Molti trovano il proprio *svadharma* non perché l'hanno cercato, ma perché si sono lasciati raggiungere. Nel momento in cui hanno smesso di forzare, di pianificare, di sapere tutto. Nel momento in cui hanno avuto il coraggio di dire: «Non so chi sono, però voglio scoprirlo». Camminare così è un atto di fede, non in un dio esterno, ma nell'ascolto e nell'accoglienza di questo istante, che diventa tutto. È scegliere di affidarsi a qualcosa che non puoi controllare, eppure ti abita da sempre: il tuo ritmo, la tua verità.

Forse, allora, non c'è nulla da temere nello smarrirsi. Forse è solo il modo in cui la vita ci dice che c'è qualcosa che dobbiamo sentire, ma, finché continuiamo a credere di sapere, non la ascolteremo. Quante volte, dopo esserci persi, abbiamo capito qualcosa che prima ci sfuggiva? Quante volte abbiamo trovato un sentiero più nostro, proprio perché l'altro si era chiuso? Chi segue il proprio *svadharma* impara che l'incertezza non è il contrario della direzione. È la sua condizione naturale. Perché non esiste mappa per la verità. Esiste solo presenza. E la presenza è ciò che nasce quando ti concedi di non sapere più nulla, di non essere dove volevi, o ti volevano, ma esattamente dove devi. Qui.

Cosa emerge quando non sai più chi devi essere?

Perdersi non è il problema, è il passaggio. Non è la crisi, è l'ingresso. Non è la fine, è il momento in cui la verità, finalmente, ha spazio per accadere.

Il senso che manca

Questa strada, questo sentiero, non ha nessun tracciato che non sia il nostro sentire profondo, a cui normalmente non abbiamo accesso. A volte, poi, neanche il sentire profondo può scorgere o prevedere la direzione. Bisogna cercare il proprio campo, nella libertà da ogni forma e definizione. Per questo alcuni si mettono in cammino senza una destinazione certa. È una forma di istinto primordiale che li guida: la sentono e iniziano a seguirla. E questo è tutto. So bene che agli occhi di chi si è strutturato in una visione del mondo e della vita ordinaria questa opzione appare folle. Siamo abituati a seguire logiche e algoritmi che indirizzano il nostro destino incanalandoci in rivoli e imbuti. Crediamo solo a ciò che è visibile e misurabile. E non ci sono prove tangibili dell'esistenza di un cammino magico, imprevedibile, capace di condurci fino alla natura più vera e autentica del nostro essere. Eppure, le vite più belle e le persone più autentiche che ho conosciuto sono il frutto di questo libero vagare. Hanno sperimentato molte strade, situazioni e visioni, perdendosi più volte. Sono uscite dai rovi delle aspettative, rischiando e perdendo tutto, attraversando crisi, sconforto, disorientamento. In quella apparente destrutturazione sono potute arrivare a intuire e toccare l'unicità che avevano dentro. Libera, integra, indipendente, potente, impavida.

A volte l'invisibile e le sue infinite possibilità si comprendono meglio con esempi concreti di ciò che esiste in natura. I vermi, per citarne uno, non vedono la luce. Semplicemente, non possono. Un limite percettivo dovuto al fatto che possiedono solo due sensi: tatto e olfatto. Non la vedono e non ne hanno coscienza. La luce per loro non è nemmeno un mistero, ma un'impossibilità concettuale. Eppure, la luce esiste. E se un giorno uno di quei vermi mutasse, evolvendosi, sviluppando la capacità di percepire una vibrazione luminosa, immaginate il suo stupore. Figuratevi poi se provasse a condividerlo con i suoi simili, non ancora evoluti. Quando questa dinamica accade tra gli esseri umani, di solito chi porta la novità viene deriso, isolato, crocifisso, oppure, al contrario, idealizzato, mitizzato. In ognuno c'è come minimo il sospetto (a volte l'esperienza diretta) che esistano altri livelli di realtà, sentieri, ordini e armonie superiori e che quello che si sta vivendo sia qualcosa di parziale. Chissà. Forse accade anche a noi quello che abbiamo immaginato per il verme. Alcuni umani sviluppano nuovi sensi più raffinati e sottili, o sono capaci di seguire un istinto trascendentale. Un detto zen dice: «Per chi non comprende, le cose sono come sono. Per chi comprende, le cose sono come sono». La realtà non cambia, a cambiare è la percezione di chi la osserva. Il mondo resta lo stesso, tuttavia un nuovo senso interiore ne svela un livello nascosto. Confucio diceva che la via non è lontana dagli uomini, ma gli uomini cercano lontano. Ciò che chiamiamo spirituale non è altrove, non è sopra, non è fuori dal mondo. È ovunque. Però è invisibile a chi cerca solo con gli occhi fisici. Alcuni tra noi, per nascita, destino, esperienza, trauma o grazia, sviluppano un istinto capace di fargli attraversare l'infinito campo libero di possibilità, mediante una sorta di antenna interiore che permette di percepire la rete di informazioni su cui siamo primordialmente sintonizzati.

L'invisibilità non è assenza. È profondità. Come i vermi nel terreno, siamo spesso ciechi a dimensioni che non sappiamo ancora nominare, a sentieri che non possiamo vedere. Ma questo non significa che non esistano. Il senso spirituale non è altro che una variazione percettiva, una fessura nella mente razionale, da cui filtra – se siamo pronti – uno spiraglio di luce meravigliosa.

Un concetto antico: il roaming wild

«Dove stiamo andando?» chiese la voce innocente, senza sapere ancora che il cammino è già la risposta.

«Verso un incontro invisibile» rispose il maestro, «un incontro di anime che si lasciano guidare dal cuore.»

Nel deserto non ci sono mappe, solo orme che il vento cancella e una certezza che nasce dentro: camminare è ricordarsi di sé.

Ogni passo è un'offerta. Ogni sosta, una rivelazione. Chi vaga libero senza costrizione, chi ascolta il silenzio, tra quelle dune, troverà la sua strada. Non verso una meta, ma verso se stesso.

Questo è il *roaming wild*: non appartenere a nessun sentiero tracciato.

«È preferibile morire in battaglia piuttosto che avendo rinunciato.» Rinunciato a cosa? A se stessi. Alla propria natura, alla verità della propria unicità. Trovare il significato autentico e il proposito della propria esistenza è possibile. Chi lo realizza rinasce, fiorisce e si schiude al proprio destino. Diversamente, questo sogno che chiamiamo vita non arriva realmente a compimento.

Da sempre, in ogni epoca, migliaia di esseri umani hanno seguito il proprio *svadharma*, lasciando i sentieri noti, perdendosi, per potersi ritrovare. Accadde al principe Siddhartha, che divenne il Buddha; a san Francesco, che si spogliò di abiti, averi e privilegi consacrandosi alla povertà, per seguire il richiamo che lo portò alla santità. Ma succede anche alla gente comune, ogni giorno, attraverso infinite scelte, forme, modalità, non necessariamente con l'intensità delle vite appena citate. Quando accadde a Tiziano Terzani, molti colleghi lo giudicarono, non lo compresero o credettero che fosse impazzito. Ma è proprio di quella follia che abbiamo bisogno a volte, del coraggio di liberarci da tutto ciò che in verità non siamo, per seguire il nostro *svadharma*, la nostra legge autentica.

Se non lo farai tu, lo farà la vita, in qualche modo. Ti metterà in crisi per rompere le tue certezze, le tue cristallizzazioni, per permetterti di vagare libero, per frantumare la lapide che hai costruito sopra la tomba dove hai sepolto la tua anima. Lo farà senza pietà, come atto di amore, per scuoterti dal torpore nel quale sei caduto dimenticando chi sei veramente. Per risvegliarti dai mondi onirici in cui ci perdiamo, inseguendo sogni di felicità e successo costruiti per ammaestrarci a un'illusione, rendendoci schiavi attraverso la paura e la dipendenza.

Qualche anno fa accettai di condurre un percorso interiore per un gruppo di pazienti oncologici, donne che stavano vivendo la grande prova del tumore all'utero. Si stabilì da subito un rapporto intenso. Rimasi profondamente colpito dai loro racconti. Molte di loro raccontarono che proprio grazie a quel tumore avevano ripreso a vivere, trovando la forza per ascoltarsi, cambiare, rifiorire, ristabilire una connessione con i valori autentici. Ricordo ancora una frase in particolare che mi rimase scolpita dentro: «Questa malattia è stata una benedizione. Non importa cosa accadrà. Ciò che conta è che ora ho iniziato a vivere davvero la mia vita. Prima era come se fossi dentro a un sogno». Sono tanti i modi in cui la vita prova a scuoterci per risvegliarci dal torpore in cui siamo sprofondati.

Certe esperienze non arrivano per essere comprese, ma per essere attraversate. Come una tempesta che non puoi fermare, solo abitare, come una notte interiore che ti chiede di smettere di resistere e metterti ad ascoltare. Alcune di quelle donne mi raccontarono che la diagnosi della malattia era stata, paradossalmente, l'inizio di una nuova vita. Non una vita migliore, più luminosa o priva di dolore, ma una vita più vera, più fedele, più essenziale. Come se la malattia avesse strappato il velo delle illusioni. Nelle testimonianze che raccolsi, un filo invisibile univa tutte quelle storie: una soglia oltre la quale ogni cosa veniva messa in discussione. «Quando mi dissero che avevo un tumore all'utero, sentii il mondo spegnersi. Ma dopo lo choc iniziale, ci fu un momento di grande silenzio, in cui emerse una presenza interiore che non avevo mai sentito prima. Era mia. Era vera.» Per molte di quelle donne la malattia divenne così un passaggio iniziatico, non un mero evento clinico. Una soglia oltre la quale tutto ciò che non era autentico doveva necessariamente trasformarsi. La possibilità concreta della morte faceva morire gli aspetti di loro stesse che in realtà non le rappresentavano.

Il corpo, segnato dalla cura e dalla perdita, diventa un luogo di verità. Non è più un oggetto da giudicare o modellare. Diventa maestro. Ogni cicatrice, ogni assenza, ogni mutamento è il linguaggio con cui l'anima sussurra: «Guarda. Questo sei tu, adesso. Non nasconderti. Non fingere». Alcune di loro mi dissero di aver imparato ad amarsi per la prima volta solo dopo aver perso una parte di sé. Perché era l'unico modo per riconoscere che l'amore vero non chiede perfezione, ma presenza autentica in se stessi. Mi parlarono di un momento preciso, spesso lieve, ordinario, in cui si accorsero che qualcosa stava cambiando. Non per volontà, ma per rivelazione. Una di loro mi raccontò di aver guardato il sole entrare dalla finestra e di aver pianto. Mi confidò che non si trattava di un pianto di dolore, ma di gratitudine inspiegabile. Come se quella luce la stesse riconoscendo per la prima volta, senza darla per scontata. Il velo che non le aveva mai permesso di accorgersi del miracolo nel quale era costantemente immersa cadde, in modo naturale. Un'altra, tra le lacrime, condivise che, guardando il proprio riflesso senza capelli, si era detta: «Adesso ti vedo. Finalmente». Per me queste sono grandi riconciliazioni interiori, ritorni alla casa dell'anima. Per rinascere nella verità che ci appartiene, a volte dobbiamo attraversare grandi prove. Ci siamo talmente tanto allontanati da noi stessi che quella manovra brusca ci scuote dalle fondamenta. Guarire, in questo cammino, non significa tornare come prima. Significa non volere più tornare come prima. Significa comprendere che quella che sembrava una fine può diventare un autentico risveglio. Le guarigioni più profonde a cui ho assistito non sono quelle che hanno salvato il corpo, ma quelle che riunificano con l'anima, riconducendo la persona a se stessa, alla propria essenza, spogliandola di tutto ciò che era superfluo. È da lì che si comincia a vivere davvero, non più per dovere, ma per fedeltà. Non più per paura, ma per amore.

In alcune delle più antiche tradizioni spirituali dell'India, al monaco viene chiesto come voto di non dormire più di tre notti nello stesso posto. Per due ragioni precise. La prima consiste nel non legare la propria identità a un luogo, nel non permetterle di attaccarvisi, lasciandola libera di *fare casa* solo nel presente. La seconda ragione affonda le sue radici nella convinzione che sia necessario vagare nell'essenzialità più totale per trovare la propria strada. I monaci erranti non possiedono nulla. Liberi da tutto seguono il vento che soffia nella direzione dello spirito.

«Vagare liberi per potersi sintonizzare, per trovare il proprio flusso»: fu questa l'espressione che utilizzò un saggio durante uno dei miei viaggi nel Tamil Nadu, nel Sud dell'India, per spiegare come poter riconoscere il proprio cammino in questa vita. A pensarci bene, questa condizione errante si presenta nelle nostre vite più e più volte, sotto differenti forme. Spesso, inaspettatamente, arriva un momento in cui il cuore non si accontenta più delle certezze che fino a un istante prima erano granitiche.

È il tempo in cui il proprio passo non appartiene più alle strade conosciute. In questo vagare liberi abita una forza primordiale. A qualcuno potrebbe apparire come una fuga o una ribellione, ma in realtà è un ritorno, è verità. Perché non tutto ciò che è ordinato è vivo. E a volte, per destarsi dalla morte in cui ci siamo abituati a vivere, bisogna lasciare deliberatamente ogni sicurezza. Il canto che abbiamo dentro non ci guida verso un luogo, ci riporta a casa, in quello spazio, dentro di noi, in cui non abbiamo mai smesso di essere ciò che realmente siamo.

C'è un'espressione inglese che descrive esattamente questa condizione interiore. Me ne sono innamorato appena l'ho sentita, perché ricalca alla perfezione lo spirito di ciò che accade all'essere umano in ricerca libera. L'espressione è *roaming wild*. La parola *roaming* viene dal verbo *to roam*, che significa vagare, girare senza una meta fissa, muoversi liberamente. È diventata popolare con i cellulari: nel contesto delle telecomunicazioni indica che il tuo dispositivo, quando esci dalla copertura nazionale, si collega a reti diverse da quella del tuo operatore. Quindi si riferisce al migrare da una rete all'altra, soprattutto quando sei all'estero, lontano da casa, da ciò che è noto, sicuro, abituale. È entrata nell'uso comune anche in italiano, come Wi-Fi o smartphone.

L'espressione *roaming wild* significa letteralmente vagare, andare in giro senza meta in maniera incontrollata e selvaggia; muoversi come un animale libero, in natura, o una persona senza vincoli né restrizioni. Esattamente la condizione migliore per riuscire a sintonizzarsi con lo scopo e il significato autentico della propria vita. Serve a diventare adulti, ma non per età, bensì per autenticità. Ci porta anche a poter sopravvivere, vivere e prosperare senza risposte immediate; a imparare che il valore non viene da ciò che si fa, ma da ciò che si scopre di essere. Per alcune persone diviene un modo per far cadere le maschere, ascoltare il corpo e i suoi veri desideri, sperimentare mestieri, relazioni, luoghi nuovi e incontrare se stessi in condizioni non previste.

Durante un lungo pellegrinaggio nel Sud dell'India incontrai una ragazza che da quasi quindici anni viveva da nomade, vagando per il mondo. Era bionda e la sua pelle bianca e delicata creava una sensazione di naturale contrasto con gli intensi colori indiani. Mi dissero che era partita dalla Svezia. In quel periodo, si era fermata per qualche tempo presso un tempio shivaita del Tamil Nadu. Mi dissero anche che l'unica cosa che si sapeva di lei era che andava e veniva dai vari luoghi come il vento. Ascoltava liberamente le maree del tempo che le era concesso in ogni posto e, quando sentiva un richiamo o quando le circostanze soffiavano in un'altra direzione, gonfiando le vele del suo vagare, mollava gli ormeggi e riprendeva il viaggio. Tutto il suo essere, il suo abbigliamento, l'ondeggiare dei suoi capelli, come appoggiava le mani, lo sguardo, il modo di ascoltare e parlare, tutto in lei era *roaming wild. «She's been roaming wild across continents for years»* (è da anni che vaga libera per i continenti), dissero. Ed era prima di tutto interiore, questo movimento dell'essere. I suoi passi, per essere tali, non dovevano appartenere a niente e a nessuno. Avrei voluto sapere di più di lei, fermarmi qualche istante a parlarle, a chiedere, sentirmi in contatto con quel meraviglioso senso di libertà che sprigionava, ma non lo feci. Quella poesia la ascoltai da lontano. Qualcuno disse che avrebbe potuto schiantarsi in ogni momento, schiacciata come una lucciola da una pietra, le ali cadere recise, privandola di quel volo. Eppure, ebbi la certezza che non sarebbe accaduto, che una forza invisibile l'avrebbe protetta. Perché chi percorre la propria strada, anche nelle avversità, diviene intoccabile. Niente può entrare se non è nel suo destino.

Nuda come il cielo, libera come il vento. Non sono persa, sono libera nella giungla del mio *dharma*. Vado sola, lontana dalle spine delle aspettative e dai deserti del giudizio. Non seguo strade altrui, le mie impronte scompaiono appena le traccio, perché la mia natura non è scritta in nessun libro. È fuoco che brucia nel silenzio. La voce che mi guida avanza tra i demoni interiori con la spada della chiarezza. Ho il sangue della paura ancora sulle labbra, ma i miei occhi non chiedono permesso. Essere fedeli a se stessi è un atto sacro, un'adorazione libera. Non cerco guerra, ma verità.

Roamers del passato

In natura gli animali *roaming wild* sono quelli che vivono in libertà, non addomesticati. Come suona bene l'espressione «*wild horses roaming the plains*», cavalli selvaggi che vagano liberi nelle pianure. L'uomo tende a addomesticare tutto, anche i propri simili, per ragioni di controllo, paura e dominio. Siamo attratti e visceralmente timorosi della nostra reale natura. Chi cerca di privare gli altri della libertà e castra le loro inclinazioni, imponendo le proprie, non è forte, né dominante, ma debole e impaurito. Agisce attraverso la forza e la violenza perché non conosce la natura dell'amore e ha paura della libertà. Guardateli bene i potenti, osservateli a fondo.

Se *svadharma* è la via autentica dell'anima, la vocazione profonda, *roaming wild* rappresenta il movimento libero di chi si sta sintonizzando su quella via senza compromessi, di chi cerca il campo, la linea attraverso cui comunicare ciò che di più puro e vero ha dentro l'anima. Si tratta di vagare liberi nella propria verità. «*Not all those who wander are lost*» (non tutti quelli che vagano sono perduti) scrive J.R.R. Tolkien nella sua poesia dedicata ad Aragorn, all'interno del *Signore degli Anelli*. Questo verso è un simbolo per chi cerca il proprio cammino lontano dalle convenzioni, vivendo il senso autentico di se stesso.

Roaming wild è prima di tutto una condizione interiore. Ognuno ha il proprio modo, una forma unica e particolare di vivere questo stato. In qualcuno si manifesta attraverso il viaggio, altri scelgono il cambiamento e, per esempio, si licenziano, o si trasferiscono in un altro Paese, a contatto con una differente cultura; altri invece imboccano la via spirituale e affidano la propria vita a una volontà superiore. Per altri ancora è esclusivamente una condizione mentale. Certo è, in ogni caso, che in un mondo che urla confini, la propria strada non ne ha. È solo una forma di fedeltà a se stessi, per trovare la via che ci appartiene. Il *roaming wild* è la porta attraverso cui la vocazione, il significato e il proposito della propria vita cominciano a farsi sentire. A volte nasce nel dolore, a volte nel silenzio, altre volte attraverso l'amore.

Camminava e cantava, senza sapere dove sarebbe stato il giorno seguente. Ma sapeva di essere finalmente libero. Era il vagabondaggio dell'anima di san Francesco d'Assisi. Dopo aver rifiutato il denaro e la carriera militare, Francesco abbandona tutto: gli abiti del padre, il suo cognome, le aspettative della famiglia. Cammina senza meta, si rifugia nei boschi, dorme sulle pietre, parla agli uccelli. Il suo *roaming wild* non è solo una rinuncia, ma un ritorno alla nudità dell'essere. Da quel vagare nasce una nuova forma di spiritualità, semplice, incarnata, poetica. Siddhartha Gautama, a ventinove anni, abbandona la vita da principe, i suoi beni, la famiglia e si mette in cammino. Vaga per i boschi, medita, digiuna, incontra maestri, si perde profondamente negli abissi dell'essere e infine si risveglia. Quel viaggio spirituale dura anni e culmina nell'illuminazione sotto l'albero della bodhi. Il suo *roaming wild* è l'icona universale del cammino interiore verso la verità. Il Buddha disse: «Vagando da solo come il rinoceronte, cammina libero» (*Khaggavisāṇa Sutta*, *Sutta Nipāta*). Questa frase fa parte di una serie di insegnamenti poetici in cui il Buddha incoraggia chi cerca la verità a non attaccarsi, a camminare nel mondo con indipendenza e lucidità, come fa il rinoceronte: silenzioso, solitario, forte. È una splendida sintesi del *roaming wild spirituale*: liberarsi dalle influenze esterne per ascoltare la propria voce interiore e seguire il proprio *dharma* senza paura. Il rinoceronte è un simbolo di forza tranquilla, autonomia, capacità di procedere da soli nella verità e resistenza ai condizionamenti. Questa frase del Buddha è straordinariamente attuale e indica che il viaggio autentico dell'anima a volte richiede il coraggio di allontanarsi, per restare fedeli alla propria voce.

Gli esempi di *roaming wild* sono tanti, tutti affascinanti nella loro unicità, diversità e particolarità. Sembra quasi un passaggio necessario, un'iniziazione, una prova attraverso cui il bruco diventa farfalla. Jack Kerouac, lo scrittore della Beat Generation, parte giovanissimo e, su un'auto sgangherata, attraversa gli Stati Uniti più volte, senza soldi, senza meta precisa, cercando la vita, Dio, il senso. Quel vagabondaggio diventerà *On the Road*, libro manifesto del *roaming wild moderno*. Una celebrazione della libertà, della marginalità, della ribellione al sistema. «La strada è la mia casa. Il viaggio è la mia preghiera. La destinazione è solo un'illusione.» Cheryl Strayed, a ventisei anni, dopo la morte della madre e molti anni vissuti allo sbando, decide di camminare per più di milleseicento chilometri lungo il Pacific Crest Trail, senza preparazione. Quel *roaming* estremo diventa una cura attraverso la natura, una discesa e risalita dentro se stessa. Racconterà tutto nel memoir *Wild*, diventato un bestseller mondiale e un film. «Non sapevo dove stessi andando. Ma sapevo che non potevo più restare dov'ero.» Hermann Hesse, nel romanzo *Siddharta*, descrive perfettamente questa condizione narrando le avventure di un giovane che lascia casa per cercare il senso della vita attraverso esperienze opposte: l'ascesi, l'amore, la ricchezza, il silenzio. Il *roaming* diventa metafora della maturazione dell'anima, dove ogni tappa è necessaria. Nelson Mandela non vagò nei deserti, ma rimase ventisette anni in una cella. Fu un *roaming* interiore, forzato e profondissimo. Ne uscì più integro di prima, senza odio, con una visione: riconciliare il suo popolo. «Non sono più l'uomo che è entrato qui. Sono l'uomo che ho sempre dovuto diventare.»

Dopo il battesimo, Gesù si ritira per quaranta giorni nel deserto, da solo, in preghiera, in digiuno. È lì che affronta le tentazioni, le illusioni, i desideri dell'ego. Il deserto è il simbolo del *roaming wild spirituale per eccellenza*: il luogo in cui ci si spoglia di tutto per diventare strumenti della propria verità. «Andai nei boschi perché volevo vivere con saggezza, e non scoprire in punto di morte di non aver vissuto.» Sono le parole scritte da Henry David Thoreau, che nel 1845 si ritira in una capanna nei boschi, sul lago Walden, nel Massachusetts. Non fugge, *cerca*. Scrive, cammina, ascolta, riflette. Quel vagabondaggio nella natura è custodito in uno dei testi fondamentali del pensiero ecologico e spirituale moderno: *Walden*. Bruce Chatwin, scrittore e viaggiatore che incarna il mito del *roaming* come forma d'identità, scrisse: «Io vado via per tornare a casa. Ma la casa, forse, è ciò che trovo mentre cammino». Nel romanzo *In Patagonia* racconta il viaggio in una terra remota come metafora del bisogno di vagare per ricordare chi siamo.

Ognuno vive il *roaming wild* secondo forme, prove, modalità proprie. Personalmente, ho un rituale che ripeto ogni anno. Per sette giorni rispetto queste tre semplici regole: parto senza una meta precisa; spengo il cellulare e mi rendo totalmente inaccessibile; porto con me un taccuino, acqua, tempo. L'obiettivo non è trovare qualcosa, ma sentire mentre smetto di cercare. Nel diario riporto solo tre annotazioni: cosa mi ha acceso oggi, cosa mi ha spento oggi e se sono accaduti incontri rilevanti. Gli incontri più belli e magici accadono proprio quando siamo in *roaming wild*, quando ci perdiamo, quando vaghiamo con la mente libera e il cuore aperto, perché siamo molto più disponibili alle infinite possibilità.

Trovare il proprio cammino

«Maestro... dove stiamo andando?» chiesi.

«Verso un incontro... un grande raduno spirituale. Si tiene una volta ogni trent'anni» mi rispose.

«E dove si terrà?»

«Nessuno sa dove si terrà. Chi è diretto lì cammina da solo. Chi deve saperlo sa che questo incontro ci sarà.»

«Ma come possiamo trovarlo, se nessuno sa dove sia?»

«Chi cammina nella pace e nel cuore troverà la strada. Basterà camminare.»

Questa è la condizione interiore del vagare libero dell'anima. Camminare diviene stato di coscienza, espressione dell'essere. Chi vaga senza costrizione, chi ha il coraggio di ascoltare il silenzio tra le dune del proprio deserto interiore troverà la strada. Il deserto che abbiamo dentro non è un vuoto ostile. È uno specchio che riflette chi siamo. Quando due anime s'incontrano in quel vagare, non si chiedono «da dove vieni?», ma «cosa ti ha spinto a camminare?». Quel richiamo non è verso fuori, ma verso dentro, non è una direzione, ma il sentire. Sentire liberamente la vita che abita l'istante.

È un'iniziazione quella di cui vi sto parlando. Vagare liberi dalla mente è un atto sacro, è accogliere l'incertezza come compagna, danzare senza musica, parlare con il vento, camminare senza aspettarsi di arrivare. Un istinto primordiale. Lasciando andare l'ossessione del controllo delle logiche mentali comuni. Proprio in quel vuoto, che ci spaventa così tanto, accadrà l'incontro.

Ogni passo che facciamo, integri in quell'incertezza, è un atto di fedeltà alla propria anima. E la vita in questo modo ci rivela il disegno invisibile che ci è stato affidato. Perché così le piace. Perché così è. Non siamo nati per seguire sentieri battuti, ma per lasciare tracce. Non perché qualcuno le segua, ma affinché ogni orma sia testimone del nostro coraggio.

C'è un momento nella vita di alcuni tra noi in cui il rumore del mondo non basta più a coprire il silenzio che chiede di essere ascoltato. In cui le strade che sembravano sicure iniziano a restringersi e ciò che un tempo chiamavamo destino comincia a sembrarci solo un'abitudine. È lì che nasce la spinta a vagare liberi, selvatici, essenziali.

Roaming wild non è tanto un viaggio geografico, quanto una condizione interiore, il coraggio di camminare senza sapere dove si va, ma con la certezza che ogni passo, se autentico, conduce esattamente dove dobbiamo essere.

Lo *svadharma* non si trova su una mappa, si realizza nel respiro. È il nostro posto nel mondo, ma anche il nostro modo di stare al mondo. Un modo che non si insegna, ma si rivela. Non c'è bisogno di sapere dove stiamo andando, se sappiamo da dove nasce il nostro cammino. Per conoscere questa fonte, dobbiamo deporre le armi dell'ambizione e fare spazio alla verità, lasciare che la nostra identità non sia un'etichetta, bensì un processo in divenire. Ma, soprattutto, occorre fidarsi del silenzio più che delle parole, dell'intuizione più che delle istruzioni.

Non ci sono garanzie, eppure il viaggio è intriso di senso e significato. Un cammino che non è il più veloce, né il più facile, ma è l'unico che ha il profumo della verità.

Ogni essere umano porta dentro di sé una direzione, un seme che conosce l'albero da cui è venuto. Quel seme ha bisogno di spazio per germogliare; uno spazio vuoto, un'assenza. La fiducia consiste proprio in questo: scoprire che quel vuoto è pieno di presenza invisibile e che l'assenza di direzione non è smarrimento, ma preparazione.

A volte il sentiero dello *svadharma* appare solo quando smettiamo di cercarlo. Quando ci permettiamo di sostare, di non sapere, di respirare.

Forse è proprio questo il senso più profondo del *roaming wild*: ricordare a noi stessi, e agli altri, che esiste una via che non si insegna, ma si incarna. Una via che non si spiega, ma si riconosce nel cuore.

Il *roaming wild* comincia dove finisce la mappa. Tutto ciò che ti hanno detto di dover essere va lasciato cadere. Quindi il primo passo consiste nell'abbandonare la strada tracciata. Il secondo passo richiede di lasciare il proprio nome sulla soglia. Il nome è identità, ma anche limite. Quando vaghi selvaggiamente, non sei qualcuno. Sei presenza, respiro, cammino. Solo chi è senza nome può ricordare l'essere. Il terzo passo consiste nel saper ascoltare la voce sottile interiore, che parla attraverso fremiti, intuizioni, movimenti spontanei. Bisogna imparare a seguire ciò che ci espande, non ciò che ci rassicura. Per muovere il quarto passo è necessario imparare ad avere fiducia nel non sapere. Vagare senza meta è fiducia che la vita sappia meglio di noi dove condurci. Il controllo è una gabbia dorata e la vera libertà inizia proprio quando smettiamo di stringere i pugni e molliamo la stretta con cui ci aggrappiamo a ciò che ci dà sicurezza. Solo attraversando la libertà del non sapere, l'anima torna a casa. Per riconoscere il richiamo verso ciò che siamo venuti a compiere nel mondo, bisogna disimparare, prima di imparare. Nel quinto passo occorre esplorare la lingua del selvatico. La natura, i silenzi e gli incontri inattesi sono messaggeri. L'anima libera parla attraverso sincronicità e attimi di meraviglia. Infine, l'ultimo passo, il sesto: dire sì alla trasformazione. Chi vaga veramente non torna mai uguale a prima. Il *roaming wild* ti spoglia, ti rompe, ti plasma e ciò che resta è oro. È la propria verità più nuda. È l'incontro con la propria anima prima del mondo.

La nostra vera natura non è una scoperta che arriva dal rumore. La sua voce nasce dal silenzio. Non si impone, si svela, ed è un sussurro, non un comando. Per questo serve fare spazio al silenzio. Perché il *dharma* parla nel vuoto. Respira. Il mondo può smettere di urlare proprio in questo istante, se davvero lo vuoi. Per ascoltare ciò che siamo venuti a essere, dobbiamo mettere in pausa ciò che *crediamo* di dover essere.

Per camminare in ciò che sono, ho imparato a seguire una gioia silenziosa, una sensazione di espansione, di pace vera. La direzione è tracciata da ciò che mi fa sentire vivo, autentico, semplice. Quel richiamo non sempre ha senso per la mente. Non sempre è utile, sicuro, remunerativo. Ma è *vero*. Ascoltarlo significa, a volte, deludere il mondo per non tradire l'anima. Bisogna saper rimanere fedeli al proprio mistero. La vocazione, il senso di se stessi, il proposito della vita non sono cose che si possiedono. Il *dharma* non si possiede, si serve. E molto spesso è veramente impossibile definirlo in una frase, ma possiamo incarnarlo in un gesto, in un atto d'amore, in presenza. Inginocchiamoci al mistero che siamo, lasciamo che la vita ci viva.

Una spinta bruciante

Quando avevo vent'anni, la spinta a seguire la mia vocazione era talmente bruciante da portarmi alla convinzione che, fino a che non avessi trovato realmente me stesso, ogni affetto mi sarebbe stato precluso. Sentivo la necessità di assoluta libertà nel mio vagare, di non rispondere a niente e nessuno che non fosse quel sentire profondo che emerge dall'anima, per seguirlo senza compromessi.

In questa apparente condanna priva di legami abita una grande consapevolezza: il non essere di qualcosa o qualcuno consente di poter essere più vasti, impersonali, universali. Appartenere a se stessi, bastare a se stessi non è una questione egoica, ma vitale. Non è seguire le trame della personalità, i bisogni e le aspettative dell'ego, ma uscire dai binari per vedere cosa c'è al di là. Ci vuole coraggio. Bisogna osare. E anche la caduta fa parte di questo processo. Ognuno avrà prove da superare. La libertà spaventa, da sempre. Oserai saltare in quel vuoto almeno una volta prima di morire? «Lascia tutto e seguiti» cantava Franco Battiato. Ma come si fa a seguire se stessi se non ci si conosce? Per questo è così importante perdersi. Attenzione, però. Perdersi non è smarrire il contatto con ciò che accende la luce negli occhi e nel cuore. Ho incontrato molte persone che si erano perdute nella convinzione di essersi trovate; si erano rifugiate e spente in pieghe oscure, confondendo la luce che acceca con quella che risveglia, magari emulando chi avevano intorno.

A me invece hanno sempre attratto le lontananze. Cercavo d'istinto quella solitudine che avvicina a tutte le cose senza legarti a nessuna. L'avete mai provata? Per questo ho sempre creato distanza tra me e chi mi amava, non per paura d'amare o d'essere amato, o per la responsabilità di un legame, ma perché sento che il vero amore è aiutare l'altro a essere libero, non possederlo. Ho cercato il silenzio e l'ho ascoltato lungamente. In quel silenzio ho scoperto una bellezza inedita e irriproducibile, che mi ha parlato di aspetti di me che non sospettavo potessero esistere, davvero fuori dalle logiche comuni. Non è semplice scoprire la propria eresia. «Stai meglio da solo? Perché non esci con qualcuno?» Quante volte mi sono sentito ripetere questa frase. Io stavo bene con quelle lontananze, con quel silenzio. Ho sempre cercato una compagna che fondasse la sua cura e presenza sull'inclusione della lontananza. Perché proprio in quella lontananza trovavo la presenza e la verità che permettevano di avvicinarsi intimamente.

Tutti dobbiamo intraprendere il nostro cammino. Anche le anime illuminate devono vagare libere, per poter incontrare la loro missione. È accaduto a Cristo, al Buddha, ai santi, ai saggi e ai maestri. Nessuno escluso. E quando non è accaduto non c'è mai stato un vero risveglio.

Il ritmo interno

Sembra dunque che l'anima debba vagare selvaggia per poter ricordare ciò per cui è venuta al mondo.

«Vedi, figlio mio, esiste un ritmo esterno e un ritmo interno» disse il maestro. «Il ritmo esterno è quello degli orologi e dei calendari; quello che impone il mondo, con le sue accelerazioni e le sue guerre, con le maree delle mode e dei mercati; quello della morale dei tempi e delle ideologie. Il ritmo interno, invece, è un fatto intimo e personale. È l'unicità propria. Come il colore degli occhi e dei capelli, come le impronte digitali. Impara a riconoscere e ascoltare il ritmo interno senza essere travolto da quello del mondo.»

Chi è in *roaming wild* si sta sintonizzando sul ritmo interno, quello dell'anima. Non è possibile spiegare l'anima, che è vastità, silenzio che respira, memoria viva dell'infinito. Eppure, nel mondo delle forme, ci viene insegnato a identificarci con un nome, un compito, un obiettivo, per poter essere qualcosa o qualcuno. Per questo crediamo che non identificarsi corrisponda a non esistere. Ma ogni etichetta, per quanto nobile, è solo un'eco sbiadita di ciò che siamo veramente.

Vagare senza nome significa spogliarsi di tutte le identità imposte – culturali, familiari, spirituali – per ritornare a quel nucleo vivo e indomito da cui ogni vera vocazione sgorga. Finché l'anima è rinchiusa in una definizione, non può espandersi. Solo quando si dimentica di essere qualcuno o qualcosa può rammentare come essere tutto. Vagare senza meta è il coraggio di fidarsi del mistero, apertura e disponibilità verso quell'ignoto. Quando ho rinunciato a ogni volontà di controllo, per ascoltare quel richiamo interiore, la voce che ho udito sussurrava con la forza delle stelle. Quella voce mi ha detto che la meta non si trova cercandola, ma camminando con presenza e onestà. Solo così la via si rivela.

In questa vita, quando i miei passi si sono fatti veri, ho scoperto che non ero venuto a dominare, ma a servire; non a conquistare, ma a fiorire; non a possedere un senso, ma a esser senso. Quel ritmo che abbiamo dentro non segue nessun cammino. È il cammino che nasce al suo passo. Per riconoscere quel ritmo unico che pulsa dentro noi, dobbiamo spezzare l'ordine del mondo. Lì danza il silenzio che precede ogni nascita. In questo consiste il *roaming wild*. Quel ritmo è il richiamo che trasforma ogni respiro in un pellegrinaggio, ogni incontro in una soglia che ci invita a ricordare.

Qual è il tuo ritmo interno? Nel silenzio, ascolta.

Così ho vagato libero

Ho attraversato diversi periodi in *roaming wild* durante il corso di questa esistenza. Ogni volta è stato diverso, sia nei modi sia nelle forme. Lo stato di *roaming wild* più particolare, forse, l'ho vissuto proprio in questi ultimi anni, nei quali il mio stile di vita ha preso una piega inaspettata.

Tutto è iniziato con l'impulso a liberarmi da ogni forma di controllo, interiore ed esteriore. Non fraintendetemi, non è stato un richiamo ad abbandonarmi a ogni tipo di disordine. Al contrario, è fiorito in me il forte desiderio di scorrere con un flusso armonico di eventi e situazioni che sfuggivano a ogni pianificazione e previsione. È stato come tornare bambino, quando le cose accadevano di momento in momento e tutto era avvolto da meraviglia, sorpresa ed entusiasmo. Liberarsi completamente dalla presenza della mente condizionata e dal suo bisogno di controllo è stata una delle esperienze di *roaming* più selvagge che avessi mai sperimentato. Non c'è stato viaggio, neanche nei Paesi più remoti, che si sia avvicinato a questa condizione interiore. Mi ero abbandonato al flusso degli eventi che stavano accadendo, guidato solo dal desiderio profondo di donare me stesso nella trasmissione dei valori e delle pratiche che mi avevano cambiato la vita. L'intensità delle situazioni che si proponevano ogni giorno (dall'accompagnamento al fine vita delle persone all'incontro con i detenuti nelle carceri, agli sblocchi emotivi durante i seminari, alle intense pratiche meditative dei ritiri, alla conduzione di gruppi verso stati di coscienza sempre più raffinati) poteva essere sostenuta pienamente solo a patto di mollare del tutto la presa e tornare nello stato di coscienza dei bambini.

Una condizione in cui esiste solo un presente continuo, dove non ha senso il concetto di domani o tra mezz'ora. Il mio stato interiore era alquanto singolare: non ero a conoscenza degli appuntamenti del giorno dopo, delle domande che mi avrebbero fatto nelle interviste, dell'argomento che dovevo trattare al mio arrivo nelle conferenze, dell'hotel in cui avrei riposato, di chi sarebbe venuto a prendermi e se e quanto sarei stato pagato. Certo, il team che mi gestiva doveva impegnarsi non poco per preservare e coordinare tutto, consentendomi uno stato interiore libero da ogni punto di riferimento. Un abbandono totale al flusso della vita, con fiducia. Se perdevo un aereo o ritardava un treno, quello era esattamente il luogo e il tempo in cui dovevo trovarmi. In quel presente non esisteva ritardo, perché era sempre il momento giusto. Erano occorsi anni affinché quello stato si potesse manifestare. Abbandonarsi al *roaming wild* è un ritorno alla purezza dei bambini. Ero aperto ai cambi di programma, alle strade sbagliate, alle situazioni inattese, al cibo cucinato e offerto dalle madri degli organizzatori. Ci vuole un controllo trascendentale per lasciarsi andare a uno stato di assenza totale di controllo. Bisogna riconoscere con esattezza quel flusso, perché se si sbaglia si rischia di schiantarsi. Funziona se hai il necessario livello di consapevolezza, altrimenti è rovinoso. In virtù di questo stato di abbandono autentico, di apertura e disponibilità, le cose magiche accadono. Ma devono esserci le condizioni giuste, perché non si può ingannare la vita, né la parte più profonda di se stessi. C'erano solo due punti fermi in quello scorrere: la meditazione e il servizio alla vocazione. Normalmente il *roaming wild* è una condizione che si manifesta per potersi avvicinare alla propria vocazione, ma può verificarsi anche il contrario, cioè che diventi uno strumento utile a servirla, a consacrarsi a essa, a far fiorire una disponibilità assoluta nel celebrare e far bruciare la propria legge naturale, il motivo per cui si è venuti al mondo.

È vivere in un flusso, in uno stato di abbandono consapevole. Ho trovato un quaderno di appunti che usavo durante i viaggi in treno. Ricordo il momento esatto in cui scrissi queste parole, tra una pausa e l'altra, mentre guardavo fuori dal finestrino il meraviglioso paesaggio dell'Umbria:

> Va bene così. Non so dove dormirò domani. Non so chi mi verrà a prendere, di cosa parlerò, cosa mangerò, che strada imboccherò. Non ho idea di quale sarà l'agenda dopodomani, e neppure se verrà rispettata quella di oggi. Non so se sarò solo o in compagnia, se il viaggio previsto accadrà o verrà sostituito da qualcosa di inatteso. E va bene così. Qualcuno mi ha detto che sono disorganizzato. Ma non sa che esiste anche questa leggerezza. Non è superficialità. È uno stile di vita, una forma di abbandono attivo, una resa profonda e consapevole a ciò che da me vuole la vita, quella vera. Che ebbrezza questo salto nel vuoto!

Vivere così non è per tutti e non è qualcosa con cui si nasce. Ci si arriva, accade se si è disponibili. A volte dopo anni. Dopo mille tentativi di controllo e previsione in cui si è cercato di strutturare ogni cosa. Io ci avevo provato, con tanto impegno, a programmare la mia vita. Ma, puntualmente, un'onda travolgeva ogni cosa. Tanto valeva cavalcare surfando senza più oppormi. O, meglio ancora, divenire quell'onda e trasportare insieme a me chiunque avesse desiderio di mare. Dopo aver sentito l'illusione del controllo sfaldarsi sotto i piedi, una, due, cento volte, qualcosa dentro era maturato: la resa autentica. Una forma personale e radicale del *roaming wild*. Probabilmente qualcuno del team aveva anche la sensazione di pianificare e controllare i miei viaggi e gli eventi, e si impegnava a farlo, ma la cosa che contava era che io non avessi il controllo. Non è viaggiare senza meta, ma vivere senza attaccamento alla meta. È danzare con l'incertezza, lasciare che sia la vita a venire a cercarti. Ero finalmente in ascolto. Sì, perché quando smetti di controllare, ascolti meglio, vedi meglio, intuisci, percepisci, accogli. Non imponi il tuo programma alla vita: ti rendi disponibile a ciò che vuole accadere attraverso di te. Ma, attenzione: come ho già condiviso, non funziona senza il giusto livello di coscienza. Senza consapevolezza, diventa smarrimento. Senza radicamento nell'anima, si trasforma in caos. Senza centratura, è solo disordine. Solamente quando c'è uno stato di presenza lucida, uno spazio interiore autentico, profondo, amorevole, l'abbandono diventa forza. E quell'abbandono genera grazia, opportunità, incontri significativi, sincronicità reali. È allora che le cose si aprono, le situazioni si allineano. Che accadono piccoli e grandi miracoli che non hai chiesto. Si manifestano perché sei aperto, disponibile, vivo.

Il percorso di consapevolezza e meditazione che iniziai quando avevo diciannove anni prevedeva un'intensa disciplina focalizzata a trascendere la mente razionale. Tutto ciò che necessitava di controllo, programmazione e organizzazione della mente condizionata veniva sostituito da un sentire più profondo, che si muove oltre la superficie delle cose. Mi sono reso conto solo dopo molti anni dell'utilità di quel periodo, riuscendo a lasciare andare ogni esigenza di sapere in anticipo, di certezze, garanzie, strutture. Grazie a quella fiducia nel silenzio, mi sono buttato. Nel vuoto. Nel non sapere. Nel flusso. È da lì che è nata una libertà più grande, come naturale conseguenza di quella fiducia, che non è cieca, ma radicata nel sentire profondo. La condizione che ho scoperto essere ideale è quella in cui sei connesso al servizio della vocazione e lasci che la vita conduca. Quando smetti di intralciarla, ti mostra la sua intelligenza, il suo ordine, la sua bellezza. Pur con diversi compromessi, ancora oggi vivo così. Mi apro. Mi affido. Cammino. Ogni volta qualcosa accade. E ad ascoltare bene, è sempre ed esattamente ciò che serviva.

Questo modo di vivere non è reattivo, ma ispirato. Non muove dalla paura, ma dalla fiducia. Non segue una rotta mentale, ma una bussola interiore. Forse, alla fine, questa è la più grande delle fortune: vivere nel mondo senza sapere dove si sta andando e accorgersi che, proprio lì dove non avevi programmato nulla, la vita ti stava aspettando.

Il profondo bisogno di rompere gli schemi

Nel 1954 due ricercatori, James Olds e Peter Milner, impiantarono elettrodi nel cervello di ratti, in aree come l'ipotalamo laterale e il fascio mediale del cervello, collegato al circuito della ricompensa dopaminergica. I topi potevano attivare direttamente questo circuito premendo una leva. Il risultato fu straordinario: i ratti premevano la leva fino all'esaurimento, ignorando cibo, acqua e persino il dolore, pur di ottenere la stimolazione.

La stimolazione diretta del circuito dopaminergico superava ampiamente le ricompense naturali, tanto che le cavie trascuravano l'alimentazione fino alla morte. Addirittura preferivano attraversare griglie elettrificate, pur di premere la leva. L'esperienza mostrò una distinzione fondamentale tra il desiderio compulsivo (il *wanting*), che aumentava, e la sensazione di piacere (il *liking*), che non necessariamente incrementava. È emerso così il ruolo chiave della dopamina: l'attivazione diretta bypassa i sistemi sensoriali naturali, creando un rinforzo estremo, mentre la sua inibizione farmacologica interrompe il comportamento di ricerca compulsiva.

Slot machine, notifiche di social media e smartphone attivano lo stesso circuito, ma in modo progressivo e intermittente, applicando un principio psicologico noto come rinforzo a intervallo variabile. Questo produce in ognuno di noi un'aspettativa imprevedibile, con picchi dopaminergici casuali e comportamenti ripetitivi e compulsivi. Come i topi, ci ritroviamo a premere leve – pulsanti, swipe, click – attratti dall'incertezza della gratificazione. È in questo modo che ci scordiamo dei nostri bisogni reali. Viviamo in funzione di ricompense illusorie, dimentichi del nostro sentire profondo e di ciò che realmente ci appartiene e ci rende felici. I nostri desideri sono creati da precise esigenze di mercato che nulla hanno a che vedere con la nostra natura unica e autentica. Sfruttando i meccanismi dopaminergici, vengono stimolate le dipendenze da modelli di successo e felicità che ci sono estranei. Veniamo ammaestrati, omologati, costantemente canalizzati. Il nostro cervello cerca ricompense, soprattutto se imprevedibili, e la tecnologia progettata scientificamente, ma non eticamente, può attivare comportamenti potenti, talvolta autodistruttivi. In questo contesto essere eretici diviene qualcosa di imprescindibile.

Il bisogno di rompere questi schemi per ritornare interi è una questione di sopravvivenza, oltre che di fioritura. C'è un momento, in ogni esistenza, in cui l'anima non regge più il peso delle convenzioni e delle illusioni. Un punto esatto, un taglio sottile ma feroce, in cui il cuore comincia a dire no a tutto ciò che non gli somiglia. Abbiamo respirato, fin da piccoli, un'aria densa di aspettative. Ci hanno dato mappe ed esempi per essere giusti, vincenti, accettabili, ma non ci hanno mai chiesto veramente chi siamo. Ci hanno educato a seguire modelli brillanti ma vuoti, privi della nostra luce autentica, a confondere successo con valore, piacere con felicità, adattamento con realizzazione. E così, a poco a poco, abbiamo imparato a tradire la nostra unicità. A vestirci di abitudini che non risuonano con noi, a tacere intuizioni che avrebbero potuto cambiare il nostro mondo, a soffocare il fuoco sacro della vocazione, in nome della sicurezza, del consenso, dell'approvazione. Per questo è benedetto il giorno in cui l'anima si ribella, in cui sente l'esigenza di rompere gli schemi e vagare libera alla ricerca di sé. L'intento non è quello di distruggere, ma di rinascere.

A volte, l'unico atto d'amore possibile verso se stessi è l'eresia. Essere eretici oggi significa scegliere la verità interiore anziché la menzogna istituzionalizzata. Vuol dire rompere schemi non per rabbia, ma per fedeltà al proprio mistero. L'eresia oggi è un atto di guarigione, un ritorno a casa dopo anni di esilio. Ogni anima ha una voce unica, una danza che non si ripete, un destino che non si può copiare. Ma serve coraggio per ascoltarla. Serve il fuoco di chi osa dire: «Io non sono ciò che mi avete chiesto di diventare. Io sono ciò che sono venuto a ricordare». Il primo passo verso una vita in cui l'essere non si lascia più manipolare dall'apparire. Più che avere timore di rompere questi schemi, dovremmo temere piuttosto il fatto di continuare a vivere senza mai essere davvero vivi.

Il profondo bisogno di uscire dal tracciato e di vagare liberi in *roaming wild* nasce dalla tensione esistenziale tra ciò che siamo *realmente* e ciò che ci è stato chiesto di diventare, dalla distanza tra l'illusione e l'autenticità di se stessi, che diventa insopportabile. I modelli di realizzazione che ci vengono proposti sono brillanti forme di schiavitù: prestazione, status, riconoscimento, perfezione. Ma la nostra anima non cerca questo. Non lo ha mai cercato, se non come meccanismo di compensazione. L'anima cerca verità, bellezza, pienezza, amore e servizio. Sempre e comunque. E quando capisce che quei modelli non nutrono il cuore, inizia a scalpitare perché sente di aver dimenticato qualcosa di essenziale. Il bisogno di vagare liberi nasce da una memoria antica, quella di essere venuti al mondo non per imitare, bensì per incarnare una visione. Una chiamata che non si può spiegare, ma che si può solo seguire. Potrà sembrare strano, però unicamente attraverso delle rotture possiamo ricomporci. Rompere gli schemi non è un atto di distruzione, piuttosto di guarigione; un modo per ricomporre se stessi secondo una forma più vera, dopo aver frantumato ciò che non siamo, per fare spazio a ciò che realmente vive in noi.

Non possiamo restare troppo a lungo dove l'anima non respira. Il bisogno di *roaming wild* è il bisogno di aria interiore, di non sapere dove si va, fiduciosi che ogni passo, anche se incerto, è più vero di qualsiasi certezza fittizia. Questo vagare è il modo in cui l'anima torna a se stessa, è il suo modo di pregare.

Il *roaming wild* è cura della mente, nutrimento del cuore, rilancio dello spirito. Un invito a uscire dai confini, non solo fisici, ma mentali e culturali. Possiamo sperimentare un assaggio dei suoi benefici sulla nostra salute e sulla qualità della nostra vita anche semplicemente camminando in un bosco senza meta. Ogni istante di libera immersione è un piccolo atto di rigenerazione.

In un contesto che ci vuole efficienti, veloci, sempre connessi e impegnati, l'atto di vagare senza scopo apparente – camminare nella natura, perdersi nel silenzio, uscire dagli spazi convenzionali – può sembrare inutile. Eppure, la scienza ci dice l'opposto, e cioè che è fondamentale per la salute, per l'equilibrio mentale, per ritrovare se stessi. Gli studi degli psicologi Stephen e Rachel Kaplan hanno mostrato che la mente umana ha bisogno di spazi di rigenerazione attentiva: luoghi e tempi in cui l'attenzione non è più uno sforzo, ma un respiro. La natura è uno di questi spazi privilegiati. Stare in ambienti naturali, anche solo venti minuti, riduce i livelli di stress, abbassa il cortisolo, migliora l'umore e ci riporta a uno stato più calmo, lucido, centrato. Siamo arrivati al punto in cui l'ambiente, che dovrebbe essere la nostra casa naturale, è diventato un rifugio per poche e brevi boccate di ossigeno... Altri studi dimostrano che l'esposizione agli ambienti selvaggi stimola la creatività, migliora la memoria a breve termine e favorisce la connessione con se stessi. È come se la mente, liberata dai vincoli della routine e delle aspettative sociali, tornasse a funzionare secondo la sua architettura più naturale. Camminare in spazi aperti e muoversi senza uno scopo preciso, inoltre, aumenta l'autostima, rafforza la resilienza, favorisce una percezione più profonda di benessere e significato. Anche nei bambini, il gioco non strutturato in natura si è dimostrato cruciale per lo sviluppo cognitivo, emotivo e relazionale. Negli adulti, il contatto con il selvatico – inteso come non-controllato, non-pianificato, non-performativo – aiuta a ricordare chi siamo al di là dei ruoli. Uno studio globale ha persino rivelato che trascorrere tempo all'aperto ha effetti più potenti sulla salute mentale rispetto allo yoga o alla *mindfulness* formale. Non perché queste pratiche non siano valide, ma perché la natura stessa è una forma di meditazione spontanea, accessibile, primordiale. In sintesi, il *roaming wild* è una risposta profonda e biologica al sovraccarico del mondo moderno. Un gesto di libertà e guarigione che ci restituisce al nostro ritmo naturale e ci ricorda che non siamo macchine per produrre, ma esseri da vivere.

Il proprio posto

Ogni essere umano fa i conti col bisogno di trovare il proprio posto nel mondo. Il problema è che quasi tutti lo cercano ponendo l'accento sui bisogni dell'ego e della personalità, anziché della vocazione dell'anima.

A trent'anni non avevo ancora trovato completamente il mio. Conoscevo la mía vocazione e avevo già tra le mani il senso di me stesso, ma non sapevo come rendere tutto ciò reale in ogni piano di esistenza. Ogni volta che andavo a trovare mia nonna, lei, al momento di salutarci, mi ripeteva immancabilmente queste parole: «Mi raccomando, prima di morire voglio vederti sistemato». E io mi sentivo un po' in colpa perché la mia natura mi stava invece portando in tutt'altra direzione. La sua generazione era cresciuta col valore del lavoro ed era quindi naturale che la ricerca di un'occupazione socialmente riconosciuta e sicura, che permettesse di «sistemarsi», come intendeva lei, fosse la priorità. A discapito delle proprie passioni e inclinazioni. Io invece stavo remando con tutte le mie forze nella direzione opposta, liberandomi da ogni etichetta, forma, bisogno mondano. Vista attraverso gli occhi delle logiche comuni, la mia condizione era irragionevole. Apparivo come uno sprovveduto, un disadattato, una persona strana. Quando non vieni compreso ci sono due possibilità: essere derisi o esclusi. Nel mio caso si verificarono entrambe.

In realtà, molto di ciò che chiamiamo «il nostro posto» è una costruzione dell'ego, che risponde a un preciso bisogno di appartenenza, approvazione, sicurezza. L'ego vuole essere visto, distinto, considerato. E la nostra educazione – scolastica, culturale, familiare – alimenta proprio questa dimensione: ci forma a diventare qualcuno *per* gli altri. Ci istruisce a migliorare la personalità, ma raramente ci guida a riconoscere la vocazione dell'anima.

«Cosa vuoi fare da grande?» «Che lavoro farai?» «Chi vuoi diventare?» Le abbiamo sentite tutti queste domande. Invece, le domande che trovo veramente interessanti sono altre. Per esempio: «Chi sei veramente, al di là di quello che fai?» «Cosa ti fa sentire vivo?» «Cosa desideri davvero, cosa desidera la tua anima?». Il forte bisogno di omologarsi, con la pressione che ne deriva, è una strategia sottile dell'ego. Ci spinge ad assomigliare a modelli già esistenti. In questo schema, il posto nel mondo diventa una sedia standardizzata: il manager di successo, l'influencer spirituale, l'artista maledetto, il genitore perfetto. Eppure, la vocazione dell'anima non si trova in nessuna di queste etichette, per il semplice fatto che non si esprime attraverso titoli, ruoli o status, ma mediante una sensazione profonda di essere allineati con ciò che siamo, anche quando non abbiamo le risposte chiare, anche quando la strada è incerta. Trovare il proprio posto nel mondo, allora, significa riconoscere lo spazio interiore in cui siamo autentici, anche se questo ci rende diversi, anche se richiede coraggio. L'anima non cerca applausi, cerca verità. E la verità, spesso, è scomoda per l'ego, ma liberante per la coscienza. «Chi sono, al di là di tutto ciò che so fare?» «Qual è la qualità della mia presenza nel mondo?»

Oggi possiamo apprendere coding, leadership, marketing, performance. Ma chi ci insegna a riconoscere la nostra vocazione interiore? Chi ci educa al silenzio, al discernimento, alla capacità di stare nella complessità senza forzare risposte? Educare l'anima non è un lusso spirituale, ma una necessità fondamentale in un'epoca in cui tutto è replicabile, tranne la presenza viva e cosciente di un essere umano allineato con ciò che è.

Forse il nostro posto nel mondo non è un punto da raggiungere, ma uno spazio da incarnare. Proprio per questo, per realizzarlo, dobbiamo essere disposti a perderci. A vagare liberi. Così, da quel vuoto, potrà emergere la voce dell'anima.

2
Svadharma

Liberiamo tutti i figli

Non si ama un figlio anche se è diverso da noi. Lo si ama proprio perché è diverso.

Un figlio non viene al mondo per farti felice, ma per diventare se stesso. Per seguire la sua via e fiorire in quell'unicità che gli è propria. Il suo diritto più importante è quello di essere diverso dai suoi genitori, poter seguire strade che non sono le loro, fare scelte e prendere decisioni che non verranno capite. Quando un figlio cerca di somigliare ai genitori, o si impegna a fondo per rispettare le loro aspettative e compiacerli, molto probabilmente teme o non si azzarda a scoprire chi è realmente, e vive nel terrore di deluderli e non essere degno del loro amore. Ma così facendo, perde l'occasione di vivere la sua vita.

Non riconoscersi nel modello genitoriale non vuol dire essere sbagliati, né giudicarlo. Semplicemente, si sta cercando la propria legge naturale. Ogni figlio ha il diritto di provarci senza che i genitori lo facciano sentire in colpa, o un fallito. Tuo figlio è venuto al mondo per trovare il coraggio di essere se stesso, vuoi accompagnarlo in questo viaggio o osteggiarlo?

Le madri e i padri non dovrebbero confondere i figli con delle emanazioni di se stessi. Certo, è più facile accogliere un figlio che risponde alle proprie speranze e aspettative, ma il dono più grande che un genitore possa fargli è quello di amarlo proprio quando non lo comprende. È lì che nasce la relazione autentica, la vera fiducia. Ogni anima ha la propria traiettoria invisibile, il proprio ritmo segreto, il proprio modo di inciampare per poi fiorire, che nulla ha a che vedere con le leggi che governano il mondo. C'è chi corre, chi si ferma per anni, chi ha bisogno di toccare il fondo per risalire, o di dimenticare tutto per ricordarsi di sé, e chi invece capisce subito. In questi anni ho compreso l'importanza di non giudicare il proprio cammino con gli occhi degli altri e di non misurarlo con il metro del mondo, pur tenendo conto di tutte queste prospettive. Hai mai avuto la sensazione di non essere dove avresti dovuto essere? Magari anche quando le cose andavano a gonfie vele? O, al contrario, di essere proprio nel posto giusto anche se tutto intorno a te stava crollando? Imparare a sentirsi autenticamente e riconoscere il proprio ritmo è un passaggio fondamentale nella parabola della propria esistenza.

Alla fine del 2005 ero nel bel mezzo di una delle più grandi crisi della mia vita. In Spagna, con pochissimi soldi avanzati, senza aver ancora trovato una casa e senza più poter sostenere l'hotel di appoggio, esaurito il denaro regalato dai miei genitori. Mentre cercavo una soluzione, passai tre notti in una delle più becere locande che abbia mai visto. Nonostante il letto sfondato, il bagno impresentabile, il pomello dell'acqua calda spanato, le mattonelle verdi anni Cinquanta crepate in diversi punti e i vetri delle finestre traballanti, mi svegliavo felice, leggero, con la sensazione di essere esattamente dove dovevo essere. Solo qualche mese prima, invece, a casa, con tutte le comodità possibili, mi sentivo oppresso, depresso e frustrato. Oltre a chiederci se siamo nel posto giusto, dovremmo imparare a sentire e riconoscere se siamo dove la nostra anima deve essere per imparare. Ci sono passi che ci avvicinano e passi che ci allontanano da noi stessi. Se cadi, abbi cura di cadere nella tua storia, perché, se ti rialzi, è da lì che inizia la verità. È lì che prendi coscienza che sei il cammino che compi. Tu sei la strada, il deserto e l'ombra, l'alba e il ritorno.

Un figlio non ti appartiene. Ti attraversa. Ti sceglie. Ti lascia. E torna, quando sente che non deve più chiedere il permesso di essere se stesso. Perché nulla nutre quanto sentirsi visti, sostenuti e lasciati liberi di vagare. Parlo da figlio.

Non è forse uno degli atti d'amore più grandi, quello di una madre e di un padre che lasciano il figlio libero di essere se stesso? Libero di sbagliare, soffrire, cadere, non sapere più cosa fare. Libero dal loro bisogno di proteggerlo, trattenerlo, preservarlo, sistemarlo, metterlo al sicuro. Liberare i figli da se stessi è una morte necessaria. Ci vuole fiducia nella vita, in se stessi, in loro, nell'amore e anche nel dolore. Ci sono amori che stringono e amori che aprono. Amori che proteggono trattenendo e amori che proteggono lasciando liberi. L'amore autentico porta oltre se stessi, a scegliere consapevolmente di non soffocare la libertà altrui per cercare di placare la propria paura. La vera protezione non è il controllo, ma la fiducia nella libertà e nell'eresia. Fiducia in ogni inciampo. Un amore, questo, che non si misura attraverso la presenza costante, ma piuttosto nella capacità di fare spazio.

Lasciare libero un figlio di vagare, in *roaming wild*, è certamente un atto di coraggio e fiducia. Perché il suo cammino potrebbe condurlo lontano da tutto ciò che si conosce e comprende. Eppure, è lì che inizia la vera relazione. L'amore vero non nasconde una richiesta di somiglianza. La sua strada gli appartiene, anche se non assomiglia per nulla alla nostra.

Immagina una madre. Suo figlio è lì, davanti a lei, pronto a partire. L'ha amato in ogni piccolo passo, l'ha custodito per tutto il tempo in cui la vita glielo ha affidato. Ha asciugato il sangue delle sue ginocchia sbucciate, ha vegliato sui suoi sogni. Ora è tempo di lasciarlo andare. Non sa dove andrà. Non sa chi diventerà. Ma lo ama abbastanza da non volerlo trattenere. Quella madre non lo stringe. Non lo segue. Non lo convince a restare. Semplicemente apre le braccia e lo benedice. In quell'atto di lasciarlo andare, non lo perde, perché lo ritrova nella sua verità.

Il cordone ombelicale non si recide una volta sola. Lo si recide, simbolicamente, ogni volta che un figlio cresce, cambia, si allontana, diventa altro. Ma c'è un cordone invisibile che resta intatto: quello della fiducia. Fiducia non vuol dire disinteresse, mancanza di assertività, di volontà nel condividere. Una voce chiara, in noi, ci dice quando è il momento di intervenire e quando no, nel delicatissimo equilibrio tra proteggere e lasciar essere se stessi.

Trovare la propria vocazione

Ognuno è un mondo a sé, con propri ritmi, percorsi, passaggi. Secondo la mia esperienza, personale, spirituale e formativa, la vocazione può risvegliarsi e manifestarsi lungo il corso di tutta la vita, anche negli ultimi istanti. Non perdete la speranza, dunque, se non l'avete ancora trovata. Ho però notato che nella decade tra i sedici e i ventisei anni avvengono normalmente le rivelazioni più importanti circa il significato e proposito della propria vita, il proprio *svadharma*. Non sempre in una modalità chiara e definita, ma sono i pezzi di un puzzle che ci permettono di iniziare a dar forma a un disegno più ampio. In quella decade, l'identità non viene più proiettata dalla famiglia, dalla scuola, dalla cerchia di amici d'infanzia, ma inizia a essere scoperta, scelta, costruita. È una fase di ricerca e apertura, in cui il mondo interiore si confronta con una realtà esterna ignota e cominciamo a chiederci non solo *chi siamo*, ma *chi siamo davvero, al di là di ciò che ci è stato detto*.

Le neuroscienze lo confermano: il cervello umano raggiunge

la sua piena maturazione strutturale tra i venticinque e i ventisei anni, in particolare nella corteccia prefrontale, responsabile di processi come la scelta, la direzione, il senso di responsabilità, la proiezione nel futuro. Ma qualcosa di più sottile accade in parallelo: l'anima comincia a chiedere coerenza. Le prime domande essenziali si affacciano alla mente: che senso ha ciò che sto facendo? Chi sto diventando? Sto seguendo me stesso o le aspettative altrui? È in questa fase che, se non viene ascoltata, la voce del proprio *dharma* si affievolisce o si spegne. Sopraffatta da ruoli, doveri, urgenze. Ma a chi la ascolta, anche solo per poco, si apre una possibilità radicale: vivere non per imitazione, ma per incarnare fino in fondo la propria unicità. Tra i sedici e i ventisei anni, effettivamente, accade qualcosa di straordinario e invisibile. Il cervello si rifinisce, la coscienza si risveglia, l'identità avvia la propria ricerca e l'anima comincia a sussurrare la propria traiettoria (a volte a gran voce, come nel mio caso). Le neuroscienze, la psicologia dello sviluppo e anche le biografie dei grandi personaggi convergono su un punto: questo decennio è una finestra delicatissima di formazione della visione di sé nel mondo e della propria missione in esso.

La corteccia prefrontale, come dicevamo, l'area del cervello deputata al pensiero complesso, alla progettazione, all'autoregolazione e al giudizio morale, si sviluppa fino ai venticinque-ventisei anni (Gogtay et al., 2004). Questo significa che in quel periodo si consolida la capacità di scelte autonome e consapevoli e si forma il pensiero critico e riflessivo. Emergono domande su valori, senso, identità. È il momento biologico in cui il cervello acquisisce gli strumenti per guardarsi dentro con profondità, uscire dai modelli ricevuti e porsi domande di orientamento esistenziale. In pratica, è il terreno neurologico ideale per far emergere lo *svadharma*.

Secondo lo psicologo dello sviluppo Erik Erikson, tra i dodici e i venti-venticinque anni si attraversa la crisi evolutiva fondamentale dell'identità. In questa fase l'individuo si confronta con tre domande: chi sono? Chi voglio diventare? Qual è il mio posto nel mondo? Se questa fase viene saltata, ovvero se si aderisce troppo in fretta a ruoli sociali o aspettative altrui, l'identità rischia di diventare conformista e fragile, priva di radici interiori solide e autentiche. La mancata esplorazione identitaria precoce può portare a crisi esistenziali molto più dolorose nei decenni successivi. Uno studio della Harvard University (Arnett, 2000) ha definito questa fascia d'età come *emerging adulthood*: una fase non solo di transizione biologica e sociale, ma soprattutto di esplorazione esistenziale e vocazionale. Chi ha la possibilità di sperimentare diverse attività (viaggi, mestieri, arti, silenzi, errori) prima dei ventisei anni sviluppa maggiore autonomia interiore, capacità decisionale e soddisfazione a lungo termine nella vita adulta. Chi invece si chiude in ruoli rigidi troppo presto (lavoro sicuro, studi obbligati, aspettative familiari) presenta un rischio più alto di insoddisfazione professionale, *burnout* e crisi vocazionale dopo i trent'anni.

Molti dei più grandi innovatori e creatori della storia hanno incontrato il seme del proprio *svadharma* proprio in questa finestra d'età. Albert Einstein aveva solo sedici anni quando si domandò cosa sarebbe accaduto a cavalcare un raggio di luce. A ventisei anni, nel 1905, pubblicò quattro articoli che cambiarono per sempre la fisica. Steve Jobs a diciannove anni lasciò il Reed College per frequentare corsi di calligrafia e meditare in India, senza sapere cosa fare. Quelle esplorazioni intuitive, apparentemente inutili, plasmarono il design raffinato dei computer Apple. Già a diciassette anni Michelangelo scolpiva opere per Lorenzo de' Medici. A ventiquattro creò la *Pietà*. Tutto nacque da un'intensa, solitaria ricerca giovanile di ciò che sentiva come suo destino: dare forma all'invisibile attraverso la materia.

Gli anni tra i sedici e i ventisei, dunque, andrebbero considerati un tempo sacro di *roaming wild*, dedicato non solo all'istruzione, ma all'esplorazione del Sé attraverso esperienze libere e creative, il contatto con la natura, l'arte, la solitudine, l'incontro con maestri, guide, modelli alternativi. E anche di esperienza attraverso l'ascolto del proprio respiro, delle proprie contraddizioni, dei propri silenzi. Vagando in uno stato di presenza e perdendo i riferimenti noti. È un periodo in cui serve tempo per sentirsi e cercarsi.

Chi accompagna i giovani in questo periodo cruciale non dovrebbe forzarli a diventare efficienti troppo presto, ma aiutarli a cercarsi senza sosta, a creare spazi liberi. Leonardo da Vinci a vent'anni lavorava nella bottega del Verrocchio, ma già da bambino prendeva appunti e disegnava ali di uccello, occhi, vasi comunicanti, studiando la natura in modo intuitivo e visionario. Queste non sono eccezioni da mitizzare. Sono segni chiari di una verità più profonda: la natura dell'anima, quando trova spazio, si mostra. E lo fa presto. Cosa è accaduto in quella decade della tua vita? Quali intuizioni o visioni hai avuto? Quali esperienze interiori si sono mostrate? È successo qualcosa di particolare?

Vagare liberi non è tempo perso. È un tempo necessario. Un tempo in cui disattivare la mente condizionata e imparare ad ascoltarsi. Mi sono chiesto quali fossero le indicazioni più importanti per quel range di età, dai sedici ai ventisei anni. Queste sono le dieci cose che sento più rilevanti. Suggestioni per aiutare l'anima. E intuire la propria vocazione.

Manifesto della vocazione

1) Non sei qui per realizzare un copione. Sei qui per scoprire il tuo.
2) Non c'è fretta di decidere. Ma c'è urgenza di ascoltarti.
3) Ogni volta che ti senti perso, sei molto vicino a trovare parti di te autentiche.

4) Sii fedele a ciò che ti accende nel profondo, anche se non sai ancora dove ti porterà.
5) Non tutti ti capiranno. Non è un problema: parli una lingua antica e unica, la tua.
6) Sei autorizzato a sbagliare, deviare, cambiare idea.
7) Non scegliere in base alla paura. Scegli in base alla verità che hai nel cuore.
8) Nutri la parte selvaggia, intuitiva, creativa. Non serve che sia utile. Serve che sia tua.
9) Fai spazio al vuoto. Il vuoto è il luogo in cui il *dharma* comincia a parlarti. Cerca e crea momenti vuoti, liberi dal fare e dal pensare.
10) Chi vaga libero non si perde. Si ricorda. Si ritrova.

Il fuoco dentro

Molte persone non riescono a distinguere tra fuoco passionale e fuoco vocazionale. Ciò che veramente ci accende dentro, in termini vocazionali, ha caratteristiche ben precise e riconoscibili. Non significa seguire ogni impulso, guizzo momentaneo, innamoramento o emozione intensa. Non è fare solo ciò che ci va. Non è neanche desiderio, entusiasmo, reattività. Essere fedeli a ciò che ci accende nel profondo è qualcosa di più viscerale e silenzioso. Non riguarda l'eccitazione, ma la verità. È entrare in intimità con se stessi. Significa ascoltare e riconoscere ciò che risuona con la propria essenza, anche se non ha ancora un nome o una forma. È come una fiamma che arde quieta dietro tutte le maschere, le aspettative, le convenzioni sociali. Non urla, ti chiama. Se ascolti bene, potresti scoprire che spesso ciò che ti accende non è immediatamente redditizio, ma profondamente nutriente; non ti rende visibile, ma integro; non sempre risulta comodo, ma è inevitabile, se vuoi vivere senza tradirti.

Come riconoscerlo? Be', prima di tutto non è una semplice fiammata, ma dura nel tempo. Ciò che ti accende davvero non passa. Può affievolirsi, ma ritorna sempre, vivo e ardente. Ti cerca. Prova a stanarti anche se tenti di fuggire. Per farlo, si presenta in forme diverse. È come un filo d'oro che attraversa le tue esperienze, le tue crisi, le tue scelte. La seconda cosa importante da sapere è che ti espande. Non si tratta di banale eccitazione. Ti dilata, rompe i confini cognitivi, apre le porte della percezione, ti rende più vero, libero, connesso. Ti fa sentire *più te stesso*. Anche se costa fatica, il suo nutrimento è reale. La terza caratteristica di ciò che ti accende è che non ha bisogno di approvazione. Il fuoco interiore autentico non necessita di essere compreso dagli altri. Per questo ti chiede responsabilità, perché non si tratta di un capriccio, ma di vocazione. Ti chiede di trasformarti, di crescere, di lasciare cose che non ti appartengono più. Non si accontenta. Ti vuole intero.

Potrai prendere coscienza di tutto ciò nel silenzio, nella quiete. Non aver paura della solitudine, anzi, ricercala, perché proprio nelle sue pause dal resto del mondo, quando smetti di dover essere qualcuno per compiacere gli altri, tutto diventa più chiaro e si fa sentire.

Quando smetti di forzare, inizi a distinguere ciò che ti accende davvero da ciò che semplicemente ti stimola. Nel silenzio emerge con chiarezza la differenza. Certo, la passione è intensa, brillante, coinvolgente, ma può cambiare nel tempo. È rivolta verso qualcosa: una persona, un'attività, un oggetto, un'idea, una causa. Così come ti entusiasma, il suo bruciare ti consuma. La vocazione invece è più silenziosa, non sempre eccitante, ma è irrinunciabile per dare un senso autentico alla propria vita. Ci guida, ci chiama a essere, prima ancora che a fare. Se la passione può esaurirsi, la vocazione no. Il suo fuoco ci tiene in piedi anche nei momenti più difficili.

Fedeli a ciò che ci accende

Avevo poco più di vent'anni quando andammo a sentire un trombettista sardo emergente. Dopo il concerto ebbi la possibilità di avvicinarmi, nel backstage, con alcuni amici che lo conoscevano. Ero felice di potermi congratulare di persona per la splendida performance. Stava parlando con un piccolo gruppo di fan. Un ragazzo, particolarmente ammirato, gli chiese: «Come fai a fare accadere tutto questo? Muovi un sacco di persone. Voglio dire, ci sono trombettisti di livello in giro, che suonano da anni, ma non riescono a emergere in questo modo. Sei un bravo organizzatore?». Ricordo quel ragazzo perché portava un cappello in velluto marrone rigato tipico della Sardegna, chiamato bonette, o sciscia, o ciccia. Viene utilizzato tradizionalmente in abbinamento all'abito di velluto. Ne indossava uno di quelli confezionati da artigiani che tramandano la tecnica da più di cent'anni, di padre in figlio. La risposta del musicista mi ha accompagnato per anni, tornandomi spesso alla mente. Disse candidamente: «Non lo so come succede. Tutto quello che so è che devo suonare. Se suono, tutto accade intorno. Quando appoggio la tromba sulle labbra, il resto è una conseguenza di ciò che avviene dentro». Pensai tra me e me che proprio quello era il punto. Quando si trova la propria vocazione autentica, bisogna avere l'accortezza e la saggezza di rimanere in quel fuoco senza scostarsi o distrarsi a fare altro, perché più a lungo si sta in quella fiamma, più le cose si sistemano naturalmente. Accadono per magia in virtù di quella verità dell'anima. Essere fedeli a ciò che ci accende non è seguire l'istinto, ma la propria unicità profonda. È un atto di fedeltà verso l'anima. Lo guardavo e pensavo, con meraviglia, a come fluisce la vita quando smetti di forzarla. Quel trombettista era Paolo Fresu.

Dove fluisce la tua vita quando smetti di forzarla? Questa è una domanda chiave, una domanda esperienziale. Siamo così assuefatti a spingere, a insistere, a tenere tutto sotto controllo, che non ci accorgiamo di una cosa semplice e radicale: la vita ha una propria direzione naturale. Quando smettiamo di ostacolarla e ci fermiamo ad ascoltarla, quella direzione emerge spontaneamente. Tutti noi possiamo ricordare un momento in cui ci siamo sentiti in pace, senza sforzo. In cui non stavamo facendo qualcosa per ottenere qualcos'altro, ma stavamo semplicemente «essendo». Rendo l'idea? Proprio lì abbiamo la possibilità di essere fedeli a ciò che ci accende e l'energia vitale si espande in modo naturale. Quando smetti di forzare, i rapporti diventano più sinceri, le decisioni nascono lucidamente, non dalla paura, il corpo si distende e il tempo si espande. Non si tratta di essere passivi. È discernimento profondo: riconoscere la differenza tra ciò che nasce dall'anima e ciò che è solo reazione, dovere, condizionamento. La vita fluisce dove siamo più veri. Laddove non dobbiamo dimostrare nulla. Quando siamo fedeli all'anima, anche i talenti si risvegliano per aiutarci a compiere il cammino e servire la nostra missione.

Scopri la tua sorgente vitale

Ciò che ci accende alimenta ed è alimentato dalla nostra energia vitale. Quindi, per riconoscerlo e risvegliarlo, è utile imparare ad ascoltarla. Siamo così abituati a forzare le cose e noi stessi che abbiamo dimenticato come sentire dove fluisce naturalmente la nostra energia vitale, senza sforzo.

«Come si fa? Come si riconosce questa energia vitale?» chiesi al maestro.

«Va' nella natura incontaminata. Trova un bosco o una foresta. Stai solo. Non cercare nulla. Cammina e ascolta. Vaga libero senza una meta per alcune ore. Quando sentirai che il tempo sparisce, la mente si acquieta nel silenzio, la presenza è totale, il corpo si scioglie e non serve più sforzo... resta lì. Lì c'è la tua sorgente.»

«Ma nella vita quotidiana? Devo necessariamente andare in un bosco o c'è un altro modo?»

«Se non hai o non vuoi prenderti il tempo di vagare nei boschi, presta semplicemente attenzione a cosa ti fa dimenticare il tempo. A ciò che è capace di portarti completamente nel momento presente, con la totalità del tuo essere, ricongiungendoti al flusso naturale della tua energia vitale, senza sforzo.»

Come sempre, aveva ragione. Le sue indicazioni, semplici e dirette, tradotte in esperienza pratica, si rivelavano una fonte di consapevolezza straordinaria. Mi presi l'impegno di esercitarmi nelle camminate nei boschi, cercando di rispettare quanto aveva condiviso con me. Solitudine, vagare liberi senza una meta, né un obiettivo. Ci vollero almeno una decina di prove prima di arrivare a sentire il momento in cui il tempo sparisce, la mente si rompe annullandosi e il corpo si libera, permettendo di andare oltre. Ma accadde. L'ostacolo più grande da superare fu la paura di perdermi. La mente non si fida del sentire e dell'istinto dell'anima. Affinché l'istinto si risvegli, è necessario entrare in uno spazio interiore dove il sentire naturale non è più filtrato dai meccanismi di controllo mentali e può esprimersi senza limiti. Sfidai quella paura portandola al limite. Lasciai a casa il cellulare e l'orologio, eliminando così ogni àncora di aiuto. Nello zaino misi una bussola, da usare solo in caso di estrema necessità, e due bottiglie d'acqua.

Iniziò dunque la mia avventura. Vagando libero e senza una meta nel bosco per ore, il corpo, la mente, le emozioni e tutto il mio essere a un certo punto vissero uno switch, entrando in un flusso vitale superiore. Lo chiamai *second wind* (secondo vento), ricordando il fenomeno che molti atleti sperimentano: dopo un periodo iniziale di fatica intensa, il corpo e la mente superano una soglia critica e accedono a una nuova energia, più fluida, più stabile. È come se arrivasse una seconda riserva, una nuova spinta, interiore. Esiste una grande similitudine tra l'esperienza del secondo vento durante un'attività fisica e ciò che accade nel cammino di consapevolezza. Nella fase iniziale si presentano molte resistenze, prima che subentri un assestamento. Nell'esercizio fisico, l'attività anaerobica produce acido lattico, che genera una sensazione di bruciore e stanchezza, la respirazione è affannosa, il cuore pompa molto, i muscoli richiedono ossigeno. Qui molti si arrendono. Il punto di svolta lo sperimenta chi persevera e va avanti a prescindere dalle sensazioni di disagio e fatica. Dopo alcuni minuti il sistema cardiovascolare e respiratorio si sincronizzano con il livello di sforzo, l'ossigenazione diviene più efficiente, l'acido lattico viene smaltito meglio, la tensione si riduce e subentra un equilibrio interno: il metabolismo diventa più stabile, il respiro più profondo. È questo il fenomeno del secondo vento: si entra in uno stato di fluidità, leggerezza, maggior resistenza, sostenuti da un'energia nuova. A volte si percepisce persino un senso di euforia, lucidità, chiarezza mentale. Anche la mente, infatti, cambia. Dopo la lotta iniziale, si allinea al corpo. Si spegne il chiacchiericcio interiore, si accede a un ritmo naturale, meditativo. In quel vagare in solitaria nel bosco, vivevo il secondo vento come un ritorno alla presenza, alla potenza tranquilla. Quella trasformazione coinvolgeva tutto il mio essere e si verificava solo se attraversavo la prima soglia di fatica senza fermarmi. I fenomeni che riguardano la biologia del nostro corpo sono in realtà sempre potenti metafore di vita. Quando attraversiamo un cambiamento, spesso incontriamo fatica, dubbio, resistenza. Se non molli, ma resti presente nella crisi, a un certo punto qualcosa dentro si allinea. Allora la fatica si trasforma in forza, la confusione in lucidità, lo sforzo in piacere, la mente entra in uno stato di profondo silenzio e lucida presenza. Il secondo vento non interessa solo il corpo: è un salto di coscienza.

Nella tradizione indovedica si narra di un anfratto nascosto tra le montagne dell'Himalaya, la Grotta del Respiro. È una meta ambita da chi sente di aver perso qualcosa – chiarezza, pace, forza interiore – e desidera ritrovarlo. La leggenda dice che all'ingresso della grotta il respiro diventa affannoso, l'aria si fa pesante e il buio opprimente. I pensieri sono sempre più rumorosi, le gambe stanche. È il punto in cui quasi tutti si voltano e tornano indietro: «Non è il momento» si dicono, «Non ce la faccio», «È una tortura», «Non fa per me». Ma chi persevera e attraversa quella soglia di disagio, comincia pian piano a sentire qualcosa cambiare. Il buio non fa più così paura. L'occhio accoglie l'oscurità, il battito rallenta e il respiro si allunga da solo, come un'onda che ritrova il ritmo naturale. A un certo punto – nessuno sa dire quando – accade il miracolo silenzioso: la grotta inizia a respirare con te. In quel momento tutti i suoni si spengono, soprattutto nella mente, e il cuore si apre totalmente. Chi vive quell'istante sente di essere nel luogo esatto in cui deve essere. Si annullano le forze contrarie e nasce una nuova fiducia nella vita. Chi c'è stato racconta che, all'uscita, il mondo non è più lo stesso.

Il vero cammino non inizia quando parti, ma quando oltrepassi la soglia delle resistenze. Quando trovi, oltre ogni prova, il secondo vento dell'anima. Non è una spinta in più, è piuttosto un'energia nuova, che non viene da te, ma sorge nel momento in cui finalmente smetti di opporre resistenza. Da lì non si cammina più per arrivare, ma per essere attraversati.

Osserva cosa ti rigenera

Non bisogna fermarsi a ciò che semplicemente ci piace, ma sentire cosa ci fa tornare più vivi, autentici, integri. Tendiamo a inseguire gli stimoli, le gratificazioni immediate. C'è però una grande differenza, sottile, ma decisiva, tra ciò che piace e ciò che rigenera e riconnette al flusso vitale. Quante cose ci piacciono, ma alla fine ci lasciano svuotati o appesantiti? Come alcuni cibi: gustosi, ma indigesti. Quante relazioni ci infiammano di passione, ma ci allontanano da chi siamo davvero? La vera domanda non è solo cosa ci piace, ma anche e soprattutto cosa ci fa tornare integri. La rigenerazione è un indicatore più profondo del piacere. Porta centratura, calma, presenza, pace. Chi ricerca se stesso predilige l'armonia all'eccitazione, la connessione alla distrazione. Ti capita mai di uscire da un'attività, da un luogo o da un incontro, e sentirti più *completo, più integro*? Come se qualcosa si fosse riordinato dentro, anche senza sapere esattamente cosa? Quello è un segnale chiaro, lì scorre energia vitale autentica.

Personalmente riconosco quello stato quando mi sento più limpido, alleggerito, purificato. Avviene quando non ci adattiamo, né interpretiamo alcun ruolo, ma ci lasciamo semplicemente essere. La stragrande maggioranza degli esseri umani, invece, si definisce in base agli altri: ai loro giudizi e pregiudizi, alle loro proiezioni e aspettative. E così il tempo e le risorse vitali vengono impiegate per cercare di rispondere a queste sollecitazioni. Liberarsene sprigiona una grande quantità di energia vitale. Il tempo si dilata, non c'è più ansia, né urgenza. Solo una presenza piena e naturale. La verità è che abbiamo un disperato bisogno di toccare la terra con i piedi nudi, di scrivere e dire ciò che realmente sentiamo, di lavorare con le mani il cibo vero, coltivato con amore, di servire qualcuno senza aspettarci nulla in cambio, di trovare lo spazio in cui permetterci di non sapere più chi siamo... e sentirci comunque a casa. Riappropriamoci della nostra verità, del nostro ritmo, della nostra integrità. Perché è da lì, e da lì soltanto, che possiamo capire meglio dove andare, cosa scegliere, cosa lasciare. Troppo spesso sprechiamo tempo a inseguire quello che ci intrattiene, anziché scoprire ciò che ci guarisce. Dove ti rigeneri, sei vivo. E questa è la bussola più affidabile che tu possa avere.

La storia di Leena. Dove la vita ricomincia a scorrere

Ho formato migliaia di persone nell'ambito del personale medico, in questi anni. Ogni volta che parlo loro di meditazione, o di gentilezza, tengo a mente che davanti a me c'è chi dedica la propria vita a una missione di servizio e cura. Per questo li ammiro a prescindere da ciò che poi accade nella loro vita, anche se si spengono o si vendono al dio denaro. Otto anni fa incontrai un medico speciale che condivise con me una piccola confidenza sulla sua vita.

> Leena aveva occhi che sapevano aspettare. Aveva studiato medicina e, una volta specializzata, aveva lavorato in ospedale per tredici anni. Era brava. Precisa. Amata e rispettata da colleghi e pazienti. Eppure, ogni sera, chiusa la porta dell'ambulatorio, sentiva una stanchezza che non era solo fisica. Era una pesantezza che apparteneva all'anima, come se ogni giorno stesse tradendo una parte di sé. Mi confidò, quasi come fosse un segreto, che da bambina raccoglieva piante nei boschi con sua nonna e sapeva come ascoltare gli alberi. Amava mettere le mani nella terra, fare infusi, osservare attraverso il silenzio. Col tempo, però, vi aveva rinunciato. Le avevano detto che era infantile, che la concretezza della scienza era ciò che contava e che il mondo aveva bisogno di efficienza, non di poesia. Poi, un giorno, un giorno qualunque della sua vita in ospedale, una paziente le fece una richiesta che cambiò tutto. Non furono tanto le sue parole, ma come le pronunciò, a risvegliare qualcosa di sopito. Si trattava di una donna anziana, in chemioterapia. Le prese la mano e le disse:

«Tu mi curi bene. Ma io non ho bisogno solo di medicine. Ho bisogno che qualcuno stia con me in silenzio. Senza fretta. Come si sta con una pianta che cresce. Tu lo sai fare, io lo so bene, ma te lo sei dimenticata». Leena non rispose. Ma dentro di sé sentì qualcosa che le spezzò il fiato. Nei mesi successivi si alzò molto presto e cominciò a camminare ogni mattina nel bosco vicino a casa, prima di andare al lavoro. Riprese a studiare le erbe, i silenzi e il linguaggio di ciò che la riportava indietro nei fiumi del tempo, tra le braccia di sua nonna. Non lasciò la medicina, ma trasformò il suo modo di essere medico. Iniziò a ricevere le persone in una stanza circolare, piena di luce. A parlare meno. A toccare con presenza. A portare tisane. A offrire anche silenzi. Alcuni colleghi dicevano che era strana. Ma sempre più pazienti venivano da lontano per vederla. Perché quella cura aveva qualcosa di diverso dalle altre. Una volta disse a una giovane paziente: «Io ho creduto per anni che la mia vocazione fosse salvare vite. Ora so che la mia vocazione è onorare la vita, ovunque si trovi. Anche quando sta finendo. Anche quando tace. Anche quando ha solo bisogno di essere guardata con dolcezza». Leena non vinse premi. Non salì sui palchi del potere. Ma ogni giorno tornava a casa più leggera. Aveva smesso di forzare. E la sua vita aveva ricominciato a scorrere. Non in alto. Non in largo. Ma in profondità.

Le false accensioni

L'adrenalina dell'ego, il desiderio di approvazione, l'ambizione scollegata alla verità sono fuochi d'artificio, non fuochi sacri. Non tutto ciò che ci accende è vero fuoco vocazionale. Esistono infatti scintille che abbagliano, entusiasmi effimeri che sembrano luce, ma ben presto si spengono. Sono meteore che infiammano l'aria, ma non scaldano il cuore. Viviamo in un tempo in cui è facile confondere il brivido dell'ego con l'accensione dell'anima. Il successo, la visibilità, la performance, il riconoscimento possono darci l'illusione di essere vivi, centrati, sulla strada giusta. Sono però solo spettacoli pirotecnici che esplodono in alto, fanno rumore, ma poi si dissolvono nel vuoto. Le false accensioni hanno alcune caratteristiche ricorrenti e sono facilmente riconoscibili. La prima è che solitamente ti esaltano, ma al contempo ti svuotano. Ti caricano, ma non risolvono la stanchezza, l'insoddisfazione e l'inquietudine, anzi, al contrario, le alimentano.

Una falsa accensione è reattiva, non radicata: nasce dal bisogno di dimostrare, di visibilità, di approvazione, non da un ascolto profondo. Dietro c'è sempre uno schema egoico di compensazione, anche se ben nascosto. Dipende cioè dallo sguardo degli altri, perché è ambizione che nasce dalla mancanza, non dalla verità. È il brillare per sentirsi abbastanza, anziché il creare da uno stato di pienezza. Questi fuochi sono molto diversi da una vera accensione vocazionale e ti danno l'illusione di andare avanti, di progredire ed evolvere, quando invece compiono un'azione contraria, allontanandoti da te stesso. Ti rendono schiavo delle aspettative, dei confronti, delle maschere, della performance. Sono scintille altamente seduttive, ma non trasformative.

Il fuoco sacro vocazionale è diverso. Prima di tutto perché non grida, ma chiama dal profondo e risveglia tutto l'essere. Non dipende dall'approvazione altrui e può restare invisibile agli occhi del mondo, pur riempiendoti completamente. Rispetto alle false accensioni, non ti agita, ma ti radica e ti infonde pace, vera. Ti allinea, ti riporta a casa. Il vero fuoco vocazionale ti fa sentire integro, anche quando nessuno ti guarda, ti dà forza, anche se non sai dove stai andando, ti rende libero, anche se stai ancora camminando nel buio.

Non tutto ciò che ci esalta ci nutre e non tutto ciò che ci motiva ci appartiene. Oggi il mondo è pieno di formatori motivazionali che lavorano sull'eccitazione emotiva momentanea, generando fuochi fatui. In realtà, fanno leva sui bisogni compensativi. Ma ogni essere umano prima o poi necessita di nutrirsi di verità, di profondità, non di forme vuote. Per questo, dopo un'accensione, mi chiedo sempre se mi sento più presente o più agitato; se quell'esperienza mi dà energia stabile o brucia tutto in fretta; se mi avvicina autenticamente a me stesso o mi spinge a indossare nuove maschere.

Imparare a riconoscere le false accensioni è un atto di discernimento spirituale. Significa scegliere la verità invece dell'illusione momentanea, la profondità invece della superficie, il cammino invece del palco. Perché solo il fuoco vero trasforma senza consumare. Solo lui può guidarci e solo lui merita la nostra fedeltà.

Non è mai troppo tardi

Abbiamo già accennato alla storia del principe Siddhartha Gautama, cresciuto tra i giardini di un palazzo reale, al riparo da ogni dolore, circondato solo da bellezza e abbondanza. Il re, suo padre, lo protesse dal mondo e dalla natura della vita fino a che fu possibile. Un giorno, appena adulto e padre, infranse le regole del palazzo e uscì tra la gente. Incontrò un vecchio, un malato, un morto e infine un monaco in pace. Quelle visioni lo sconvolsero a tal punto che la sua vita dorata gli apparve improvvisamente vuota. Così, a ventinove anni, lasciò tutto, moglie, figlio, potere, protezione. Abbandonato il mondo noto, seguì un impulso invisibile, una sete di verità. Questo fu l'inizio del suo *roaming wild*. Lasciò ciò che sembrava perfetto, ma era illusorio, per trovare la verità. Vagò per anni tra boschi, deserti, silenzi. In quel suo vagare libero, non si era perduto, come poteva sembrare, ma permetteva alla visione profonda di emergere. Il suo *svadharma* non era essere principe, ma rivelare la via della liberazione. E così, sotto un albero, in completa solitudine, divenne il Buddha.

Non è mai troppo tardi. È probabile che, in qualche forma, tu abbia già sentito ciò che ti accende. Forse l'hai ignorato. Forse l'hai trasformato in qualcosa di accettabile, in un compromesso. Forse l'hai dimenticato. Questo potrebbe essere il tempo per ricordare. Per entrare in contatto con quel richiamo, farlo rinascere, maturare. Per fargli prendere forma. Può accadere in qualunque istante, se siamo disponibili. Non vorresti arrivare all'ultimo respiro e poter dire: «Non ho vissuto la vita che altri avevano scritto per me. Ho seguito il mio cammino, anche se faceva paura»?

C'è chi sente il proprio *svadharma* a vent'anni, chi invece ci inciampa a cinquanta, sessanta, settanta e oltre. C'è chi lo segue come un filo d'oro fin dalla giovinezza e chi lo incontra dopo una crisi, un lutto, una stanchezza profonda. Chi lo vive come una chiamata bruciante e totalizzante e chi lo accoglie come un'onda graduale e intensa. Lo *svadharma* può essere realizzato senza preclusione d'età. È un'urgenza che non ha fretta. Ma quando rimane latente può diventare come un dolore sordo, che rumina in sottofondo. Una sorta di stanchezza esistenziale, una sensazione di nostalgia per qualcosa che non si è mai vissuto ed è ancora lì. Aspetta che tu ti fermi e ascolti. Più che chiederci: «Cosa sarebbe successo se...», dovremmo domandarci: «Cosa mi sta ancora chiamando?».

Non è mai troppo tardi per cominciare a vivere fedeli a se stessi. Vero è, però, che con il tempo cambia il modo in cui si entra in relazione con la propria chiamata. Se nella prima parte della vita lo *svadharma* emerge come urgenza identitaria, nella seconda può prevalere come esigenza di autenticità. A un certo punto ogni maschera risulta insostenibile, il successo non basta più, qualcosa, sotto sotto, chiede verità. Magari si sono fatte scelte anche giuste, sul lavoro, in famiglia, ma qualcosa continua a mancare: la coerenza profonda con la propria natura. Questo richiamo può farsi vivo a qualsiasi età e va seguito. Il punto non è tanto quando, ma se scegli di cominciare. Chi sente il richiamo in età adulta dovrebbe sapere che non è imprescindibile cambiare e rivoluzionare tutto di colpo, basta anche fare un po' di spazio, ogni giorno, a ciò che è autentico, prendendo coscienza che la propria verità non ha bisogno di essere approvata. Alle persone che mi dicono di sentire che è troppo tardi, faccio sempre la stessa domanda: «Cosa rischi davvero a rimanere dove non ti senti vivo?». Nascosti tra le pieghe della propria storia passata ci sono segni del *dharma* che non siamo stati capaci di cogliere. Un sogno ricorrente, un'attitudine particolare nei momenti di difficoltà, una tendenza latente, una ferita che ci ha trasformato, una scintilla che non si è mai spenta. Sono tante le situazioni che possono contenere un'indicazione.

Esistono esempi particolarmente ispiranti di *svadharma* «tardivo». A.C. Bhaktivedanta Swami Prabhupada, per esempio, il fondatore del movimento Hare Kṛṣṇa, partì dall'India per New York nel 1965. Aveva sessantanove anni, un cuore malato, nessun denaro con sé, solo una cassa di libri spirituali. Ma sentiva una missione chiara, ricevuta anni prima dal suo maestro: diffondere il bhakti yoga in Occidente. Quel fuoco, sopito per decenni mentre viveva una vita da uomo comune, divenne azione concreta nella terza età. Da lì fondò templi, tradusse testi sacri e trasformò la vita di milioni di persone. Il suo *svadharma* non era solo spirituale, era anche di servizio concreto e trasmissione filosofica. «Ho aspettato molto tempo. Ma adesso è arrivato il momento di compiere il mio dovere» disse.

Giuseppe Verdi ha scritto opere per tutta la vita, ma compose *Falstaff*, considerato uno dei suoi capolavori, quando aveva quasi ottant'anni. Dichiarò: «C'era ancora qualcosa che doveva uscire. E doveva uscire ora».

In qualunque momento della tua vita, quel richiamo interiore può restituirti a te stesso e offrire al mondo la parte più vera e luminosa di te. Ricordo le parole di un'intervista ad Andrea Camilleri: «Ho fatto tutta la gavetta necessaria a me stesso. Non agli altri. Solo ora sono pronto». Un esempio di *dharma* che matura lentamente, ma fiorisce in grande. Il Camilleri scrittore fu scoperto dal vasto pubblico a sessantacinque anni. Lavorava da sempre nel mondo del teatro e della televisione, scriveva da decenni, ma il successo è arrivato solo con i romanzi di Montalbano. Tiziano Terzani sperimentò il *roaming* spirituale nella seconda parte della vita. Giornalista e intellettuale, razionale e cosmopolita, Terzani visse una vita di successo, ma fu dopo la diagnosi di cancro, a cinquantanove anni, che cominciò il *roaming* più autentico: viaggiò senza aerei, scalzo, cercando verità anziché notizie. Con la malattia e un viaggio in India iniziò a scrivere *Un altro giro di giostra*, abbandonò la logica del reportage e si immerse nella spiritualità, nella semplicità, nella ricerca interiore. Divenne testimone di una saggezza matura, spogliata di ideologia. Il *roaming wild*, per lui, fu il viaggio dalla testa al cuore. Disse: «Non è la morte che mi spaventa, è l'idea di non aver vissuto davvero». Il suo *svadharma* fu trasformare la malattia in occasione di risveglio.

Gli esempi e gli insegnamenti sono ovunque e riguardano infinite unicità. Raimon Panikkar, filosofo, sacerdote e mistico, solo dopo i cinquant'anni trovò pienamente il suo linguaggio, unendo India e Occidente in un dialogo interculturale senza precedenti. Il suo messaggio fu molto chiaro: «Non esiste un solo momento per fiorire. Esiste il momento giusto per ciascuno». Poi c'è Martha Graham, danzatrice rivoluzionaria. Iniziò a ventidue anni, quando molte ballerine si consideravano già in là con la carriera. A quarantuno fondò la sua compagnia. A cinquanta realizzava le sue coreografie più visionarie. Danzò fino a oltre settant'anni. Il suo *svadharma* era incarnare emozioni con verità, rompere gli schemi classici, creare una danza che venisse da dentro. Disse: «La mia vita non è stata facile, ma è sempre stata mia».

Il messaggio è molto chiaro. Ci sono vite che sbocciano tardi, voci che emergono dopo il silenzio, fioriture che aspettano il momento giusto per aprirsi. Lo *svadharma* non è una strada riservata ai giovani. È fedeltà profonda alla propria natura e può risvegliarsi in qualunque momento. Così come il *roaming wild* può compiersi in qualsiasi stagione della vita, se si ha il coraggio di lasciare andare ciò che non ci somiglia più.

Ci sono vite che in pochi anni realizzano uno *svadharma* che molti non avranno il privilegio di vedere in molte esistenze. Vite di una purezza sconvolgente, come quella di Etty Hillesum, che coltivò il *dharma* del cuore in un campo di concentramento. Etty, da giovane donna olandese, colta e inquieta, non aveva una direzione chiara nella vita. A ventisette anni, nel pieno della guerra, iniziò a tenere un profondo diario spirituale e sotto l'oppressione nazista scoprì la sua chiamata: essere testimone di bellezza, interiorità e amore anche nel dolore estremo. Scrisse nel mezzo di quell'orrore: «Il mio Dio sta crescendo dentro di me. È a me che tocca aiutare Dio». E ancora: «Anche dietro ai recinti di filo spinato, la vita conserva un senso profondo». Il cuore del suo *dharma* fu testimoniare la bellezza che resiste anche nei luoghi della morte. Il suo *svadharma*, un faro per il mondo, fu quello di mostrarci come coltivare luce nell'oscurità. Si può pensare con il cuore. In certe fasi della vita diventa addirittura necessario. Perché ci sono domande, decisioni, direzioni che la mente non sa contenere e che solo il cuore può accogliere, comprendere, guidare. Pensare con il cuore non significa rinunciare alla mente, ma integrare l'intelligenza del cuore. Un'intelligenza più sottile, non lineare, fatta di presenza, ascolto, verità. Pensare con il cuore è portare coscienza alle emozioni e compassione ai pensieri. È il pensiero che non separa, ma unisce, non giudica, ma comprende, non calcola, ma coglie il senso profondo. Etty Hillesum lo diceva con dolce forza: «Si vorrebbe essere un cuore pensante». Un cuore che pensa senza farsi travolgere dall'intensità del sentire, una mente che sente senza perdersi nei pensieri. Come si fa a pensare con il cuore? Il cuore ha un proprio linguaggio. Lo senti nel respiro che si apre, nella pelle che si distende, nel petto che si allarga quando qualcosa è giusto. Soprattutto non urla. Parla piano. Se c'è troppo rumore (interiore o esterno), si perde il suo messaggio. Per questo adoro coltivare spazi di vuoto, solitudine, lentezza. È lì che il cuore inizia a pensare, quando rallentiamo il mondo fino a fermarlo, nella nostra mente. Perché il cuore accoglie, prima di cercare di risolvere. La mente vuole subito capire. Il cuore prima ascolta, contiene, abbraccia. Dovremmo imparare a lasciare che la compassione faccia parte del discernimento. E non si tratta di buonismo. Il cuore non è buono, è capace di vedere e portare in sé il dolore e di scegliere con chiarezza la verità. Le decisioni più sagge sono quelle in cui senti di non tradire né te stesso né gli altri. Capita a tutti di avere mille ragioni razionali, ma sentire che qualcosa «non torna». Ci vorrebbe un'educazione istituzionalizzata che insegnasse come fidarsi del cuore, perché, se il cuore non è dentro una scelta, quella scelta non ci reggerà. Il cuore invece sa. Un sapere figlio del sentire e della saggezza dell'essere.

Nonostante tutto

Seguire il proprio *svadharma* significa solcare una strada vera. Non necessariamente facile.

Torniamo brevemente alla figura di san Francesco. Figlio di un ricco mercante, avrebbe potuto condurre una vita agiata, rispettabile, ammirata. Ma qualcosa dentro di lui parlava più forte: una voce irrinunciabile che lo chiamava a spogliarsi di tutto. Non solo dei suoi beni, ma anche del bisogno di essere qualcuno agli occhi del mondo. La sua nudità fu una scelta radicale di verità. Il suo *svadharma* non gli propose sicurezza, ma lo condusse a una gioia essenziale che nessun possesso avrebbe potuto dargli. Essere povero, per lui, non fu una punizione, ma una forma di pienezza e coerenza. La ricchezza interiore che ricevette in termini di realizzazione e amore fu infinitamente superiore, tant'è che riecheggia ancora nel mondo intero. Questo per dire che per realizzare integralmente se stessi nella propria vocazione bisogna andare fino in fondo. Seguirla, a volte, significa andare contro corrente, contro logica, contro consiglio. È scegliere nonostante tutto. Nonostante la paura che ti stringe il petto, nonostante il timore di non essere abbastanza, nonostante chi ti ama non ti capisca, nonostante le ostilità, le ferite aperte, le porte chiuse, la stanchezza, le cadute.

La vocazione non è un contratto firmato col mondo, ma qualcosa che ti appartiene da molto prima che nascessi, da prima ancora di venire concepito nella mente di tuo padre e di tua madre. Quando provi a ignorarla, si traveste da inquietudine, insoddisfazione, malinconia che non sai spiegare. Ci sono persone tristi e irrequiete che non sanno il perché. È la voce della vocazione che cerca di farsi sentire.

È una fedeltà, quella all'anima, che non può essere spiegata; una lealtà che non si compra, una direzione che non si sceglie. Si riconosce. Io la riconosco quando sento un impulso profondo che mi dice: «Tu vai. Vai lo stesso. Con il cuore che trema, con la voce spezzata. Tu vai». Allora so che dentro di me c'è qualcosa che sa dove andare, anche se io non ne ho la più pallida idea. Si tratta di restare fedeli a quella corda vibrante tesa tra terra e cielo. È una fiamma che in me non si è mai spenta, neanche quando il vento ha urlato forte. Se un giorno dovessi guardarmi indietro, non conterei le vittorie, ma i momenti in cui ho detto sì, nonostante tutto. Quel sì, formulato anche nel buio, è stata la stella che ha illuminato la mia strada. Nonostante tutto.

Camminando nella verità del proprio sentiero, spesso non si hanno risposte chiare, né certezze definitive. Ma si sa di essere vivi. Si sa che si è a casa, anche senza tetto. Che ogni passo è offerta e ogni ostacolo iniziazione. E forse è proprio questo, alla fine, il dono più grande: non darci una risposta, ma restituirci alla domanda. Non raggiungere un luogo, ma saper stare nel miracolo dell'essere fedeli a se stessi.

3
Seguire la propria vocazione

Dialoghi dal fronte

Durante una terribile guerra, un medico volontario prestava servizio in un ospedale da campo, vicino alla linea del fronte. Ogni giorno, feriti molto gravi venivano trasportati da lui: giovani soldati con corpi straziati, volti ancora pieni di paura o rabbia, vite sospese tra la morte e la speranza della guarigione. Il medico faceva del suo meglio. Curava, suturava, disinfettava. Poi, però, i soldati che rimetteva in piedi tornavano al fronte e venivano uccisi o irreparabilmente mutilati. Ogni volta che vedeva il viso esanime di un giovane che aveva curato, sentiva una lama tagliargli l'anima. Cominciò a dubitare. Il dolore, la frustrazione, l'assurdità di quel ciclo insensato lo divoravano dal profondo. «A cosa serve curarli, se li rimandiamo a morire? Che senso ha questa compassione se nutre solo un macello?» Entrò quindi in crisi, smise di curare le persone e raggiunse un vecchio monastero per isolarsi a meditare. Passarono alcuni mesi, in silenzio. Poi, un giorno, il medico ebbe un colloquio con uno dei monaci anziani.

«Perché dovrei curare i militari che poi vengono rispediti al fronte? Guarisco uomini che tornano a farsi uccidere e a uccidere. Li salvo per vederli morire di nuovo. Che senso ha tutto questo?» gli domandò.

Il monaco chiuse gli occhi, fece una lunga pausa silenziosa, poi chiese soltanto: «Perché lo hai fatto fino a ora?».

L'uomo tacque. Dopodiché, quasi in un sussurro, rispose: «Perché... sono un medico».

«Ecco» disse il monaco, «tu l'hai detto.»

In quell'istante, senza bisogno di altre parole, l'uomo realizzò pienamente il suo *svadharma*.

Tornò nel campo medico in prima linea e ricominciò a curare i soldati. E a chi gli chiedeva perché lo facesse, visto che quegli uomini di lì a poco sarebbero tornati a farsi ammazzare, rispondeva soltanto: «Perché sono un medico».

Era la sua via, la sua natura, la sua vocazione. La vera consapevolezza non nasce dal rifiuto del mondo, ma dal radicamento profondo nella propria missione.

«Se tu fossi stato sposato o avessi avuto dei figli, saresti andato a Gaza ugualmente, come medico volontario di Emergency?» chiedo a Giorgio.

«Probabilmente sì. Non si può rispondere senza avere lì davanti la scelta, ma penso di sì. Un mio collega è venuto pur avendo dei bambini, anche se in realtà è stato difficile, perché non aveva chiarito bene a casa cosa significasse per lui venire qui. Sai, in passato me la sono fatta altre volte questa domanda, per missioni rischiose. La risposta che mi sono dato è stata sempre la stessa: se per me fosse stato davvero importante, sarei partito in ogni caso. Non ho figli, ma lascio comunque a casa persone a cui voglio molto bene, che soffrono per me.»

A mio avviso Giorgio Monti è un medico con la M maiuscola. Mi piacerebbe spiegarvi perché. Non è una questione di titoli, incarichi (tanti e di prestigio) o pubblicazioni, ma di profondità umana e vocazionale. Ha svolto decine di missioni come medico volontario nelle situazioni più estreme, spesso con altissimi rischi per la vita: Kenya, Tanzania, Sudan, Etiopia, Burundi, Rwanda, Zimbabwe, Somalia, Uganda, Emirati Arabi Uniti, Gibuti, Sudafrica, Etiopia, Afghanistan e quest'ultima, tra le bombe, a Gaza. Cos'è che lo spinge a rischiare la vita, a sacrificare tempo, denaro, affetti, pur di servire, ricucire, stare a contatto col sangue, la morte, la malattia, la disperazione, nei posti più sperduti e dimenticati della terra, in mezzo a guerra, fame, dolore?

«A Gaza le vere domande esistenziali me le sono fatte la notte del 18 marzo» prosegue Giorgio «all'inizio di un bombardamento, quando si è rotto il cessate il fuoco tra Israele e Hamas. Quella notte, una bomba è caduta molto vicino a casa nostra. Si sono spalancate le finestre, si sono rotti i vetri. In quel momento mi sono ricordato che le nuove operatrici della missione non avevano ancora sentito le bombe, erano sicuramente impaurite. Quindi sono uscito dalla mia camera e le ho tranquillizzate, erano spaesate e in ansia. "Non vi preoccupate" ho detto, "non cadranno più bombe. Tutto a posto, mettetevi pure a dormire, vedrete che andrà tutto bene." Sono stato anche un po' bugiardo, perché non avevo la più pallida idea di ciò che sarebbe potuto accadere. Sono tornato a letto anche io e dopo poco è caduta un'altra bomba, ancor più vicino. A quel punto, per la prima volta in vita mia, mi sono detto: "Cavolo, la prossima potrebbe prendere la casa... questo potrebbe essere l'ultimo giro...". Mi sono chiesto onestamente: "Sei in pace, Giorgio? Perché potrebbe finire qui". Mi è venuta in mente Betta, mia sorella. Mi sei venuto in mente anche tu, Daniel, mentre mi chiedevi: "Sei in pace? Hai fatto ciò per cui sei nato?". Mi sono risposto di sì, anche se mi rompeva molto l'idea di chiuderla lì, così, perché secondo me c'era ancora tanto da fare e da vivere. Poi ho appoggiato la testa al cuscino e in meno di cinque minuti già dormivo. Evidentemente la risposta era onesta: sì, può andar bene anche finire così.»

Sentendolo parlare mi viene in mente un aneddoto sulla vita di Madre Teresa di Calcutta. Si racconta che un giorno, mentre era impegnata ad assistere i malati terminali nel suo ospizio, le fece visita un giornalista inglese. Era elegante, raffinato e visibilmente a disagio in quell'ambiente carico di sofferenza. Osservava con stupore il modo in cui la santa puliva le piaghe purulente di un morente. Era un lavoro duro, ripugnante, eppure lei lo faceva con una calma, una dedizione e una compassione che sembravano fuori da ogni logica comune. Colpito dalla scena, il giornalista commentò istintivamente: «Io non lo farei neanche per un milione di sterline». Madre Teresa si fermò, alzò lo sguardo e, con un sorriso disarmante, rispose semplicemente: «Neanche io». In quelle due parole c'è tutto quanto bisognerebbe sapere sullo spirito che abita la vera vocazione. Tutto. Quello che agli occhi del mondo può sembrare eroico, straordinario o addirittura impensabile, per chi vive una vocazione autentica è semplicemente una risposta naturale, un essere davvero se stessi. Madre Teresa non si sentiva una santa, né una martire. Si sentiva chiamata. E nella coerenza a quella chiamata, trovava tutta la forza, la gioia e il senso della propria vita.

Giorgio continua il suo racconto.

«Abbracciare una donna che piange in un luogo in cui darle la mano è vietato; ridere con un ragazzo parlando di calcio e avere la sensazione di avergli dato un momento di leggerezza, rara come una pietra preziosa qui; vedere che il gruppo di volontari che stai coordinando è comunque sereno. Questi sono i momenti che mi rimangono più impressi, in un contesto dove si mangia scatolame tra le bombe, pur di cercare di sopravvivere. È in quegli istanti che senti di essere nel posto giusto e di aver fatto la scelta giusta.»

«Prima mi hai detto che ci sono persone a cui vuoi bene che soffrono per la tua scelta. Perché?» chiedo a Giorgio.

«Perché non sanno dove sono, come sto. È una grande responsabilità. In un certo senso, in questo atto che sembra profondamente altruistico, c'è anche un aspetto egoistico. Quando sono partito la prima volta per Gaza, era chiaro che la mia vita sarebbe stata in pericolo. Guarda» scopre il collo e tira fuori una medaglietta che mi ricorda le placchette di riconoscimento dei militari in Vietnam, «questa te la danno quando non si sa come andrà a finire. Ma ho fatto la mia scelta in modo consapevole, sapendo che era veramente importante per me esserci. Quindi sì, sarei partito anche se avessi avuto dei figli.»

«Seguire la propria vocazione porta a trascendere anche i legami affettivi, la paura e la preoccupazione?» insisto. Penso a una coppia di conoscenti, con due figli. Lei, da tempo in crisi in quel rapporto, si era trovata di fronte alla fatidica scelta se continuare o interromperlo; aveva provato con impegno a sistemare le cose, ma poi aveva deciso di separarsi. Era stata tremendamente combattuta. Non avrebbe voluto privare i figli della stabilità della relazione genitoriale. Due figure unite e presenti offrono moltissimo, nella formazione di un figlio. Ma una parte di lei aveva preso il sopravvento. Si era detta: «Io mi separo proprio per i miei figli, perché voglio che abbiano come esempio una donna libera, coerente con se stessa fino in fondo». Mi disse che, se fosse rimasta in quella relazione, si sarebbe violentata e gradualmente spenta dentro. «Non voglio che i miei figli abbiano un morto vivente in casa, una mamma frustrata e infelice.» Aggiunse che probabilmente i figli non l'avrebbero capita subito, ma confidava che col tempo sarebbe arrivata la comprensione della sua scelta. Per lei si trattava di un dono per loro. Il dono della sua coerenza, del coraggio di non tradire se stessa ignorando il proprio sentire profondo.

Racconto questa storia a Giorgio.

«Cosa ne pensi?» chiedo.

«Credo sia un'esperienza forte e anche molto difficile. Appartiene a quei momenti della vita nei quali ciò che senti veramente importante per te lo devi seguire per forza. Non hai alternative. Altrimenti tornerà, magari sotto altre forme. Quando non sei abbastanza forte per fare delle scelte difficili, ti costruisci degli alibi. Lavoro, coppia, relazioni, impegni, imprevisti... Ma se ti ascolti davvero, sai cosa devi fare. Una volta mi hanno chiamato per una missione in Africa, durante l'ebola, che prevedeva, in caso di malattia, l'80 per cento di probabilità di morire. Nessuna compagnia al mondo ci assicurava, proprio perché era troppo alto il rischio. E io sono andato comunque, entusiasta. Tu sai il legame che ho con Betta, mia sorella. Sai quanto le voglio bene. Il giorno della partenza, all'aeroporto, mi sono girato, l'ho guardata più intensamente del solito e ho pensato: "Forse non la vedrò più". Però sentivo comunque di dover partire, non avevo altre possibilità. Dovevo andare.»

«Al tuo collega che non aveva chiarito bene con la famiglia quanto fosse importante per lui partire, com'è andata?» gli chiedo.

«Penso proprio che avrebbe dovuto parlare a cuore aperto alla moglie, per tempo. Guardarla negli occhi e spiegarle che quella era la sua vita, lui doveva fare quella strada. E invece, be', è rimasto a metà del guado: è venuto, ma vivendo un contrasto interno ed esterno. Litigava spesso con lei, durante le telefonate serali. Lontano dai figli e dagli affetti, in mezzo alle bombe, con malati e morenti stremati ogni giorno e un senso di colpa profondo dentro. È molto difficile così. Bisogna chiarire subito col mondo. E preservare la propria natura. Io a volte ho fatto scelte vigliacche nel lavoro, ho accettato compromessi mentendo a me stesso, edulcorandole con una versione nobile dei fatti. La verità è che erano semplicemente scelte comode. È anche vero, però, che quando mi sono arrivate intuizioni molto forti, seppur scomode, e le ho sentite dentro, ho avuto il coraggio di agire di conseguenza. Questo sì.»

Quando una persona parla con sincerità e onestà, esprimendo e incarnando la propria vocazione, ciò che dice risuona nel profondo dell'animo di chi l'ascolta. Ne riconosci l'autenticità, tra le mille piccole e grandi menzogne che ci raccontiamo quotidianamente, facendoci andar bene dei surrogati, delle illusioni. Quando una scelta appartiene alla verità della nostra natura, e noi vi aderiamo fino in fondo, il mondo si adatta. E non solo: ci aiuta, ci sostiene, tifa per noi. In modo naturale, per celebrare quell'esistenza. Come l'istinto di protezione verso i cuccioli, di tutte le specie viventi, radicato in meccanismi neurobiologici connessi alla cura parentale e alla sopravvivenza della specie. Vedere un volto infantile (anche non umano) attiva il circuito cerebrale della ricompensa entro centotrenta millisecondi. Ciò suggerisce che il nostro cervello sia programmato per rispondere positivamente ai segnali infantili. Le caratteristiche (occhi grandi, volto rotondo, testa sproporzionata) descritte come «baby schema» da Konrad Lorenz, celebre etologo e zoologo austriaco, stimolano nel cervello le aree collegate all'empatia, al piacere e alla motivazione alla cura, nei confronti di tutti i cuccioli. Risposte rapide, attivate da meccanismi profondi e da ormoni come l'ossitocina, spingono dunque gli esseri umani, anche se non genitori, a nutrire, accudire e difendere i piccoli. Questo stesso istinto di protezione e sostegno accade all'anima quando riconosciamo chi si fa autenticamente dono per seguire con coraggio la propria vocazione e ci prendiamo cura che quella verità possa sopravvivere e crescere.

Le parole di Giorgio mi fanno pensare a tutte le volte in cui ho dovuto chiarire la mia vocazione con le persone che amavo, spiegando loro che sarebbe stata sempre al primo posto e non avrei mai potuto rinunciarvi. La mia vocazione ha bussato in maniera totalizzante sin dalla fine dell'adolescenza. Non vi è stata stanchezza, dubbio, fallimento in grado, finora, di scoraggiarmi. Arrivò che ero un ragazzo, ma c'erano già state avvisaglie sporadiche. A quattro anni, il giorno del mio compleanno, sperimentai la piena consapevolezza di esistere, di essere. A otto anni ebbi accesso alla percezione di piani di realtà sottili che si intersecano con quelli ordinari, realizzando che il mondo è una realtà molto più vasta di quanto crediamo. A sedici anni scoprii, quasi per caso, respirando da solo nel mio letto, prima di addormentarmi, come poter gestire l'energia vitale che scorre nel nostro corpo. A diciannove ebbi una delle esperienze interiori più travolgenti della mia vita e non fu più possibile dire di no a quella chiamata viscerale che avrebbe cambiato per sempre il corso della mia esistenza. Infine, nella decade dai sedici ai ventisei anni, per l'esattezza quando ne avevo ventiquattro, vissi uno stato di espansione di coscienza che non mi lasciò più dubbi sulla scelta di dedicarmi interamente al percorso di consapevolezza interiore.

Chi entra in contatto con la propria vocazione deve essere onesto con se stesso e con gli altri. Dichiarare che quella scelta è irrinunciabile. Dirlo è un atto di amore, di cura e di lealtà verso chi amiamo, altrimenti genereremo sofferenza e dolore proprio in chi dovremmo cercare di proteggere. Personalmente l'ho chiarito dall'inizio con tutte le persone che amo e ho amato. Ho detto loro che sarebbero venute dopo. Non è un atto di egoismo; non si tratta di scegliere narcisisticamente il proprio ego per vanagloria, bisogno di riconoscimento o di successo, ma di rinunciare a ogni cosa per seguire la propria legge naturale. Se ti amano davvero, non ti chiederanno di rinunciare a ciò che sei. Ti aiuteranno nel cammino, saranno al tuo fianco, nutrendo rispetto per ciò che stai servendo. Non cercheranno di condurti a sé, ai loro desideri o bisogni personali. Ti lasceranno libero. Fino in fondo. Libero di celebrare il motivo per cui sei venuto al mondo.

«Secondo te quindi è importante chiarire la propria vocazione con le persone che amiamo e col resto del mondo?» chiedo a Giorgio.

«Sì, per me è molto importante, ma non siamo abituati e forse a volte non ne siamo nemmeno capaci. Spesso ci appoggiamo agli altri come stampelle, o ci raccontiamo che la nostra vita è quella che loro si aspettano da noi. È in questo modo che molte volte costruiamo una coppia, una famiglia, una relazione di lavoro o di amicizia. Scolpiamo meri artefatti che ci portano a dire: "Lo devo fare perché è il mio dovere, ho fatto questa scelta e devo rispettarla". Anche il concetto di non mancare la parola data può essere un alibi efficace per chi mente a se stesso. Io credo che, se uno si ferma, si guarda dentro, senza divagazioni, e si ascolta con onestà, può arrivare a sentire chi è veramente. E a quel punto anche gli altri lo capiscono, perché lo sentono. Lo riconoscono d'istinto. Se sei sincero con te stesso, la chiamata della tua vocazione la senti. Poi la sentono anche gli altri.»

Mentre lo ascolto sorrido perché mi viene in mente un allievo del percorso di meditazione che, spaventato dalle possibili conseguenze di un'eventuale chiamata vocazionale, ogni sera, con costanza, pregava Dio ripetendo queste parole: «Ti prego, non farmi la chiamata, ti prego, non farmi la chiamata...».

E mi viene da chiedere a Giorgio: «Secondo te, cosa comporta rinunciare a questa chiamata?».

«Comporta fare i conti con se stessi. Bisogna essere consapevoli che prima o poi torna a galla, il motivo profondo che ti aveva stimolato. Non puoi negare per sempre la tua natura. Io sono cresciuto in una famiglia in cui il senso del dovere, l'onestà e le grandi idee erano i fari da seguire. Mio padre diceva sempre: "Non voglio che tu faccia politica perché la politica è una cosa sporca, voglio che tu abbia dei grandi ideali. Ricordati innanzitutto l'onestà intellettuale". Parlava di onestà prima di tutto con se stessi, senza raccontarsela. Siamo invece abituati a nutrire dubbi e alibi: forse non dovrei farlo, forse non è il momento giusto, forse non va bene. Essere onesti con se stessi aiuta a gestire meglio tutto ciò che interferisce quando cerchiamo la nostra vocazione.»

«Quali sono stati i passaggi più importanti per la tua vocazione?» gli chiedo.

«Mi ricordo che da bambino dicevo di voler fare il dottore perché seguivo l'amico di mio padre, medico del paese, che mi faceva portare la sua borsa con tutti gli attrezzi del mestiere. Stare in giro con lui mi faceva sentire importante, dicevo a tutti che aiutavo Gastone a fare le visite. Tantissimi anni dopo, la mia vecchia maestra delle elementari, un'amica di famiglia, quando partii per la prima volta per l'Africa, mi disse: "Ce l'hai fatta! In quarta elementare nel tema su cosa farai da grande scrivesti: 'Voglio fare il dottore per andare a curare i bambini in Africa'". Non ne avevo assolutamente memoria.

Durante le diverse missioni, nonostante i tanti pericoli e le difficoltà, mi sono sempre sentito protetto e aiutato da qualcosa che non riesco a descrivere a parole. Ho sentito che gli ostacoli, e ne ho trovati tanti, erano all'altezza delle mie gambe. Una volta un caro amico mi disse: "Giorgio, basta, perché alzare ancora l'asticella?". Lì mi sono reso conto che la percezione delle altre persone era filtrata dalla loro prospettiva. Non stavo alzando nessuna asticella, non volevo dimostrare niente a nessuno, tantomeno a me stesso, e soprattutto non ero in fuga da niente e nessuno. Facevo ciò che facevo semplicemente perché potevo e volevo seguire quella chiamata interiore, che ogni volta si proponeva in maniera diversa. E che mi era sempre più chiara. Col senno di poi, vedo che la vita mi offriva ogni volta la sfida di cui avevo bisogno. In altri frangenti sono stato più confuso, per esempio nelle relazioni con alcune donne. Ma il lavoro e la vita sono stati pazienti con me. L'esistenza mi ha ripresentato determinate situazioni finché non le ho riconosciute, imboccando la porta che altre volte avevo evitato.»

Ascoltando Giorgio mi viene in mente quanto spesso le persone, lavorando insieme a me, mi dicono che non c'è bisogno di alzare sempre così tanto l'asticella. Anche io, come lui, non ho mai avuto la sensazione di farlo, nel senso che non si tratta di una sfida con se stessi, di una gara, di voler vedere fino a dove si è in grado di arrivare. È una questione di intensità. La vocazione è qualcosa a cui devi darti completamente, come se non ci fosse un domani. Non è fretta, ma urgenza. È un fuoco che viene dal profondo, dalle viscere, in cui si trova la natura più autentica di se stessi. Devi farti dono, ogni giorno, con tutto l'essere. È un tuffo che si fa con tutta l'anima. È questa pienezza che a volte fa percepire agli altri un'intensità sempre maggiore. In realtà, è la stessa identica infinita intensità di sempre.

«I tuoi genitori ti hanno sempre incoraggiato in queste scelte?» chiedo a Giorgio.

«Alla fine del liceo mia madre e mio padre mi chiesero: "Vuoi veramente fare il medico? Lo fai perché è un lavoro importante, di prestigio o perché pensi che sia la tua strada?". Ricordo che mio padre mi disse: "Guarda" indicando giù dalla finestra, "qui di fronte c'è un meccanico. Mamma fa la parrucchiera. Io faccio il maestro. Sono tutti e tre lavori importanti se li fai bene. Dipende da come li fai. Quindi se tu credi che sia la tua strada, noi ti appoggeremo. Se lo fai per qualunque altro motivo, non saremo con te". Gli dissi che credevo fosse davvero la mia strada e da quel momento mi impegnai per far bene le cose. Quando andai a iscrivermi, purtroppo mio papà si ammalò e mamma mi disse: "Capisco che è la tua passione, ma Medicina è lunga e difficile...". In casa mia non c'erano mai stati laureati. "Facciamo un patto" proseguì, "se ci tieni davvero, io ti aiuto. Poi mi aiuterai tu." Nel frattempo era nata Betta, mia sorella, e la mamma aveva bisogno di aiuto anche con lei. "Va bene" le dissi, "facciamo questo patto." Quando tornavo a casa dall'università, dopo aver dato gli esami, dicevo sempre alla mamma:

"Meno uno". È stato davvero importante raggiungere quel traguardo per me.»

«Secondo te, come si fa a riconoscere la chiamata? A sapere che è la strada giusta da seguire?»

«Dopo la prima volta, col tempo, impari a discernere. Quando sono centrato e presente in me stesso, divento più recettivo e so riconoscere una chiamata vera. Quel momento è estremamente entusiasmante. Un'emozione forte, che riesco a condividere con poche persone. A volte mi è capitato di tornare da una missione umanitaria molto rischiosa e capire solo dopo la difficoltà reale e i pericoli effettivi. Mentre ero lì, l'unica cosa a cui pensavo era di mettermi a disposizione. Per questo non mi sembrava di fare qualcosa di speciale, ma semplicemente di condividere e mettere al servizio i miei talenti.»

«Qual è per te la differenza tra vocazione e talento?» gli chiedo allora.

«Questa è una gran domanda, Daniel. La mia parabola preferita è quella dei talenti. Credo che ognuno di noi abbia delle doti speciali. Non c'è essere umano che non abbia ricevuto in dono qualcosa di speciale.»

Parabola dei talenti (*Matteo* 25, 14-30, *ESV*)

Infatti il regno dei cieli è simile a un uomo che, partendo per un viaggio, chiamò i suoi servi e affidò loro i suoi beni. A uno diede cinque talenti, a un altro due, a un altro uno, a ciascuno secondo le proprie capacità, poi se ne partì. Colui che aveva ricevuto cinque talenti si mise subito a trafficare e ne guadagnò altri cinque.

Allo stesso modo, chi ne aveva ricevuti due ne guadagnò altri due. Chi ne aveva ricevuto uno invece andò, scavò una buca e nascose il denaro del padrone.

Dopo molto tempo il padrone tornò e chiese conto dei suoi beni.
Quello che aveva ricevuto cinque talenti si presentò portandone altri cinque: «Padrone, cinque talenti mi hai consegnato; ecco, ne ho guadagnati altri cinque».
Il padrone gli rispose: «Bene, servo buono e fedele; sei stato fedele in poco, ti darò autorità su molto; entra nella gioia del tuo padrone».
Si presentò anche chi aveva ricevuto due talenti, dicendo: «Padrone, due talenti mi hai consegnato; ecco, ne ho guadagnati altri due».
Il padrone gli rispose: «Bene, servo buono e fedele; sei stato fedele in poco, ti darò autorità su molto; entra nella gioia del tuo padrone».
Venuto infine chi aveva ricevuto un talento, disse: «Padrone, ti conoscevo: persona severa, raccogli dove non hai seminato e mieti dove non hai sparso. Ebbi paura e andai a nascondere il tuo talento; ecco ciò che ti appartiene».
Il padrone lo rimproverò: «Servo malvagio e pigro! Dovevi depositare i miei denari in banca, e al mio ritorno li avrei riscossi con gli interessi.
Prendete perciò il talento e datelo a chi ha dieci talenti.
Perché a chi ha, sarà dato e avrà abbondanza; ma a chi non ha, sarà tolto anche quello che ha.
E gettate via quel servo inutile nella tenebra più fitta: là sarà pianto e stridore di denti».

I talenti in questa parabola erano pesi-misura monetari, estremamente preziosi, che rappresentano analogicamente doni, abilità e risorse innati o acquisiti. Ogni servo ne riceve secondo la propria capacità; non si chiede quindi uniformità, ma fedeltà a ciò che si è ricevuto. Così, la vocazione non è un'astratta chiamata universale, ma qualcosa che sboccia nella specificità del singolo. Nella parabola il padrone premia non il guadagno assoluto, bensì la coerenza e la responsabilità: «Sei stato fedele in poco», ovvero hai custodito e fatto fruttare ciò che ti era stato affidato. Il punto è proprio questo: far fruttare i talenti ricevuti, metterli in gioco e al servizio del prossimo. Il servo che nasconde il talento, invece, lo fa per paura. Metafora di chi teme di rischiare, di faticare o di essere giudicato. Così, la vocazione può essere soffocata dall'incapacità di investire i propri doni e metterli al servizio nel mondo. Ogni talento è una concessione di fiducia: il padrone si aspetta un ritorno, che non sarà misurato solo in quantità, bensì in qualità morale e creativa. La vocazione diventa allora un'urgenza: qualcosa a cui si risponde. L'invito «entra nella gioia del tuo padrone» indica la partecipazione al progetto e alla gioia di Dio. Al contrario, l'inerzia produce «tenebra... stridore di denti»: segno di una vita che è stata sprecata. Scoprire i propri talenti significa guardarsi dentro e mettersi in gioco attraverso passioni, capacità, relazioni, esperienze. La vocazione richiede coraggio, perché solo seguendola lasciamo spazio alla vera fioritura. Compiere ciò che siamo chiamati a essere ci restituisce un senso profondo di noi stessi e della vita, che supera la logica del successo e dell'accumulazione e ci permette di sentire chiaramente uno stato di gioia. Non importa quanta ricchezza abbiamo ricevuto, ma come la facciamo fruttare: perché la vera chiamata si realizza proprio lì, nel quotidiano. Ed è lì che il cuore dovrà essere fedele.

Giorgio continua a condividere il suo sentire: «Non mi sono mai considerato un salvatore. Mi fa ridere l'idea del medico che è in guerra contro la natura per salvare le persone dalle malattie. Lo vedo come una persona al servizio, con una certa sensibilità, con la capacità di far stare meglio i pazienti con gli strumenti che ha a disposizione. Niente di più di questo. I talenti che scopriamo di avere vanno messi a disposizione. La vita non ci sta chiedendo di fare i mercanti, ma di far prosperare i nostri talenti per il beneficio di tutti. Se ti viene data una zappa, evidentemente dovrai zappare un campo. Se ti viene data una penna, dovrai scrivere qualcosa. La differenza si fa usando al meglio quel dono, dopo averlo riconosciuto. È un peccato lasciare da parte i propri talenti. Guardando alcune persone che per me l'hanno fatto, ho avuto l'impressione che poi la vita glieli abbia parcheggiati davanti a casa e si sono trovati a viverli in forma di surrogato».

«In che senso?» chiedo.

«Tipo, banalmente, un calciatore talentuoso che non affronta il rischio di andare a giocare in una squadra importante e per tutta la vita ripensa a cosa sarebbe potuto diventare, parlandone al bar con rimpianto. Cosa sarebbe successo se non fossi andato a Gaza? Probabilmente l'ultimo anno l'avrei passato dicendo: "Che idiota, perché non sono andato a Gaza? Potevo andarci, dovevo andarci, dovevo esser lì". I talenti vanno messi a disposizione della propria vocazione, non credi?»

«Credo che i talenti siano parte delle nostre risorse personali. La vocazione invece è una chiamata, che spesso si chiarisce nel tempo, nella relazione con l'esistenza, con gli altri, con il mondo. Il talento è uno strumento che ci abilita a svolgere bene un compito, la vocazione è la direzione che ci orienta nella vita. Il talento ci aiuta quindi a creare, esprimere, la vocazione a servire, costruire senso. In questo modo la vocazione restituisce al talento il suo scopo più profondo, mentre il talento permette di dare forma alla vocazione. Il talento da solo non basta. Può essere usato per ambizione, guadagno o vanità, rimanendo sterile. Allo stesso modo, la vocazione senza talento è incompleta: non nel senso che serva essere bravi per esprimere una vocazione, ma perché la natura della vita chiama ciascuno a partire da ciò che è. Una persona che abbia talento nel parlare in pubblico può diventare un attore, un politico, un relatore. Ma se scopre che la sua vocazione è educare i giovani, allora quel talento sarà orientato a quel bene comune. Il talento è il dono ricevuto, la vocazione è rispondere a quel dono, per qualcosa che vada oltre se stessi. Potrei paragonare il talento al "come" e la vocazione al "perché". Coltivare i propri talenti senza ascoltare la propria vocazione può portare successo ma non pienezza. Al contrario, seguire la vocazione permette di mettere ogni talento al servizio della gioia autentica, propria e degli altri. Qual è l'eredità che lascerai in questo mondo? Qual è il tuo messaggio più importante?»

Giorgio ci pensa un po' su, poi mi risponde: «Credo di essere stato un contadino che ha avuto la fortuna di avere dei buoni semi tra le mani. Ma come dice il proverbio di origine araba: "Chi semina datteri non mangia datteri". Questi frutti provengono da una palma che impiega anche ottanta, cent'anni per dare frutto abbondante. Chi la pianta, quasi certamente non vivrà abbastanza per raccoglierne i frutti, eppure lo fa, sapendo che altri dopo di lui – figli, nipoti, sconosciuti – potranno beneficiare della sua ombra e godere di quei frutti. Ho riflettuto molto sulla relazione tra vocazione, senso del dono, pazienza e responsabilità intergenerazionale. Seguire la propria vocazione, oltre a ricompensare nell'immediato per l'esperienza di sentirsi realizzati, è anche un po' come seminare datteri. Chi semina datteri ha una visione più ampia del tempo e della vita. Accade lo stesso a chi educa, cura, costruisce, protegge, senza vedere subito risultati. Si risponde alla chiamata di migliorare il mondo per chi verrà. Quello della vocazione è un invito a uscire dalla logica dell'immediatezza, del fare per ricevere, delle logiche di possesso, convenienza e consumo. Alcune delle azioni più nobili sono quelle che faranno fiorire la vita dopo di noi. "Chi semina datteri non mangia datteri", quindi, può essere visto come un invito a vivere con generosità, lungimiranza e amore disinteressato. Credo di avere dato alle persone che avevo intorno la mia onestà. Il mio babbo diceva: “Il tempo è galantuomo”; a me piace ricordare che se il seme è buono, crescerà una pianta buona. Magari non la vedrò, magari sarà tutto servito per ispirare qualcun altro. Magari mi sentirò deluso da qualcuno che non mi ha riconosciuto. Non importa».

«Nelle tue missioni da medico hai visto dei bambini morire?» chiedo a bruciapelo.

«I ricordi più terribili che ho riguardano i bambini che ho visto morire nella Repubblica Centrafricana e in Sudan, quando gestivo un centro di malnutriti severi. Tutti i giorni almeno un bambino moriva di fame. Lì ho capito per la prima volta cosa vuol dire morire di fame. E ho capito realmente e profondamente l'inutilità della guerra, sempre, in ogni caso, anche quando viene giustificata e infiocchettata a dovere per l'opinione delle masse. Il senso di ingiustizia che si prova nel vedere dei bambini morire non è descrivibile con le parole. Ti senti assolutamente impotente.»

«Cosa provi davanti a queste ingiustizie? Cosa provi a Gaza in questa missione?»

«Quest'ultima volta, quando sentivo altri operatori che, esasperati da tutto quell'orrore, dal flusso senza fine di bambini, donne e povera gente in fin di vita, dicevano cose tipo “gli israeliani dovrebbero morire, sono dei mostri”, io sentivo un dolore ancora più grande. Subito non dicevo nulla, per paura di essere male interpretato. Io non riesco a vedere negli israeliani il male e neanche nei palestinesi o in Hamas. Non ce la faccio a stabilire una linea netta tra giusto e sbagliato. Vedo che così non va bene. Vedo che queste reazioni, questo modo di agire e reagire, è profondamente doloroso e dannoso. Non riesco a usare il sentimento di vendetta per cercare di pareggiare i conti. In altri momenti della mia vita era venuto fuori con forza. Di fronte a quell'orrore esplodi e urli: “Ma cosa fate?! Basta!”. Certo, chiedo la fine della guerra, che si smetta subito, ma non perché credo che ci sia il bene da una parte e il male dall'altra. Penso che ci siano delle persone disturbate, che non riescono a vedere la propria umanità, che non hanno ancora realizzato la natura della vita e dell'amore. Io non mi sento quello bravo, buono e saggio che aiuta i palestinesi. Mi sento come uno di loro e sono andato lì perché ho bisogno di mettere a posto le mie cose ed essere coerente con la mia vita. Sono molto più ricco di quando sono partito. Sono migliorato come persona, sono cresciuto come individuo. Lì, nel mezzo di quella guerra, sono riuscito anche a creare momenti di leggerezza e normalità impensabili con le persone locali: discutere del Barcellona contro l'Inter, o di quanto fossero simpatiche o antipatiche alcune persone. In mezzo alle guerre c'è la vita di tutti i giorni, fatta di momenti. Quindi un sorriso e una discussione sul calcio, secondo me, valgono quanto una terapia antibiotica azzeccata. Quando riesco a far stare un po' meglio una persona fingendo un litigio tra interisti e juventini, e la vedo andar via ridendo, quella cosa per me ha un prezzo incalcolabile e sento di aver fatto il mio mestiere. È proprio in quelle situazioni che sento che sto facendo bene il medico.»

In relazione con la propria vocazione

Il nostro proposito profondo ci invita a una danza sottile: quella della resa alla propria natura. È un atto di accettazione. Una pianta che cresce non decide il proprio seme, lo esprime. Così la nostra vocazione non è una costruzione, ma un'emersione. In questo senso, vivere la propria legge naturale è un atto di umiltà creativa: è lasciare che ciò che è vero in noi trovi voce, forma e servizio nel mondo. È, di fatto, lasciare che sia fatta la sua volontà. Questo approccio si discosta dall'idea comune di vocazione come missione da scoprire e realizzare. Qui la stiamo esplorando come un dialogo vivente tra sé e la Vita, una relazione, più che un obiettivo.

Siamo talmente assuefatti alla sensazione di dover rincorrere un orizzonte che ogni giorno si sposta un po' più avanti, che tendiamo a trasformare anche la vocazione in qualcosa da scegliere e pianificare. La idealizziamo, trasformandola in un traguardo da raggiungere, quando invece è semplicemente il luogo da cui veniamo. La chiamata più vera ha la nostra stessa voce, ma non nasce dalla nostra volontà. Ci terrorizza forse l'idea che non sia una libera scelta, o di non averne il controllo. O che possa allontanarci dalla narrazione illusoria mentale che abbiamo edificato sulla nostra vita. Adoro pensare alla vocazione come a una *relazione vivente* tra l'anima e la sua origine. Ed è attraverso questa prospettiva che possiamo considerarla come qualcosa di *intersoggettivo*: non esiste solo in noi, ma tra noi e ciò che ci trascende. Sentire la propria mano separata dall'intero corpo è una possibilità percettiva che a volte può essere anche funzionale, ma la verità è che la mano in se stessa, senza il resto del corpo, non potrebbe continuare a essere. Così siamo noi con la vocazione: un'unità inscindibile che appartiene alla stessa verità fondamentale. Pensare alla vocazione come a una relazione cambia radicalmente come ci poniamo di fronte alla vita. Non si tratta più di *inventare* chi diventare, ma di *celebrare* chi siamo già. Non è questione di accumulare competenze o di raggiungere obiettivi, ma di renderci disponibili, vulnerabili, attraversabili, utilizzabili. Come una conchiglia che non crea il suono, ma lo custodisce, così siamo anche noi: non creiamo la nostra vocazione, ma la conteniamo e la custodiamo. Questa disponibilità, tuttavia, non è passività. È presenza viva, vigile accoglienza. È saper fare spazio nella mente, nel cuore, nella vita quotidiana, affinché il nostro *vero compito* possa esprimersi. Anche perché non sempre ciò che ci riesce meglio coincide con ciò che ci rende più veri.

Dalla conquista al riconoscimento

Questa visione smonta uno dei miti più radicati della nostra cultura occidentale: l'idea che il senso della vita sia qualcosa da *conquistare*. Che dobbiamo cercarlo con determinazione, senza smettere mai di lottare per trovarlo, reinventandoci continuamente per meritarlo. Una visione molto americana del senso della vita. E invece no. Possiamo fare molto di più che aderire a questo modello preconfezionato e competitivo. Cosa accadrebbe se, invece, fosse proprio il *cessare lo sforzo* a permettere il vero incontro? L'esperienza di chi si è ritrovato – spesso dopo crisi profonde, fallimenti, perdite, malattie o lunghi silenzi – mostra che il momento decisivo non è mai nel fare di più, ma nel *lasciare andare qualcosa*. Un'identificazione, un desiderio sbagliato, un'illusione, un dolore, una tensione. È allora che si apre uno spazio nuovo. Quello in cui non ci si chiede più cosa si vuol fare della propria vita, ma cosa vuole nascere in noi, se ci facciamo da parte.

Se la vocazione è una relazione, non va solo riconosciuta, ma anche *coltivata, celebrata, curata*. Come ogni relazione viva, richiede ascolto, fedeltà, presenza. Dobbiamo imparare a *danzare* con l'invisibile, perché non ci sono regole fisse, né risposte sempre chiare. C'è una direzione, quella del cuore che si alleggerisce, del corpo che si apre, di quello sguardo pieno di luce. E come per ogni relazione significativa, ci cambia. Vivere la propria *vocazione* è come camminare con qualcuno che non vediamo, ma che ci tiene per mano. Non conosciamo tutta la strada. Non abbiamo certezze. Ma sappiamo, nel profondo, di non essere soli. Perciò la vocazione, più che un compito da realizzare, è fedeltà all'anima da onorare.

«Diventa il protagonista della tua vita.» Quante volte l'avete sentita questa frase? Un'altra perla di saggezza che deriva dal modello formativo competitivo americano. Un tormentone sentito così spesso che abbiamo finito per crederlo una verità sacra. E se il protagonista fosse, in realtà, un personaggio secondario del film della tua vita? Non fraintendermi, secondario non nel senso di marginale, ma di *invisibile*. Come il vuoto che permette al respiro di accadere; come la tela che sostiene i colori, ma non li trattiene. L'idea che possiamo creare il nostro destino nasce da una visione di controllo, volontà, affermazione. È figlia di un tempo che confonde la libertà con la performance. Ma la vocazione, quella vera, profonda, organica, non nasce dalla volontà di potere. Nasce dalla *capacità di ascolto, di resa, di accoglienza, di remissione a ciò che ego non è*. Non si genera con il desiderio. Si *rivela* nel silenzio. Il punto è che non si tratta di attirare ciò che vuoi, ma di *aprirti a ciò che ti attira da sempre*. Smontiamo insieme il mito di inventare se stessi, perché qui il processo è un altro e consiste nello spogliarsi di tutte le maschere per *incontrarsi* davvero.

Per questo, più che protagonisti, siamo testimoni. Più che attori, siamo *giardinieri* della nostra vocazione: la annaffiamo, la proteggiamo, la lasciamo crescere seguendo il suo ritmo e non il nostro. I veri protagonisti sono coloro che hanno rinunciato a esserlo. Per questo possono realmente incarnare quel ruolo a pieno diritto, perché non vi è attaccamento, possesso o desiderio egoico. Quando la vita ci chiama, scopriamo che il protagonista non è chi domina la scena, ma chi ha il coraggio di stare in ascolto anche quando il sipario è calato; chi serve disinteressatamente la bellezza e la verità di questo miracolo.

Il messaggio «crea la tua realtà» ci dà potere, ma può anche generare ansia, senso di inadeguatezza, colpa: se non riesco a manifestare ciò che voglio, allora cosa sono? Un fallimento? La via dello *svadharma* rovescia il paradigma. Non chiede: «Cosa vuoi ottenere dalla vita?», ma «Cosa vuole la vita attraverso di te?». Allora, più che attrarre ciò che vuoi, si tratta di diventare un campo fertile per ciò che ti cerca. Per la prosperità dell'universo che vuole attraversarti. In questo atto di accoglienza abita una grande responsabilità, quella di scegliere e decidere come far fruttare i talenti che ci sono stati donati. Per il beneficio di tutti gli esseri.

Il falso come normalità

Questo è il tempo in cui la menzogna è diventata moneta corrente. Consumiamo storie più che vivere esperienze. Siamo una società che spettacolarizza la sofferenza e svende la propria identità al miglior offerente in base a visibilità, consenso, algoritmi. Il falso è diventato normalità. Notizie costruite, vite instagrammabili, emozioni filtrate. Ogni giorno siamo esposti a una quantità impressionante di immagini, dichiarazioni, contenuti studiati per *apparire veri*. In questo scenario, dove il falso non solo è tollerato, ma spesso premiato, l'autenticità non è solamente virtù, ma sopravvivenza. In un mondo in cui tutto diventa una messinscena, e il dolore deve avere una buona estetica, l'essere autentici diventa un atto radicale. Un ritorno all'aria, al respiro, al senso: liberazione dai demoni dell'illusione personale e collettiva.

Guardavo un servizio che documentava una campagna elettorale per il rinnovo del Congresso in uno Stato degli USA, influenzata da video deepfake in cui i candidati dichiarano cose mai dette. Le visualizzazioni, però, hanno fatto il loro lavoro. Questi non sono episodi isolati. Sono sintomi dell'era della *post-verità*, dove i fatti contano meno delle percezioni e la narrazione vince sull'autenticità. Eppure, proprio in questo clima estremamente tossico, accade qualcosa di inatteso. C'è un bisogno crescente, soprattutto tra le nuove generazioni, di *verità*.

C'è fame del vero. Non di verità assolute, dogmatiche. Ma verità vissute, incarnate, le verità dell'anima. Esperienze non manipolate. Emozioni non editate. Un'indagine pubblicata nel 2025 da Pew Research Center mostra come i giovani tra i diciotto e i trentaquattro anni cerchino sempre più contenuti reali, imperfetti, anche scomodi. Stanno abbandonando le piattaforme patinate per spazi più crudi, veri, comunitari. Questo non è solo un trend. È un sintomo spirituale. Perché, lo ripeto, in un mondo fake, l'autenticità è ossigeno.

In questo contesto, la vocazione smette di essere un lusso per pochi e diventa bussola indispensabile per mettere in coerenza la propria vita con la propria verità. Chi vive la vocazione non ha bisogno di urlare chi è. Si percepisce. È presenza. E questa coerenza, oggi, è rivoluzionaria. Perché? Perché siamo *fuori asse*. Viviamo vite progettate da altri, il successo si misura in monetizzazione, la bellezza in filtri, l'identità in consenso. Chi prova a deviare, a rallentare, a disobbedire, viene etichettato come ingenuo o pericoloso. Ma proprio questi disobbedienti stanno aprendo varchi. Stanno mostrando che un altro modo di esistere è possibile e necessario.

Un artigiano che fa ciò che ama, un'infermiera che cura come gesto sacro, un giovane che abbandona l'obbligo della carriera per coltivare la terra, uno spirito libero che lascia tutto e si mette in viaggio. Queste persone stanno dicendo al mondo: «Sono tornato a me stesso». Quando questo accade, qualcosa, attorno a loro, si riorienta. Le scelte autentiche spostano il campo. Fanno emergere una nuova realtà, una nuova possibilità, per tutti. Reale, palpabile. Per questo fanno paura. Perché rivelano che stavamo dormendo.

> È meglio compiere il proprio dovere, anche se privo di successo,
> che compiere perfettamente il dovere altrui.
> (*Bhagavadgita* 18.47)

C'è un mattino che non ha orario, accade dentro di noi. È quando ti alzi non perché devi, ma perché qualcosa di vero ti chiama. Non è un mestiere, non è un ruolo, ma il nostro modo unico di essere, uno stato da vivere. È ciò per cui riesci a svegliarti anche nei giorni più bui. Un'impronta invisibile che solo tu puoi lasciare. Non importa quanto piccoli siano i tuoi gesti: se compiuti attraverso la verità della tua vocazione, diventeranno eterni. Chi vive la propria vocazione diviene preghiera in cammino.

> La campana suona – anche chi non ha tempio può sentirsi chiamato.
> (*Haiku* antico attribuito a Bashō, il più grande maestro di *haiku*, una forma poetica breve, tipica della letteratura giapponese)

La tua verità muove il mondo

Conosco un uomo che, a cinquantasei anni, ha lasciato il ruolo di direttore di una grande azienda. «Mi sono svegliato una mattina e ho sentito che stavo invecchiando in una vita che non avevo scelto.» Oggi scrive poesie nei rifugi di montagna. Non ha la vita e lo stipendio di prima, ma ha occhi limpidi. Quando una scelta è autentica, le persone si accorgono che, dietro quell'atto di coraggio, c'è verità. Il giudizio si scioglie e la distanza si accorcia. È la forza misteriosa della coerenza.

Spesso, quella che chiamiamo educazione porta a un processo di adattamento al contesto, di omologazione massiva, e ci disconnette da quell'intelligenza naturale che ci renderebbe liberi e coerenti con la nostra unicità. Diventiamo sagome ritagliate nel cartoncino di una vita preconfezionata. I bambini sono naturalmente più vicini alla vocazione grazie alla loro purezza, al senso del gioco, del creare, della meraviglia. Poi vengono spezzati: educati a essere bravi, veloci, produttivi, a competere, a imporsi per cercare di sopravvivere. Accade così che tradiamo noi stessi, senza quasi accorgercene.

Quando finalmente ci ascoltiamo, è come se rompessimo un incantesimo. Ma scegliere se stessi non è un atto contro gli altri. È un atto di verità. E la verità, anche quando spaventa, guarisce. Per questo, quando una scelta è vocazionale, vera, viscerale, radicata nell'anima, il mondo cambia posizione. Non subito, forse. All'inizio ti sfiderà, magari ti deriderà e tenterà di scoraggiarti. Ma se resti fermo, coerente... qualcosa si apre. È il potere dell'autenticità ad aprire lo scrigno della vita. Ciò che prima sembrava molto difficile trova spazio e le persone che sembravano ostacoli diventano alleati.

Chi vive in sintonia col proprio scopo autentico diventa una calamita. Quando ascolti e segui la vocazione, il tempo cambia. Non è più lineare. Diventa circolare. Ogni gesto fatto nella direzione della vocazione si espande, crea risonanza, genera vita. È per questo che, quando trovi la tua strada, vivi un'urgenza così forte. E il mondo vuole sentire esattamente quella nota che solo tu puoi far vibrare. Se sei certo che si tratti di questo tipo di urgenza, non scacciarla. Non chiamarla follia, non avere paura. Chiamala per ciò che è: la vocazione che bussa. Il destino che diviene una scelta. Un dono che vuole finalmente manifestarsi nel mondo, attraverso di te. Non è fretta, è luce che chiede spazio, amore che vuole compiersi.

La vocazione non si definisce con i ruoli, ma con il respiro libero che senti quando fai ciò per cui sei nato. È quella cosa che ti fa sentire pieno anche nel vuoto e che ti fa dire: «Anche se nessuno mi guardasse, lo farei lo stesso». E proprio per questo risuona intorno, attira, fa da catalizzatore.

Non è una professione, ma una direzione. È una presenza in cui, se resti abbastanza a lungo, senti che ogni cosa ha un senso vero.

A volte ti chiederà di lasciare. Lasciare un lavoro sicuro per una direzione ignota, lasciare una relazione che si è svuotata per restare fedeli alla propria dignità, lasciare la città per tornare a respirare l'aria buona della montagna, lasciare l'idea che avevi di te per incontrare chi sei davvero. La vocazione ti chiede coraggio, sì. Ma molto più spesso ti chiederà sincerità. Il significato della vita si trova nel modo in cui stiamo in piedi davanti alla nostra verità e diciamo: «Sono qui. Fammi strumento. Fammi ponte. Fammi luce». E il mondo, prima o poi, se ne accorge.

Navigare

Talento e passione sono strumenti. La vocazione è la direzione. Se immaginiamo una barca a vela, il talento sarà la sua struttura: può essere veloce, agile, solida, a seconda del progetto iniziale. La passione è il vento nelle vele: può essere impetuoso, leggero, incostante, un potente maestrale o una brezza lieve. La vocazione è la direzione della rotta: anche con poco vento o una barca modesta, se sai dove stai andando, puoi arrivare lontano.

Non tutti i talenti coincidono con la vocazione. Non tutte le passioni durano. La vocazione può essere come un filo sottile, ma indistruttibile, che collega ciò che sei a ciò che sei chiamato a diventare. È il luogo in cui la gioia profonda del tuo essere incontra il bisogno del mondo. Non è banalmente quello che sai fare bene, o che ti piace fare, ma è ciò che ti permette di realizzarti attraverso il dono e il servizio.

Il talento è il dono che ricevi.

È una predisposizione naturale, un'attitudine innata che esprime una particolarità unica, attraverso un canale: linguistico, musicale, logico-matematico, corporeo-cinestetico, spirituale, sociale e così via. Non si sceglie, si scopre. È come un seme piantato nella terra dell'anima, che può germogliare pienamente se viene coltivato, oppure restare inespresso. *I talenti sono doni.* La nostra responsabilità è scoprirli, svilupparli e metterli al servizio della vita. Un bambino che riesce a suonare il pianoforte senza sforzo o una ragazza che eccelle in matematica rendono il talento evidente, ma ciò non basta a determinare il proprio destino.

La passione è l'energia che ti accende.

È una spinta emotiva, un'intensità che anima e coinvolge (e spesso travolge). È il carburante che avvia il movimento. Le passioni sono come stagioni interiori: arrivano, infiammano, passano. A volte ritornano. Altre si trasformano, o si estinguono. La passione è una potente forza motivazionale, ma per essere sostenibile nel tempo deve essere accompagnata da un senso di scopo profondo, che, quando autentico, è dato dalla fioritura della propria vocazione.

La vocazione è il richiamo che non ti lascia.

Un richiamo interiore, profondo, che attraversa il tempo e le fasi della vita. È il luogo dove talento e passione si mettono al servizio di qualcosa di più grande di noi. Un medico che dedica la vita alla cura dei malati nei luoghi dimenticati del pianeta. Un insegnante che, senza riconoscimenti pubblici, coltiva anime per decenni con amore e pazienza. Un monaco che sceglie il silenzio per servire la pace del mondo. La vera realizzazione personale non nasce dal successo, ma dalla scoperta di un senso più grande a cui dedicarsi. Perché, più che dal desiderio e dalla ricerca del piacere, siamo spinti dal bisogno di significato.

Leviamo dunque l'àncora e salpiamo per il nostro viaggio personale, unico e irripetibile, con i doni e gli strumenti ricevuti, con fiducia nella direzione che il cuore ci ricorda, giorno dopo giorno.

4
Il coraggio di essere se stessi

La libertà di essere

Non siamo nati per nasconderci, né per indossare abiti cuciti da altri. O per domare la fiamma che vive nel nostro sangue. Siamo ferite che brillano, canti che spaccano le pietre, linee sottili tra i sogni e i disastri. Ma siamo anche e soprattutto preghiera, volti unici e irripetibili che portano alla luce ciò che aspetta nell'ombra. Non cercate rifugio nella normalità, non c'è pace nel tradimento silenzioso della propria essenza. La vocazione non è un lusso, è un'urgenza divina. Una mappa incisa sotto la pelle. La più importante promessa che abbiamo fatto all'universo prima di nascere. Chi non la segue rischierà di marcire nella perfezione di una vita che non gli appartiene. Chi la segue forse cadrà. Ma cadrà nella direzione del cielo. Siamo nati per servire la bellezza della nostra legge naturale. Invece, ci siamo convinti che quella bellezza doveva farsi piccola, per non disturbare. Chi ci ha educato al silenzio dell'anima, alla fame di approvazione, alla resa mascherata da maturità? La nostra vocazione non ci vuole felici. Ci vuole nudi come il deserto che partorisce i profeti. Ci vuole tremanti e accesi, tra il terrore di perdere tutto e la meraviglia di essere finalmente vivi. La vocazione è il nostro vero nome tatuato sulla pelle del cuore. Chi non lo pronuncia, chi non si battezza, morirà ogni giorno di più. Siamo qui per ricordare ciò che il mondo ha smesso di vedere, per offrire quella luce, per vedere le lettere scolpite nell'anima.

Come abbiamo visto, la vocazione di san Francesco lo ha portato a spogliarsi di tutto. Ci vuole coraggio per seguire veramente se stessi, senza idealizzazioni, inganni, condizionamenti. C'è questo ardore dentro di noi? Francesco si è denudato in piazza, davanti a tutti, fisicamente, mentalmente, emotivamente e spiritualmente. Povero è diventato, nell'essenzialità dello spirito, potendo così sposare madonna povertà. Quante sovrastrutture dobbiamo lasciare andare per poter ardere liberamente nel nostro fondamento esistenziale, nella verità del diritto di nascita, nella nostra ragion d'essere? Perché avrà le sue prove questo vivere in coerenza. Molti tra noi stanno vivendo un'immaginazione, un'illusione di vita, dovuta a un costrutto sociale, familiare ed egoico. Essere liberi è anche e soprattutto questo: non scendere nelle piazze a manifestare per la libertà, ma viverla prima di tutto coerentemente dentro se stessi. Liberarsi da se stessi e dal ruolo che rappresentiamo. Non vi sto proponendo una seduta di psicoterapia, ma una rivoluzione spirituale; non di tentare di aggiustare psicologicamente un'identità individuale, il personaggio che rappresentiamo nel mondo, ma di ardere nella consapevolezza dell'essere.

Realizzare il proprio proposito, seguire il proprio *dharma* sembrano idee meravigliose e affascinanti. Queste parole evocano visioni luminose, un'immagine idealizzata di una vita appagante e piena di significato. Ma la verità è che, a volte, il proprio *dharma* non è affatto comodo.

E se ti portasse a spogliarti di tutto? Se ti chiedesse di rinunciare a ciò che hai costruito? Se ti conducesse, come accadde a san Francesco, a scegliere la povertà, a sposare la vita nella sua essenza più nuda e vera? Hai questo ardore dentro di te?

Hai il coraggio di seguire te stesso, davvero, qualunque cosa accada?

Una cosa è l'immagine della vocazione che ci costruiamo, ideale, perfetta. Altra cosa è la scomoda e spiazzante realtà. Per incarnarla dobbiamo lasciare andare maschere, ruoli, aspettative, desideri, attaccamenti, dolori. Sì, perché ci attacchiamo anche e soprattutto a dolori, ferite e tossicità. Ce li teniamo stretti. Per seguire se stessi, invece, c'è un momento in cui bisogna mettere in discussione e liberarsi da tutto il superfluo. Questo è il cuore dello *svadharma*: ardere nella verità del proprio cammino. La libertà autentica, ripeto, non è sfilare in piazza per gridarne il nome. La vera libertà è quella interiore: la libertà da se stessi.

Ascoltare il richiamo

Ci sono momenti nella vita di ciascuno (per alcuni molto rari) in cui il rumore del mondo tace. Può accadere durante un silenzio improvviso, un dolore profondo, una gioia inattesa o un'illuminazione che squarcia la superficie delle cose. In quel momento, si affaccia una domanda essenziale: «Perché sono qui?». Non si tratta di un quesito retorico. È il battito stesso del cuore dell'esistenza. Chi la ascolta con attenzione si trova di fronte a tre dimensioni fondamentali dell'essere umano: vocazione, significato e proposito della propria vita. Sono tre fratelli spirituali, radici diverse che si intrecciano nello stesso albero: l'autenticità dell'essere. Quando troviamo e ascoltiamo la nostra vocazione, scopriamo il significato della nostra esistenza. E quando abbiamo il coraggio di vivere quel significato, il proposito si manifesta, chiaro, semplice, vivo.

Vocazione è voce. *Vocare*, in latino, significa appunto «chiamare». Qualcosa in noi, o forse qualcosa oltre di noi, ci chiama a diventare ciò che realmente siamo. Se siamo avvolti nelle illusioni, sarà un richiamo scomodo, perché non risponde alle logiche del guadagno, del riconoscimento o del successo sociale, anche se a volte può presentare queste caratteristiche, come effetti collaterali. Il richiamo risponde solo alla logica dell'anima. La vocazione non è un'attitudine, né un mestiere, né una scelta razionale. È una direzione interiore che non si sceglie, si riconosce. Non ha a che fare con l'ambizione, ma con la verità. È ciò che ci chiama prima ancora di esser pronti a rispondere, l'intuizione viscerale che ci guida anche quando non sappiamo dove stiamo andando.

Da sempre l'essere umano cerca di *costruire* un significato nella propria vita, come se fosse un progetto da realizzare, una scalata da compiere, un'immagine da perfezionare. Ma il vero significato non si costruisce: si scopre. Come una sorgente nascosta sotto terra. Non la inventiamo, la riportiamo in superficie, scavando con le mani nella direzione giusta. Non cercatelo nelle circostanze, nei ruoli o nelle conquiste, perché è nella qualità della presenza che portiamo in ogni gesto che mette radici. Ed è anche nella connessione profonda con ciò che ci anima, ci ispira, ci muove. Oggi l'essere umano ha un disperato bisogno di piccoli atti di coerenza, di scelte silenziose, di momenti in cui sente, anche solo per un attimo, di essere esattamente dove dovrebbe essere. Quando sentiamo che la nostra vita ha un significato autentico, ci riconnettiamo a una verità più grande. Ogni esperienza, anche dolorosa, può diventare una soglia, ogni ferita un varco e ogni domanda una via verso di sé.

Esiste un equilibrio sottile nell'integrazione tra ciò che siamo venuti a dare al mondo e ciò che il mondo ci restituisce in forma di crescita, relazioni, sfide e opportunità. Avere un proposito autentico e forte nella propria vita, che risponda direttamente alla vocazione, non è sinonimo di missione eroica o impresa spirituale. Non è fare grandi cose, ma fare la cosa giusta. Quella che ci corrisponde e nasce dall'allineamento tra interiorità e azione. Chi vive nel proprio proposito *arde*, ma non si consuma.

Vocazione, significato e proposito non equivalgono a mete lontane. Sono modalità dell'essere. Frutti della coerenza, del silenzio, dell'ascolto profondo. Ci chiedono di liberarci da ciò che ci è stato imposto, da ciò che abbiamo creduto di dover essere, per ritrovare ciò che siamo sempre stati.

L'instabilità che ispira

Vi ho raccontato di mia nonna e del suo desiderio di vedermi sistemato, come diceva lei, prima di morire. Col nonno aveva conosciuto la guerra e tutte le privazioni che aveva portato, durante e dopo. A quel tempo sistemarsi rappresentava la possibilità di sopravvivere e un privilegio che avrebbe inciso sulla vita dell'intera famiglia. Nel linguaggio comune, in generale, sistemarsi evoca stabilità, sicurezza, una casa, un reddito garantito. È la promessa di quiete, di un riparo dalle tempeste dell'incertezza. Ma quante volte, nel desiderio di farlo, ci siamo infilati in ingranaggi che inghiottono il respiro e spengono la voce interiore? E così sistemarsi diventa entrare in un sistema, collocarsi. Questo verbo mi ha sempre fatto venire l'orticaria, perché porta con sé il bisogno di allineare se stessi a un ordine esterno (un contesto, un ruolo). Salvo rarissime eccezioni, porta a piegare i propri talenti a logiche che non li onorano: un titolo, un ufficio, un numero in più nel bilancio, purché tu rinunci alla scintilla che ti rende unico. Diventa allora un compromesso: abiti un luogo sicuro, ma la tua anima resta in affitto. Ti viene offerta l'illusione di un rifugio dalla vita, ma quella sicurezza è un castello di carta. Ti senti protetto finché tutto sembra filare liscio, ma basta un cambiamento di vento per scoprire che quel tetto non era solido. Nel frattempo i tuoi talenti, rinchiusi nei cassetti della routine, perdono vigore; diventano ricordi sbiaditi di ciò che avresti potuto essere. Una risorsa inespressa è un crimine contro la vita.

La vera casa del talento è invece la vocazione. Più che cercare di sistemarci, forse dovremmo imparare ad abitare la nostra vocazione. Una casa non è fatta di quattro mura immutabili, ma di spazi vivi, che dialogano con tutto ciò che è inatteso. Per questo diventa così importante fare i conti con l'instabilità: un movimento che ci preserva dall'omologazione e ci allena ad andare verso la vocazione. Esistono tanti tipi di instabilità: emotiva, relazionale, mentale, economica. Spesso viene utilizzata per generare paura e farci ancorare sempre più a modelli di successo standardizzati. Cosa sono gli *head hunter* se non questo? Procacciatori di talenti da mettere al servizio di un sistema incurante della vocazione. Siamo stati educati a pensare che i nostri talenti siano merce preziosa da capitalizzare, strumenti da affilare e incanalare verso obiettivi esterni: carriera, strategie di branding, indicatori di performance. Competenze e abilità inserite in contesti che ne massimizzino il profitto. Ma un'azienda non è solo un bilancio, è un ecosistema umano vivo. Spronare un individuo a essere se stesso, al di là di target e KPI, produce un impatto moltiplicatore. Una sola persona che senta il respiro della propria vocazione può rianimare un intero team. I tuoi talenti non sono stati dati per alimentare il circo dell'ego o i bilanci trimestrali, bensì per servire una chiamata interiore più ampia, un proposito che nutre il mondo. Oggi il fulcro della questione è un tema spirituale, di risveglio di coscienza e consapevolezza.

Anche la vocazione utilizza l'instabilità, ma non come spauracchio: deve scuoterci, destarci, far cadere le stampelle esterne a cui ci appoggiamo. Una destabilizzazione che ci spinge a sperimentare, a reinventarci, così che i nostri talenti non debbano sottostare al mero profitto, ma possano divenire semi di cambiamento. Una instabilità che funzioni da medicina. Dovremmo imparare a riconoscerla e impegnarci affinché sistemarsi significhi mettere in ordine la nostra vita secondo la misura del nostro cuore.

Crisi. Il linguaggio segreto della vocazione

Tutti, prima o poi, incontriamo un punto di rottura. Un momento in cui ciò che prima reggeva – un'identità, una relazione, un lavoro, un ideale – si spezza. Non sempre in modo drammatico. A volte accade silenziosamente: ti svegli una mattina, guardi la tua vita e non ti riconosci più. Quel che prima dava un senso, ora ti svuota. Quel che rappresentava sicurezza, diventa una gabbia. Il linguaggio della crisi parla molti dialetti. Dolore, smarrimento, rabbia, confusione, colpa. Ci vuole il coraggio di non scappare subito per potersi rendere conto che quella frattura non è punizione. È un'apertura, un travestimento dell'anima. O meglio, la forma che la vocazione a volte sceglie quando l'anima non trova altri modi per farsi ascoltare. Quando hai seppellito così tanto a lungo ciò che sei, la vita prova a stanarti. Non sempre con gentilezza. Ti espone. Ti sveste. Ti mette in ginocchio. Quant'è difficile avere fiducia in quei momenti. Fiducia che la vita, più che distruggerci, stia cercando di restituirci a noi stessi. Di farci cadere per toccare il suolo e risollevarci in verità.

Certamente non tutto il dolore è utile. Ma esiste un tipo di sofferenza innegabilmente nobile. È quella che senti quando hai smesso di tradirti, ma ancora non sai come essere pienamente te stesso. Quel dolore non va evitato, va attraversato, perché è la prova del fuoco. Il confine infuocato tra l'anima addormentata e il risveglio. Solo chi attraversa nudo quel fuoco, con la sensazione di aver perso tutto, e si chiede «di cosa è fatta la mia verità?», ottiene sempre una risposta.

Alcune crisi aprono fenditure da cui filtra luce nuova. Ti accorgi di desiderare altro e magari ti commuovi di fronte a un dettaglio che prima ignoravi. Gesti, parole o sogni che cominciano a vibrare in modo diverso. In quel momento, la vocazione si è già mossa. Come un seme che germogliando inizia a rompere la terra. È inutile cercare di capire o controllare. Bisogna solo ascoltare. E saper restare in ciò che c'è. Quale parte di me sta morendo in questa crisi? Cosa dentro di me chiede di nascere, ma non ha ancora voce?

Benedetta crisi esistenziale

In molti contesti di osservazione, specie nella sfera psicologica, emerge l'idea che la mezza età porti a un riorientamento interiore. Appare come un momento di svolta in cui si abbandonano le vecchie definizioni e si cerca un senso più profondo e autentico della propria esistenza. Una sorta di cambio di direzione interiore. Le persone iniziano a rivolgere lo sguardo all'interno, a mettere in discussione i ruoli sociali e a cercare un senso più profondo e individuale della vita. I traguardi raggiunti non bastano più per definirci ed emergono domande più profonde su noi stessi. Chi siamo oltre l'immagine che diamo di noi al mondo, i personaggi che rappresentiamo e i ruoli che ricopriamo? Da qui parte un viaggio alla ricerca di senso. Le maschere sociali iniziano a cadere e la propria energia vitale viene ridirezionata. A essere il perno, non è più la ricerca del successo esterno, ma quella della propria verità interiore. Non si tratta di un nuovo traguardo da raggiungere, ma piuttosto di un passaggio, una soglia che conduce a una vita consapevole. Quando e se arriva, non bisognerebbe temere questo momento, perché rappresenta l'inizio del viaggio più importante. Quello che possiamo osservare oggi è che nelle nuove generazioni questo cambio di direzione sta avvenendo in età precoce. La «seconda metà della vita» comincia sempre più spesso tra i venti e i trent'anni. Le sovrastrutture sociali cadono ancor prima di potersi consolidare, per lasciare spazio a un'autentica ricerca di senso, proposito e significato di se stessi e della propria esistenza. L'accelerazione è su tutti i fronti: più aumenta il passo delle nuove tecnologie, che riducono l'importanza dell'essere umano, quando non lo sostituiscono addirittura nel ruolo del saper fare professionale, più ci sposteremo nell'esplorazione dell'area del saper essere. Proprio quella in cui risiede la nostra unicità, così come la chiave per innalzare il nostro livello di coscienza e le abilità che ci consentiranno di emanciparci. Le crisi esistenziali non dovrebbero dunque essere sedate, per ricanalizzare i ragazzi nell'imbuto dell'omologazione, ma sostenute con strumenti di consapevolezza adeguata. Si tratta di nuove forme di intelligenza che stanno emergendo e ci accompagnano in una fase esistenziale tutta da scoprire.

Il tempo in cui il cambiamento interiore avveniva dopo una vita passata a indossare ruoli, a inseguire successi che definivano l'identità dall'esterno, sta mutando. Le nuove generazioni stanno vivendo una sorta di accelerazione silenziosa: ciò che un tempo era una crisi di mezza età sta diventando una rivelazione precoce, una ricerca che sboccia già nelle prime fasi dell'esistenza. Le maschere cadono perché l'anima chiede autenticità. Ciò che prima bastava – il fare, l'avere, l'apparire – ora non è più sufficiente. Con l'avvento dell'Intelligenza Artificiale, i vecchi paradigmi del fare si dissolvono, lasciando spazio all'urgenza di «essere», per scoprire un senso più profondo della vita in ogni fase dell'esistenza e lì trovare la propria direzione.

Quando la vocazione si rivela nella gioia

Vorrei fare una premessa che nasce dall'esperienza diretta della meditazione: lo scopo della vita è nell'essere. E non potrebbe essere altrimenti. Quanta pace si sprigiona quando si arriva pienamente ad abitare questa realizzazione. Qualsiasi espressione del fare non è che un riflesso dello stato di coscienza interiore. Che cos'è la spiritualità se non tutto ciò che ci avvicina realmente alla nostra vocazione, al proposito e significato autentico della nostra vita? Per questo la vera spiritualità è laica e universale. Supera ogni credo e fede specifica. In un certo senso, ne è un completamento.

Nella vita vi è uno scopo universale, divino, e uno scopo individuale. Questi due aspetti nell'antica alchimia si definivano rispettivamente Grande Opera e Piccola Opera. Ognuno di noi è tenuto a realizzarli entrambi. Da questa prospettiva, la *vocazione* è un moto profondo dell'anima verso la sua realizzazione più autentica. È ciò che accade quando la parte più luminosa di noi prende il timone dell'esistenza e orienta la vita secondo la volontà del divino che ci abita.

Ogni anima è un viaggio e la vita non è dunque un errore da correggere o un fardello da sopportare, ma una meravigliosa occasione di evoluzione. Ogni esperienza, caduta, incontro diventano un passo sul cammino del compimento spirituale. L'unico vero fallimento nella vita è non riuscire a incarnare pienamente ciò che siamo.

Vivere con uno scopo non significa dunque seguire un programma imposto dall'esterno, ma *riconoscere il nucleo spirituale libero dentro di sé e servirlo nella vita quotidiana*. La vita stessa diventa un processo di trasformazione progressiva di tutto il nostro essere, affinché la luce dell'anima possa incarnarsi e prendere possesso del nostro modo di vivere, amare, lavorare, servire. Questa è la vera libertà: *essere pienamente se stessi.*

E il vero successo non si misura in risultati esteriori, ma nella fedeltà a quel profondo fuoco interiore che ci guida. La realizzazione non è un traguardo lontano, ma uno stato dell'essere che si abita nel presente, nella dedizione costante al vero, al bello, al bene. Chi scopre la propria vocazione non è colui che «decide cosa fare della propria vita», ma colui che lascia che la Vita stessa gli riveli il suo significato.

Sfatiamo un mito: non sempre la chiamata nasce nel cuore della notte, o dopo una tempesta. A volte si rivela nel sole che entra da una finestra aperta, in un sorriso che non si riesce a spiegare, in un gesto che fiorisce spontaneo, come se esistesse da sempre. Chi crede che solo la sofferenza possa aprire le porte della verità si sbaglia. La *vita spirituale e consapevole* non è fondata sul dolore, ma sulla *gioia dell'essere*, sul fiorire naturale dell'anima che riconosce la sua via senza sforzo, come un fiume che scorre verso il mare, come le radici che affondano nella roccia. A volte la vocazione si mostra come un canto. È il momento in cui ti ritrovi a fare qualcosa che ti rende vivo, non perché sia perfetto, utile o grandioso, ma perché ti mette in contatto con una felicità essenziale, silenziosa, pulita. Una felicità che non dipende da nulla, semplicemente è. Questa rivelazione può avvenire cucinando, scrivendo, insegnando, camminando, suonando, nel silenzio, in un bosco, in un carcere, accarezzando un animale. Non è l'atto in sé, ma la qualità di presenza, verità e amore che si manifesta. È lì che la vocazione si svela naturalmente. La felicità esistenziale è uno dei segnali che stiamo facendo ciò per cui siamo nati. Un altro è la gioia naturale: la prova che l'anima ha detto sì.

La vocazione è una sintonia. La vita interiore e quella esteriore si allineano e tutto in noi dice, senza dubbio: «È *questo*». Non sempre serve toccare il fondo per risalire, a volte è sufficiente toccare un punto di verità. Per me la gioia è uno dei richiami più significativi della nostra natura profonda. Fare ciò che siamo senza sforzo e senza motivo provoca gioia. Lao Tzu, il grande saggio cinese, diceva: «Quando segui la tua felicità, l'universo si apre».

Un giovane pittore andò da un maestro zen e gli disse: «Maestro, non ho sofferto abbastanza. Come posso creare qualcosa di autentico?».

Il maestro lo guardò, sorrise, e gli chiese: «Quando dipingi, sei felice?».

«Sì, profondamente.»

«Allora il tuo dolore sarebbe solo un ostacolo.»

Durante un ritiro di meditazione mi trovai a condividere il silenzio con un gruppo di persone estremamente seriose. Il silenzio, pur essendo cosa seria, porta leggerezza, ironia e a volte anche piena risata. Immergersi nel silenzio e nella disciplina meditativa non vuol dire appassire. Proposi al gruppo di andare a meditare all'aria aperta, in mezzo a un prato. L'idea fu accolta, seppur con qualche resistenza. Quando però saltò fuori che il luogo prescelto era pieno di bambini che giocavano, alcuni si ribellarono apertamente. Quei rumori sarebbero stati sicuramente fonte di distrazione. Proposi allora di fermarsi qualche istante a osservare i bambini che giocavano tra gli alberi. Accettarono. Dopo alcuni minuti la loro attenzione si focalizzò naturalmente su un bimbo che sembrava giocare col vento. Correva inseguendolo, si lasciava attraversare con le braccia aperte, rideva alle sue raffiche. Che spettacolo! Poi il bimbo si avvicinò a noi, guardò con curiosità un partecipante barbuto e gli chiese spontaneamente: «Perché sei così serio?». Perfetto tempismo degli eventi. Il barbuto rispose senza concedere un sorriso: «Sto cercando la verità».

«Io sto giocando col vento» replicò il bimbo, col volto raggiante.

Lui no, non stava cercando la verità, la stava vivendo. Quando il cuore ama, tutto diventa preghiera. Il maestro mi ripeteva spesso che la gioia e la felicità sono importanti indicatori nel proprio cammino.

Penso anche a un breve scambio che ebbi con un musicista straordinario, un chitarrista. Nel gruppo di amici sapevamo tutti che era un autodidatta e non sapeva leggere la musica. Eppure, il suo talento naturale gli permetteva virtuosismi incredibili. Gli chiesi come facesse a creare tanta bellezza senza conoscere le note. La sua risposta mi è rimasta impressa, superando il tempo: «Non seguo le regole. Seguo la gioia delle mie mani. Quando la gioia guida le mani, la musica trova la sua forma».

Questo per dire che non sempre la verità si mostra tra le lacrime. La vocazione a volte cammina scalza nei giardini della gioia, si nasconde tra le dita che creano, tra le labbra che ridono, tra i gesti semplici di chi è fedele a ciò che ama.

Fino in fondo

Fino in fondo.
Questa è la risposta.
La domanda è irrilevante.

C'era una volta un uomo che cercava. Cercava il perché. Il senso. La ragione delle cose. Aveva consumato parole, pellegrinaggi, relazioni, mappe e maestri. Ogni volta che pensava di aver trovato qualcosa, scopriva che era solo un altro inizio, un'altra domanda.

Poi un giorno si fermò ai piedi di una montagna, sollevò lo sguardo e vide le cime solitarie. Quelle vette alte, spoglie e silenziose sembravano non promettere nulla. Ma lo chiamavano. Nessuna voce, solo un'assenza. Perciò, senza alcuna ragione, iniziò a salire. La sua scalata si rivelò lenta e spietata e non trovò alcuna risposta o ispirazione nel cammino, ma solo freddo, tanta stanchezza e grandi vuoti. Ogni tanto si fermava per prendere fiato e si chiedeva: «Perché sto facendo tutto questo?». Ma la domanda si sbriciolava tra i denti, come il pane vecchio e duro. Quando arrivò in cima, però, gli sembrò che il tempo fosse volato. Quasi non si era accorto che la vetta fosse già lì, tra le sue dita. Si guardò intorno... Nulla. Non c'era nulla. Nessun oracolo, nessuna visione, nessuna rivelazione. Solo tre cose: silenzio, vento e spazio.

Fu in quel momento che un pensiero attraversò la sua mente, come una nuvola nel cielo limpido. Un pensiero nitido, semplice, definitivo: «Fino in fondo. Questa è la risposta. *La domanda è irrilevante*».

La vocazione di ognuno non è fatta per essere capita, ma attraversata e vissuta. Essere presenti fino in fondo. Nella gioia, nel dolore, nella noia, nella meraviglia, nella tristezza, nella scoperta. Fino in fondo.

Un giorno il maestro mi disse che dovevo decidere se essere lì per interrogare il cielo o per diventare cielo. La scelta era tra essere qualcuno che cerca un senso ed essere senso che prende forma costantemente. E in effetti la mia vita è cambiata quando ho smesso di avere bisogno di inseguire grandi imprese e ho iniziato a togliere il velo alla bellezza di ogni gesto compiuto con verità. Davvero non c'è bisogno di fare rumore per lasciare traccia. Le stelle non gridano, eppure hanno guidato intere civiltà. Allora smettiamo di cercare altrove. Il faro è già acceso. Se chiudiamo gli occhi, possiamo vederlo. Rabindranath Tagore, uno dei più grandi poeti, scrittori e pensatori dell'India moderna, scriveva: «Io dormivo e sognavo che la vita era gioia. Mi svegliai e vidi che la vita era servizio. Ho servito e ho capito che il servizio era gioia».

Così anche ognuno di noi, amando fino in fondo, servendo fino in fondo, vivendo fino in fondo, scoprirà che la meta non è una conquista, ma uno stato. Uno stato dell'essere.

D'altronde, siamo ponti tra la terra che ci ha cresciuto e il cielo che ci chiama. La fiamma della vocazione che ci abita non è la scintilla di un istante, ma un fuoco eterno, che arde senza consumare e illumina senza chiedere nulla in cambio. Siamo semi che hanno la possibilità di non rimanere sepolti. Per germogliare dobbiamo rompere la nostra stessa scorza, esattamente nel punto in cui la vita ci ha piantati. In questa vita ogni caduta potrà essere un inchino e ogni lacrima un rito di passaggio.

Quella luce, una volta trovata, dovrà essere offerta senza misura, senza motivo e senza aspettativa. Dovremmo pregare di avere il coraggio di entrare in quel fuoco e la grazia di portarne il calore nel mondo. Perché, per vivere davvero, bisogna andare fino in fondo. È così che la vita diventa cammino e il cammino un canto.

Non si può amare a metà. Non sarebbe amore. Non si può servire il mondo con una mano trattenuta. Non si può essere vivi per contratto. Ci vuole un *sì* integrale, che non risparmia nulla. In quel sì, pronunciato con fermezza, io ho trovato pace.

Il mondo ha bisogno di esseri umani profondamente veri. Di anime che bruciano di significato. Di presenze che non delegano agli algoritmi il senso della propria esistenza. Persone che hanno deciso, radicalmente, di vivere il proposito che le attraversa, che le chiama a essere strumenti, ponti, fuochi.

Non tutti comprenderanno questa scelta. Ma di certo non siamo venuti per essere capiti. Sicuro è invece che chi dovrà essere ispirato non mancherà l'appuntamento.

Ti sei mai chiesto quale sia la vera paura che ti blocca? Qual è la paura più profonda, più nascosta che hai? Perdere tutto, impazzire, accorgerti che non sai chi sei? Paura della morte, del dolore, della solitudine, di non avere più tempo, di invecchiare, di svuotarti, di non valere nulla? Sotto ogni paura, se scavi a fondo, ce n'è una ancora più profonda che si nasconde. Le paure cambiano durante il corso delle stagioni della vita. Le attraverseremo tutte. Tra le più abissali che ho scorto negli occhi e nel cuore delle persone c'è quella di perdere chi crediamo di essere. Nonostante si tratti di un personaggio transitorio, di un ruolo, di un insieme di idee proprie e altrui, è una delle paure più radicali. Eppure, anche le paure, per quanto profonde, non sono che sovrastrutture. Alla fine cadrà tutto, attraverseremo ogni cosa. Quante illusioni dovremo lasciar cadere per poter splendere veramente nel nostro fondamento esistenziale? Per sentirci liberi di seguire la nostra ragion d'essere? Fino a quel momento non inizieremo davvero a vivere. Quando tutte le illusioni cadono, invece, e non resta più niente, allora resti tu. Quella nudità mostra ciò che sei.

Fino in fondo.
Questa è la risposta.
La domanda è irrilevante.

La vocazione per la guerra

«La vocazione di un Generale è la guerra?»

Nico Caiazza è Generale dei bersaglieri dell'Esercito Italiano. Non potevo che farla a lui questa domanda.

«La vocazione di un soldato non è la guerra. La vocazione di un soldato si dovrebbe ispirare al giuramento di fedeltà alla difesa della patria, della Costituzione e delle libere istituzioni. La nostra Costituzione ripudia la guerra come mezzo di offesa e promuove la pace.»

Articolo 11 – Costituzione della Repubblica italiana
«L'Italia ripudia la guerra come strumento di offesa alla libertà degli altri popoli e come mezzo di risoluzione delle controversie internazionali.»

Riprende: «Nella mia professione ho cercato di essere sempre coerente con questo giuramento, che ho voluto interpretare anche come servizio al bene. Più che un dovere, per me, si è trattato di una scelta consapevole, perché ho sempre sentito forte il bisogno di servire, di rendermi utile per qualcosa di più grande».

Mentre il Generale Caiazza parla, la mia mente vola tra pagine della *Bhagavadgita*, straordinario poema epico indiano, in cui un guerriero (*kṣatriya*) ha come vocazione (*svadharma*) quella di proteggere ciò che è giusto, guidare con saggezza e fermezza, servire il bene superiore, anche a costo di sacrifici personali, e agire con coraggio e senza attaccamento al risultato, per il bene comune.

«Da bambino mi ripetevo spesso: "Quando sarò grande farò l'eroe". Mi piaceva cioè pensare di poter salvare qualcuno. E questa vocazione l'ho portata anche dentro le missioni che ho avuto l'onore di servire. Mi sono sempre chiesto in che modo e dove potessi salvare un essere umano» continua.

«Hai salvato delle vite durante le missioni?» gli chiedo.

«Ti racconto una breve storia, quella di una bambina di due anni e mezzo. Ero in missione in Iraq. Lì mi ero dato proprio il compito di salvare una persona. Per me era come una missione dentro la missione. L'ho cercata nel nostro ospedale da campo, pieno di casi disperati. Mi colpirono in particolar modo gli occhi e il sorriso di una bambina. Aveva una doppia malformazione, spina bifida e idrocefalo. La testa era sproporzionatamente grande, piena di acqua; la base della colonna vertebrale era martoriata da un intervento chirurgico andato male, che l'aveva paralizzata negli arti inferiori. Non le avevano dato molte speranze di vita. Ho fatto tutto quello che potevo per trovare un istituto in Italia che la potesse assistere. Le difficoltà sono state tantissime, ma alla fine ci sono riuscito. L'ospedale pediatrico di Ancona l'ha seguita nelle cure necessarie. Qualche giorno prima di incontrare questa bambina, c'era stato un evento tragico nel contingente militare di cui facevo parte. Un nostro mezzo blindato era stato colpito da un razzo che ne aveva perforato la corazza ed erano morti tutti i colleghi al suo interno. In quel convoglio avrei potuto esserci io, insieme al mio team più stretto. Ma la sera precedente avevo ricevuto una telefonata del mio contatto iracheno che mi sconsigliava di uscire, perché la macchina che avrebbe dovuto prestarci per fare un servizio, con targa irachena, non era più disponibile. Quella telefonata ci salvò la vita. Dopo questi fatti scelsi quella bambina perché nei suoi occhi c'era la speranza. Non volevo reagire alla violenza con altra violenza, ma con un messaggio che portasse quella speranza alla popolazione locale. Sia in Iraq sia in Italia si è parlato di questa bimba, accolta con grande affetto. Un piccolo atto di guarigione per tutti.»

Mentre parla, penso a quanto sia delicata la vocazione di un militare: laddove non sia autentica e profonda, rischia di trasformarsi da protezione e servizio a una pericolosa visione radicalizzata, narcisista, divisiva. Coltivare la leadership in ambito militare richiede, ancor più che in altri contesti, grande integrità, apertura interiore e attenzione alla dignità di tutti.

«Tu perché hai fatto la carriera militare?» gli chiedo.

«All'inizio per senso di colpa nei confronti di mio padre. Mentre svolgevo il servizio di leva obbligatoria, seppi che erano previsti cinque giorni di licenza per chi avesse partecipato al concorso per entrare in Accademia Militare a Modena. Volevo quei giorni di permesso e partecipai. Con mia sorpresa, superai la prova scritta, ma non ero assolutamente intenzionato a intraprendere la carriera militare. Telefonai a mio padre per dirgli che sì, ero passato allo scritto, ma non me la sentivo di proseguire. Insistette tantissimo. In realtà, quella era la sua ambizione. Era il suo desiderio, non il mio. In quella circostanza fui irremovibile e gli dissi che non mi interessava nella maniera più assoluta.

Per me l'argomento era chiuso. Un paio di giorni dopo, però, mia madre mi disse che papà aveva subito un intervento chirurgico, per un malore improvviso, che collegai alla mia telefonata. Sentii un forte senso di colpa per la delusione provocata a mio padre e il dovere di recuperare. Quindi dissi a mia madre: "Vabbè, digli che ci vado, farò il tirocinio. Non garantisco nulla, ma ci provo". E da quel momento iniziò tutto. Non fu per niente facile. Ma oggi posso solo esprimere gratitudine a mio padre e al suo malore perché, nonostante abbia vissuto diverse situazioni di contrasto dovute a ordini e gerarchie che mal digerivo, sono riuscito a trovare il significato profondo e il senso più alto di una professione che ho interpretato come missione.»

«Ma anche se non hai iniziato la carriera militare per vocazione, l'hai poi trovata?»

«A un certo punto l'ho sentita forte, inaspettatamente, proprio in quel contesto. Il primo giorno che sono stato assegnato al reparto operativo è subentrato il senso di responsabilità. Trovandomi di fronte cento bersaglieri e duecento occhi che mi guardavano, duecento orecchie che mi ascoltavano, sentii una grande responsabilità nei confronti di tutti quei ragazzi che cercavano in me un esempio di integrità, coerenza e valori. A quel tempo c'era il servizio di leva obbligatorio e questo amplificò il mio sentire. Lì c'era da essere attori, non meri spettatori. Prima ero dall'altra parte del palco, come uditore, come allievo, ma adesso stava a me trasmettere quello che avevo coltivato dentro.»

«Cos'è per te la vocazione, Nico?»

«Per me è coerenza con il mio scopo di esistenza. Essere presenti alle chiamate importanti della vita senza tirarsi indietro. Coerenza anche nelle scelte che si rivelano sbagliate, nel senso di imparare da tutte le esperienze, di migliorare attraverso qualunque circostanza.»

5
La tua vera natura

Accordi

Il maestro mi invitò a sedermi in silenzio accanto a un albero antico, nel giardino interno della sua casa di Assisi. «Anche se quest'albero si trova nel giardino della casa in cui abito, io non lo possiedo» disse indicandolo. «Il suo tronco, le sue radici, i suoi rami e le sue foglie non mi appartengono. La sua presenza, se ascoltata, diventa un dono da cui imparare.» In quell'istante, mentre l'odore della resina si mescolava all'umidità dell'aria, compresi quanto sia folle l'idea che dominare la natura sia sinonimo di progresso. Aggiunse, con un filo di voce: «La tua vera natura è la natura. Più ci sentiamo separati dal mondo naturale, più cerchiamo di dominarlo e assoggettarlo, e più ci allontaneremo da noi stessi». Pensai a tutte le volte in cui avevo usato l'espressione «ho bisogno di andare in natura», come se la terra e gli altri esseri viventi fossero stranieri, separati dalla mia idea di mondo umano. La radice di tutto questo è la paura. A causa sua siamo diventati alieni a noi stessi e a nostra madre: la natura.

Il mio è un invito ad accordare il proprio passo a quello delle stagioni, perché per vivere appieno il senso della propria esistenza bisogna farsi nuovamente natura, ricoprirsi col suo manto. Come può un albero crescere per arrivare fino al cielo e dare frutto, se le sue radici non sono più collegate con la terra? Il vero sapere è «sapersi», conoscere se stessi in essenza e vocazione. È questa la radice della felicità e della pienezza di una vita vissuta davvero.

E questa sapienza non risiede negli intellettuali, nei loro ragionamenti raffinati e nelle parole forbite. Non fatevi ingannare. Colto non è chi accumula una quantità straordinaria di informazioni e conoscenze, ma chi sa ascoltare gli altri e comprendere in sé ciò che ha sentito, in spirito di compassione. Colto è chi sa riconoscere la propria legge naturale e farne servizio. È questa la cultura di cui abbiamo disperatamente bisogno. Non di nozionisti, ma di anime che conoscano la propria legge naturale e la vivano coerentemente. È la voce dell'albero che ci parla di radici e di pazienza, del torrente che insegna il coraggio di fluire oltre gli ostacoli, del seme che dentro l'oscurità del suolo matura nell'invisibile, prima di fiorire.

Questa cultura naturale è la ricchezza da perseguire: non dogmi accademici, ma anime che sappiano abitare l'amore come materia viva. Quando permettiamo al mondo naturale di diventare la nostra scuola, non solo scopriamo chi siamo, ma impariamo anche a realizzare nel concreto la nostra vocazione, servendo la vita nella cura dei cicli, nel gesto gentile, nella creazione di bellezza. In questo spazio di armonia tra l'io e il cosmo, lo *svadharma* non resta più un concetto astratto, ma diventa l'atto quotidiano di intimità con la natura: un continuo germogliare e fiorire nel grande giardino della vita. Quando dimentichiamo di coltivare il nostro *svadharma*, anche se raggiungiamo il successo, siamo come animali domati e addomesticati. Smarriamo la nostra essenza.

Rabindranath Tagore scrisse: «Impariamo a estrarre dalla natura non la violenza dell'oro, né il fuoco delle armi, ma la poesia del fiore e la saggezza dell'albero». Quando impareremo a leggere le foreste, i corsi d'acqua e le pietre, riscopriremo noi stessi, quella scintilla creativa che ci rende unici e ci orienta verso la vita che ci appartiene davvero. Ci sentiamo separati, non è vero? Dagli altri, da noi stessi, dall'ambiente. Eppure è indissolubile il rapporto tra l'uomo e il cosmo. Il respiro unisce ogni creatura, non siamo isole separate. L'io personale, con le sue gioie, paure e aspirazioni, è in realtà un'eco del cosmo che pulsa dentro e fuori di noi. Solo comprendendo o anche solo intuendo questa unità, possiamo trascendere i limiti imposti dall'ego e liberare la nostra vera essenza.

Quando ci sentiamo connessi al flusso vitale, la scelta del nostro compito diventa naturale, non imposta. Il superamento di un senso di identità limitato e l'espansione della coscienza coincidono con l'emergere dello scopo autentico. Mentre l'ego cerca riconoscimento e potere, lo *svadharma* nasce dalla consapevolezza di essere parte di un disegno più ampio. Analogamente, vivere il proprio *svadharma* significa trovare senso e bellezza in ogni gesto, non solo nei grandi traguardi.

A volte sento di essere come un piccolo ruscello che scorre, mai uguale a se stesso, eppure sempre parte della montagna. Così la mia vocazione si modella nel fluire degli accordi del mondo.

Confini

Nel riconoscere la nostra connessione universale, il compito individuale emerge come servizio agli altri esseri e all'ambiente. Ogni talento, ogni inclinazione diventano offerta: il medico che cura con empatia, l'insegnante che trasmette stupore, l'artigiano che plasma bellezza. Il vero cuore dello *svadharma* non cerca allori, ma esprime la nota che risuona nel grande coro della vita. Anche se l'abbiamo scordato, siamo tutti alla ricerca del punto in cui sentiamo dissolversi il confine tra noi e l'universo. La vocazione lì si fa chiara, la sua voce udibile e cristallina.

Quando è stato, se c'è stato, l'ultimo momento in cui ti sei sentito parte di qualcosa di più grande? Quali sensazioni ti ha dato quella condizione interiore?

Immagina due persone sotto lo stesso cielo: una abita in una casa di cemento, l'altra in una capanna di legno tra gli alberi. La prima ha soffitti alti e finestre sigillate. La sua abitante teme la pioggia, il vento, l'ombra degli uccelli. Per questo ha eretto barriere, regolato la temperatura, domato il giardino con erbicidi. Dominare la natura è per lei un atto di difesa: la paura di ciò che non conosce la spinge a imporre la propria volontà sul mondo esterno. L'altra persona, invece, vive in armonia con il respiro della foresta. Le pareti della sua casa sono fatte di rami intrecciati e muschio: attraverso di esse entra il canto dei grilli e il coraggio delle tempeste. Non teme la pioggia perché sa che è linfa per le radici; non fugge il vento perché riconosce in esso il respiro stesso del bosco. Sa quando pioggia e vento arriveranno, sia fuori sia dentro di sé.

Conoscere la natura significa dialogare con i suoi ritmi, essere grati all'acqua, camminare lasciando impronte che il tempo cancellerà.

Se guardo le nostre città, vedo che ogni mattone è un «ti tengo lontano», «ti tengo fuori dalla mia vita». Costruire è diventato separare. La casa di cemento e mattoni è un microcosmo climatizzato, pulito, silenzioso. Ma dentro c'è un cuore che batte a un ritmo innaturale, escludendo la natura, le foreste, gli altri esseri. La nostra paura ha trasformato la natura in nemica: un concentrato di pericoli da cui difendersi e non una maestra da cui apprendere.

La propria vocazione equivale alla propria natura autentica ed è per questo che avvicinarsi a madre natura aiuta ad abbattere i confini. In India ho incontrato persone che vivono ancora nelle foreste. Si rifiutano di costruirsi delle case. Dicono che la vera casa è lì, che la natura è un'arte di relazione con se stessi. Ho imparato molto osservando il loro modo di vivere. Mi ha fatto comprendere meglio la nostra malattia, quella che chiamiamo civiltà. Vivono senza separazioni e accolgono il cambiamento come un fratello. Non hanno perso fiducia nella natura della vita. È quella fiducia a liberarle dal bisogno di governo: insegna loro a adattarsi, condividere, diventare parte del respiro universale. Chi ha paura cerca il controllo, il dominio e il rifugio. Chi conosce la vita celebra l'armonia, la consapevolezza, la realizzazione. Spesso cerchiamo di dominare la natura e gli altri esseri, di sottometterli con violenza, per insicurezza e paura. Scegliere di abitare la foresta, letteralmente o metaforicamente, significa invece recuperare la libertà di ascoltare, comprendere e rispondere al richiamo più profondo del proprio Sé. È smettendo di erigere muri che potremo scoprire che la casa più sicura non è di pietra, ma è quella che costruiamo dentro di noi, fatta di apertura, curiosità e complicità con la natura, una madre che sa indicarci la strada verso il nostro vero scopo.

Quando ci allontaniamo dal ritmo naturale, vivendo in case sigillate, divorati da impegni fuori tempo, calendari che non rispettano il respiro della vita, perdiamo anche il filo che conduce al nostro *svadharma*. A questo serve il *roaming wild*: a uscire da tale torpore, a spezzare la maglia dell'illusione. Ogni vocazione ha un tempo per germogliare e un tempo per raccogliere. Si tratta proprio di ritornare «a tempo» con il mondo. Il periodo della semina interiore: come il contadino che sparge il seme nella terra umida, anche noi dobbiamo preparare il cuore con pazienza, nutrirlo di silenzio e di meditazione prima che l'idea prenda forma. Poi viene il tempo della germinazione nascosta: sotto il suolo, lontano dagli sguardi, il germoglio si allunga, senza fretta. Allo stesso modo, molti talenti maturano in profondità, nella riflessione, nell'errore, nella fatica, e non dobbiamo disperare se non vediamo subito i risultati. Poi, al momento giusto, ecco la fioritura e il frutto. I frutti del nostro impegno dovranno essere donati per sfamare il mondo, così come fanno gli alberi e le piante.

Avvicinarsi alla natura per sentire la vocazione è un ritorno al ritmo dell'orologio primordiale. In questa danza tra seme e fiore si rivela la via del nostro compito più autentico.

Le mura delle moderne civiltà lasciano tracce profonde anche nella nostra mente. Molto più di quanto possiamo immaginare. Stabiliscono nei codici mentali il principio *divide et impera*, che si nutre di diffidenza. Il nostro livello di coscienza attuale ci spinge ad applicare il principio di isolamento a tutto ciò che ci sembra di aver conquistato. Separiamo le nazioni tra loro (anche costruendo muri), le conoscenze, le tradizioni, i deboli dai forti, i ricchi dai poveri. L'essere umano si è talmente impoverito da un punto di vista spirituale, che guarda il mondo naturale come una somma di risorse da gestire e sfruttare: foreste da tagliare, corsi d'acqua da incanalare, specie da catalogare. I leader mondiali al potere sono privi di una visione sistemica: l'interdipendenza di suolo, acque, aria, piante e animali. Il *divide et impera* della modernità ambientale e politica ci porta a trattare ogni elemento come un compartimento stagno da assoggettare e sfruttare, anziché come facente parte di un tutt'uno vivente. I nostri impianti idroelettrici prosciugano i fiumi, le monocolture impoveriscono il terreno, le recinzioni ostacolano i grandi spostamenti degli animali migratori.

Ogni elemento, invece, è parte di un ecosistema unico, di cui siamo ospiti e custodi. Anziché frammentarlo in compartimenti chiusi, potremmo ricomporre il senso ascoltando le relazioni sottili tra terra, esseri viventi e umanità.

Allo stesso modo, anche noi tendiamo a dividerci in ruoli separati: il professionista, il genitore, l'amico, il volontario. Ogni mansione ha i suoi obiettivi, le sue metriche di successo e i suoi confini. Ma così facendo rischiamo di diventare «pezzi» scollegati, costringendo i talenti a viaggiare frammentati, mai integrati in un unico flusso di senso. Che si chiama vocazione: lo *svadharma*, il fondamento esistenziale, una chiamata che attraversa e dà senso a tutti gli aspetti della vita.

Per tornare a essere integri dobbiamo smettere di dividere i pezzi della nostra esperienza e ricomporli in un racconto coerente. La vocazione non è un ruolo isolato, ma il filo d'oro che attraversa ogni attività, anche la più umile, perché la trasforma in servizio e bellezza. Potremmo cercare connessioni tra specie, ecosistemi, momenti della nostra vita. Tra il mondo interiore e quello esteriore. E riconoscere il valore intrinseco di ogni essere, di ogni talento. Anche il più piccolo gesto diventa un atto sacro, quando è rivolto a nutrire l'insieme. Abbiamo paura di spezzare le catene del controllo e della divisione. Eppure, è solo quella la strada per imparare ad abitare il pieno senso di sé e del mondo, tessendo insieme talenti, natura e vocazione in un unico paradigma di bellezza.

Il processo di isolamento che utilizziamo come principio di difesa e controllo ci rende profondamente sospettosi verso tutto ciò che si trova oltre le barriere che costruiamo. Quella che chiamiamo civiltà tecnologica si è invero scollegata dalla natura, che utilizza esclusivamente come risorsa per estrarre le terre rare e i componenti necessari ad alimentare questa grande e folle corsa verso il progresso. Ma non vi è niente di più lontano dal progresso di ciò che sta accadendo, infatti la nostra mente si è ammalata. Crede che vivere nelle foreste, come le persone incontrate in India, e tornare in natura comporti una regressione dell'intelligenza umana, ci restituisca allo stato di selvaggi, portandoci a perdere gli ideali che hanno elevato il genere umano. In realtà, quella che oggi chiamiamo vita è sempre più aliena dalla natura e dalla vocazione dell'anima. Le ho osservate bene quelle persone: la loro esistenza, quei volti, la luce che avevano negli occhi. La loro scelta di vita non ne ha impoverito l'animo, né ridotto l'energia creativa, l'ha semplicemente spinta verso una direzione particolare. Ho ascoltato con attenzione i loro cuori. Erano privi del desiderio di possedere, di isolare, di dominare ed erano invece ebbri di desiderio di conoscere, comprendere ed espandere la loro coscienza nel loro ambiente naturale (e non a discapito di esso). Sentivano istintivamente che nella vita l'isolamento è contro natura e l'unico modo di realizzare se stessi e la propria vocazione era quello di essere compenetrati dall'esistenza. Lo scopo delle loro vite era l'armonia tra spirito dell'uomo e spirito della natura. Nei loro occhi trovai un ideale di vita altissimo, fondato sull'autoconoscenza e sulla dignità di una vita semplice. Vivere in altro modo è davvero possibile e non è in contrasto, diversamente da quanto possiamo credere, con le gioie della ricchezza materiale. Forse gli alieni in questa terra siamo proprio noi, immersi e circondati da macchine e da bisogni che da superflui e tossici sono diventati insostituibili, imprescindibili. La nostra civiltà si bea dei suoi progressi, si inorgoglisce al pensiero di poter dominare la natura. Ma questa attitudine si fonda sull'idea di un mondo ostile, dove tutto ciò che è necessario alla nostra sopravvivenza deve essere conquistato contro un ordine di cose a noi nemico. Questo modo di pensare, questo codice esistenziale, si è formato proprio tra le mura della nostra civiltà, dove ci siamo concentrati esclusivamente sulla nostra vita e sulle nostre opere. La nostra vocazione è l'elemento naturale più profondo e autentico che esiste in noi ed è per questo che è così importante ritrovare armonia con la natura universale.

Ritorno alla natura interiore

Quando ci separiamo dalla vita e dalla natura, mediante barriere mentali, emotive e fisiche, ci trasformiamo in esseri umani divisi dentro di sé e dai propri simili. È una separazione molto violenta quella che alimentiamo quotidianamente. Per questo processi come il *roaming wild* possono aiutarci a rompere gli schemi artificiosi e a riconnetterci. La lontananza spirituale dalla natura ci fa perdere la capacità di comprendere il linguaggio della vocazione; la nostra mente diventa sempre più complicata e crea problemi irreali e soluzioni complesse e distanti dalla saggezza della natura.

Realizzare, capire profondamente l'originale unità della creazione non è una semplice speculazione filosofica, ma un'esperienza reale, uno stato di coscienza che diviene lo scopo e il fondamento della vita: vivere in armonia con questa consapevolezza nel pensiero, nel sentimento e nell'azione. Per far ciò è necessario attribuire a ogni cosa un significato spirituale: all'acqua, all'aria, alla terra, al fuoco, al sole, all'amicizia, alla nascita e alla morte, alla rabbia, alla solitudine, alla felicità, al tradimento, alla fedeltà. Il contatto con esse non sarà più semplicemente un'esperienza sensoriale, fisica e mentale, ma una presenza abitata dalla coscienza, dalla pura consapevolezza di essere. Quando non sentiamo questa affinità spirituale col mondo, ci rinchiudiamo inconsapevolmente in un'invisibile prigione. Solo una rivoluzione in termini spirituali, senza alcun contrasto con la scienza, che si sta avvicinando sempre più a questi concetti, può farci riconoscere in ogni cosa la stessa coscienza essenziale eterna. Una dimensione che ci permette di scoprire il significato autentico della vita, del mondo e di noi stessi, entrando in armonia con l'universo.

Durante i miei tanti viaggi in India, rimasi colpito dal fatto che la cultura di quel Paese tende a evidenziare e prestare estrema attenzione alla relazione fisica e spirituale con tutto ciò che ci circonda. Salutano il sole, ringraziano il cibo, si inchinano davanti alla terra fertile, ai ruscelli, alle mucche e ai tori. Tutto viene considerato come manifestazione vivente della stessa verità e unità fondamentale, che comprende anche l'uomo. È riconoscendo questa verità ovunque che gli indiani conoscono se stessi, stabilendo e celebrando costantemente l'armonia con tutto il creato. La medesima fratellanza e sorellanza celebrata da san Francesco nel *Cantico delle creature*. Il vero potere nelle mani dell'uomo non si traduce in possesso, dominio e controllo, ma in unione e armonia. Il mio maestro mi diceva che, proprio per questo sentimento di fratellanza e sorellanza con la vita, un intero popolo rinunciò a nutrirsi di animali.

Dare la vita

Una madre che veglia il suo neonato cullandolo. Il suo petto è un'altalena di respiri, mentre la vita pulsa fragile tra le sue braccia. Oppure un padre che, rientrando nel cuore della notte, si china sul sonno tranquillo del bambino e sente chiaro l'istinto di difenderlo da ogni ombra. Queste due immagini così semplici e potenti custodiscono una promessa silenziosa: «Darei la mia vita per te». Dare la vita ai e per i propri figli è inscritto nel codice biologico ed emotivo. Si donano calore, protezione, nutrimento, ore di veglia e, se necessario, la stessa vita. È una dedizione che non chiede nulla in cambio. Similmente, scegliere di dare la vita alla propria vocazione significa accettare di offrire tempo, energie, sogni e paure su un altare interiore, giungendo anche a sentire di voler dare la vita stessa. È un momento, per chi ci arriva, di una forza indescrivibile. Dare la vita alla vocazione è un atto generativo: chi lo compie contribuisce a far crescere intorno a sé un mondo più vibrante e autentico. Ci sono gioia e leggerezza nel cuore, che rimane così irrimediabilmente aperto. Nel portare la propria chiamata all'esterno, attraverso un lavoro, una missione sociale, una ricerca spirituale, vediamo fiorire bellezza e significato negli altri attraverso il dono della nostra natura.

Il dare la vita non è mai un prezzo pagato, ma un dono d'amore. La genitorialità e la vocazione condividono questo. Si tratta di nutrire un seme che ci trascende, di avere fiducia nel frutto della vita, credere che quel piccolo corpo, quel progetto interiore, diventerà testimonianza di verità. Ho provato una pace profonda dentro di me, che nasce dal sapere di stare onorando il senso più autentico dell'esistere.

C'è qualcosa per cui daresti veramente la vita? Esiste qualcosa capace di portarti oltre te stesso, l'egoismo, l'attaccamento, la stanchezza, la cupidigia? L'hai trovato? Lo stai celebrando? Perché questa è una delle chiavi per capire lo spirito della vocazione. Più ci immergiamo in questo sentimento, più comprendiamo che il vero prezzo vocazionale non è economico, ma esistenziale: è accettare di rinunciare al controllo, di esporsi alle critiche, di camminare senza rete. È proprio lì che si apre lo spazio della pienezza, quando un'energia più grande ci attraversa e sentiamo la pace profonda che nasce dal vivere in consonanza con il nostro scopo. C'è qualcosa che fa battere il tuo cuore più forte di ogni timore? Cosa ti trattiene dal pronunciare queste cinque parole: «darei la vita per questo»? La firma di un impegno assoluto, il dono del battito del nostro essere, il sentimento e la devozione nel servire qualcosa più grande di noi, che ci spinge oltre il punto estremo.

La prima volta in cui ho sentito queste cinque parole dentro di me, si è sciolto qualcosa di antico nel cuore. Non si è completi in questa vita fino a che non si apre questo spazio interiore, e incontriamo qualcosa che ci spinge a dire che sacrificheremmo la vita per quello. Il termine «sacrificio» nasce dal latino *sacrificium*, composto di *sacer* e *facere*, «rendere sacro», offrire all'altare ciò che più conta per noi. Quando poniamo la nostra vita ai piedi della vocazione, compiamo un sacrificio completo: rinunciamo all'illusione di un'esistenza frammentata, ai piani di riserva, all'ansia di avere un'uscita di sicurezza.

È un compromesso totale, un dono senza riserve. Ed è questo stato interiore che apre alla pace. Dire che daremmo la vita non significa aspirare a un martirio letterale, ma proclamare un'intenzione più grande di qualsiasi ostacolo: la vocazione diventa il territorio in cui si misura il valore dell'esistenza. Proprio lì, in quella dedizione totale, i nostri timori si sciolgono come neve al sole. Accogliere quel richiamo interiore concede la grazia di vivere senza rimpianti, di camminare senza guardarsi alle spalle, di aprire finalmente quelle ali. L'hai trovato ciò per cui pronunciare quelle parole? Il grande paradosso è che più si dona, più si riceve. Il cuore che si apre alla vocazione scopre un nutrimento invisibile, una gioia profonda, un senso di appartenenza senza eguali, a se stessi e al miracolo della vita. Ma, soprattutto, quando il cuore si apre alla vocazione, realizziamo la consapevolezza di non essere mai soli. La vita offerta ritorna moltiplicata, come un frutto che spunta dal terreno generoso, grazie al dono della vita del seme. In questo spazio sacro, la pace non è un premio futuro, ma la veste che già indossiamo.

Quando la Natura Sì fa casa

Cosa accade alla vita delle persone che hanno trovato e seguito la loro vocazione? A quelli che vivono un profondo e autentico senso di missione? A chi ha trasformato la vocazione in una professione che porta avanti con passione? Come si è trasformata la loro esistenza? Ma, soprattutto, come ci sono riusciti? Quali prove hanno dovuto affrontare?

«Stai seguendo la tua vocazione?» chiedo.

«Io credo che la vita di una persona consista nella ricerca della vocazione, dell'identità profonda e anche della missione che si ha nel mondo. Nel mio caso, devo confessarti, Daniel, è venuta lei da me.» Fabio Brescacin parla diretto. E va subito al dunque. Ha fondato NaturaSì, punto di riferimento dell'agricoltura biologica in Italia (e non solo). È una vocazione viscerale la sua, che emana dalla passione con cui parla, agisce e cura ciò che fa.

Riprende.

«In qualche modo, quello che ti accade nella vita ti porta verso la tua vera vocazione. Per quel che mi riguarda un passaggio importante è stato la morte di mio padre. Lui aveva quarantasei anni quando se n'è andato e io ero un ragazzino di diciassette. Quell'evento sconvolse la mia vita non solo interiormente, cambiò radicalmente anche le condizioni esterne. Ho letto il testo di una conferenza di Rudolf Steiner in cui parla della vita di Raffaello Sanzio, uno dei massimi maestri del Rinascimento italiano. Steiner afferma che quando il padre di Raffaello, Giovanni Santi, un discreto pittore al servizio del duca di Urbino, viene a mancare, accompagna Raffaello dal mondo dei defunti. Ha guidato il figlio a compiere il suo destino, a seguire la sua vocazione e diventare il genio che è stato. Io credo che veniamo aiutati dal mondo invisibile. Mio padre aveva un impulso sociale molto importante, una passione forte. È come se mi avesse lasciato il testimone. Mi sono sentito sempre guidato a realizzare quello che mai avrei potuto, da solo. Avrei dovuto fare Ingegneria e invece mi sono iscritto ad Agraria, anche se tutti mi chiamavano ingegnere. Studiando, ho scoperto che l'agricoltura avvelena il pianeta e proprio in quel momento, per una casualità apparente, che tale non era, come tu ben sai, ho incontrato l'agricoltura biodinamica. Lì ho capito immediatamente. Mi sono detto che quella era la mia strada. Non ho avuto dubbi.»

«Come l'hai vissuta interiormente?» domando.

«Questa cosa mi è venuta incontro quasi come una folgore. Non sapevo come, ma ero sicuro che quella strada avrebbe conciliato le mie aspirazioni e la mia vita, la mia visione etica e la mia professione. Non avevo idea del modo in cui sarebbe accaduto, ma ne ero certo. Quindi io credo che la vita ti conduca, ti guidi a trovare la tua missione. Ognuno ce l'ha. Anche un'azienda, che da un certo punto di vista è un essere vivente. Certo, è fatta di persone, di bilanci, ma oltre a ciò ha un suo spirito, una sua vocazione. NaturaSì, che io ho contribuito a fondare e guidare in questi anni, ha un'anima viva. Tutti cerchiamo di realizzare sempre meglio il nostro scopo di vita, nel corso degli anni, lo stesso vale per un'azienda. La vocazione di NaturaSì è stata chiara fin dall'inizio, poi si è arricchita nel tempo. Adesso abbiamo compiuto quarant'anni e stiamo programmando i prossimi quaranta. E lo facciamo con la stessa passione, per realizzare la missione originaria: la cura della terra, la produzione di cibo sano, il superamento dell'egoismo della vita economica.»

«Credi davvero che un'azienda sia come un essere vivente?»

«Certamente. Ha uno spirito, un'anima e una missione. Ed è unica. L'anima dell'azienda è fatta da tutte le persone che collaborano, come le cellule del nostro organismo. Più è chiara la sua vocazione, più è chiaro, in un certo senso, il suo compito spirituale. Questo è quanto sono arrivato a sperimentare in questi anni di lavoro.»

«Parlando della vocazione, mi ha affascinato sentirti dire che è stata lei a cercarti» osservo.

«Penso che ognuno abbia una responsabilità personale. Occorre cioè investirci in termini di attenzione, riflessione, approfondimento. Però, al contempo, bisogna anche essere aperti a quello che viene incontro dall'esterno. Nel mio caso la vocazione è venuta davvero a cercarmi. Devo dirti sinceramente, non avrei mai pensato di dedicarmi al commercio. Era lontano dalle mie corde. Però ho saputo da subito che l'agricoltura biologica e biodinamica sarebbe stata la mia missione. Sai, da giovane ti chiedi cosa vuoi dalla vita, cosa devi fare. Ma finché te lo chiedi, non vien fuori niente. Il passaggio c'è stato quando ho cambiato la domanda. Non cosa voglio fare, ma cosa la vita vuole da me.»

«E a quel punto cosa è accaduto?»

«Quando la domanda è cambiata, mi si è aperta la vita, una cascata di opportunità. Ma prima bisogna cambiare interiormente. A quel punto appare una strada incredibile. Più sei aperto e sei lì, al servizio, più le cose accadono in un flusso incessante di infinite possibilità. Poi chiaramente bisogna saperle cogliere, essere attenti, coscienti, svegli, abili.»

«Trovo molto bello quello che stai condividendo, anche perché si contrappone alla ricerca della vocazione in termini di performance. Una visione tipicamente occidentale che ci ha impoveriti tutti, tralasciando il concetto cardine di servizio. Togliersi di mezzo e ascoltare la vita, invece, mettendosi al suo servizio, è un duro colpo per l'ego. Com'è di preciso che la tua vocazione ti è venuta incontro? È accaduto un evento eclatante o più segnali ti hanno indicato la strada?»

«Per me è stato un momento chiarissimo. Nella facoltà di Agraria, a Padova, ci portavano a visitare delle realtà considerate all'avanguardia in quel periodo. Un giorno siamo andati in un'azienda biodinamica in Carinzia. Ne sono rimasto folgorato! Ho visto un'agricoltura armonica, che aveva l'anima, a misura d'uomo. Non sapevo come tutto si sarebbe realizzato, dove mi avrebbe condotto la vita, però per me è stato fulminante. Poi le cose si rivelano nel corso del tempo. Si apre una porta, poi un'altra, un'altra e un'altra ancora. Anche oggi si aprono porte continuamente. Così come ci sono momenti difficili, periodi in cui si attraversano crisi profonde. Quando passa un treno, però, devi prenderlo al volo. Devi saper riconoscere le opportunità e cogliere quelle giuste. Ognuno di noi deve fare la sua parte. Alcune porte si aprono solo al momento giusto. Tu fai un pezzettino e quello ti permette di farne un altro, che non potresti fare se ti mancasse quello precedente, e così via. Il cammino si svela camminando, si dispiega nel tempo. Per le persone e per le aziende. C'è una missione indelebile e unica, poi però pian piano si aprono delle opportunità, affinché essa si realizzi.»

«Sapevi come sarebbe andata a finire?»

«No, assolutamente. Devo dire che la vita è stata molto generosa, ci ha graziati tante volte e ci ha portati a fare delle cose molto significative, che non mi ero neanche lontanamente immaginato. Bisogna però essere sempre coscienti e lucidi, evitare di procedere in maniera nebulosa, prestare attenzione ai segni e imparare a riconoscere ciò che risuona dentro di sé.»

«Se avessi un gruppo di giovani davanti e ti chiedessero come possono fare ad accorgersi dei segni giusti, cosa gli diresti? Che indicazioni puoi dare?»

«Intanto bisogna avere il coraggio di vivere fino in fondo. Vivere anche i momenti di insoddisfazione, i momenti di crisi. Avere il coraggio di attraversare questi periodi e non mollare. Bisogna avere una domanda dentro e andare in giro per il mondo con questa domanda. Non necessariamente deve essere razionalmente chiara. È qualcosa che pulsa in te. Se è forte, dentro di te, quando ti si presenta qualcosa di nuovo senti se è giusto o no, se ti appartiene o meno. Insomma, senti se ti è venuta incontro la cosa giusta. Poi da lì si apre un'altra strada con altre possibilità. Il percorso a volte è tracciato, altre dobbiamo pensarci noi. Si tratta di un pellegrinaggio. La vita non è sempre una poesia, dove è tutto bello, tutto figo. No, non è così. Ci sono momenti di buio, altri in cui farsi domande, altri di coraggio, in cui bisogna tenere duro, e altri ancora di luce. Se non molli, ti vengono date le risposte. Ogni giorno io mi dico: "Ma cavolo, è un miracolo! Ogni giorno è un miracolo". Tu in qualche modo ti metti a disposizione, però tutto quello che succede è infinitamente superiore a quello che sei in grado di fare. Si presentano occasioni, aiuti, incontri. Ognuno ha la responsabilità di procedere in sincerità e rimanere aperto, il più puro possibile. Poi tutti perdiamo la direzione a volte, ma possiamo sempre recuperarla.»

«Secondo te la vocazione può essere scoperta e realizzata a ogni età, o bisogna essere necessariamente giovani?»

«Secondo me si può scoprire a qualsiasi età. Io ho avuto la fortuna di trovarla abbastanza presto, anche se poi ho sempre lasciato spazio ai dubbi e mi sono messo in discussione tante volte. Credo che non ci sia mai fine alla ricerca. Non c'è fine finché ci è concesso di vivere. Quando parlo di vocazione non mi riferisco semplicemente a qualcosa che dobbiamo fare nel mondo materiale, ma anche e soprattutto di vocazione spirituale. Dobbiamo coltivare anche la nostra vita interiore. E più diventi anziano, più dovresti concentrarti sui beni dell'anima, non tanto sui beni materiali. Non c'è limite alla nostra evoluzione.»

«Pensi che la cultura contemporanea ci aiuti a scoprire e realizzare la vocazione?»

«In realtà, credo che il grande problema di oggi sia proprio la confusione tra informazione e cultura. Quella che crediamo essere cultura è in realtà una distrazione dalla vera cultura. Viviamo immersi in un eccesso di informazione, che ci distrae costantemente dall'ascolto di noi stessi, della natura e della vita. Dobbiamo liberarcene perché è fonte di troppa dispersione. Anche le vacanze sono diventate un modo per distrarsi. Le persone partono e si portano appresso se stesse, quando ci vorrebbe invece una vacanza proprio da tutto ciò che ci riempie la testa. La vera vacanza non è distrazione, ma attenzione, presenza, vuoto. Oggi le ferie si sono trasformate in un bisogno di diversivi, mentre invece avremmo bisogno di verità, di profondità. Ma, attenzione, non sto consigliando di vivere da eremiti, fuori dal mondo. Si può stare benissimo nel mondo pur scendendo dentro se stessi. Pensa ai vecchi di una volta, certi saggi. Magari erano analfabeti e vivevano con pochissime pretese, però avevano una profondità incredibile. Quando abbiamo a disposizione un periodo di riposo, usiamolo per coltivare noi stessi e non per distrarci.

Invece, la cultura è un'altra cosa. Viene da coltivare e curare. Per essere realmente colti dobbiamo coltivare la vita interiore, la dimensione spirituale, l'armonia con la natura e con il suo linguaggio, il rispetto della vita. Questa per me è la vera cultura.»

«Da cultura ad agricoltura e alimentazione mi sembra che il passo sia breve...»

«L'agricoltura però non ha mica come scopo produrre cibo. Lo scopo è la cura della terra. Il cibo è un sottoprodotto, un risultato. L'agricoltura, per essere considerata tale, deve prendersi cura del suolo, delle piante, degli animali, delle altre persone che lavorano con te, del paesaggio e della sua bellezza. Molti ecologisti pensano che la natura non abbia bisogno dell'uomo, lo vedono come un predatore, uno sfruttatore, un parassita. Ma alla natura in realtà serve l'uomo, perché evolve attraverso di lui. L'essere umano ha la capacità di progredire e, attraverso questa spinta, permette anche alla natura di farlo. Un terreno selvatico, un terreno arido, possono essere resi fertili, vivi. Quindi abbiamo la possibilità di trasformare la morte in vita, curando la terra. Una pianta come la gramigna l'uomo l'ha fatta diventare grano, edibile, con profumi, colori, nutrienti. Anche la natura si bea quando accadono queste trasformazioni. Lei fa la sua parte e l'uomo può renderla ancora più bella. La capacità agricola è, in essenza, la possibilità di prendersi cura dell'ambiente, dei vegetali, degli animali, in un percorso evolutivo. L'essere umano può scegliere se svolgere questo ruolo o divenire un distruttore; se coltivare cibo sano e arricchire i terreni, o produrre cibo scadente e pieno di veleni, inaridendo quei terreni.

Non troveremo la strada nelle grandi città, nelle masse, nel cemento. La troveremo tornando nei campi, creando centri di cultura basati sulla terra. Una sorta di nuovo monachesimo laico. Nella formula *ora et labora* c'è un vincolo sacro con la terra. Il lavoro agricolo era culto e preghiera. In questo modo l'agricoltura diviene nutrimento anche per lo spirito, oltre che per la terra e il corpo.»

«Io sono cresciuto in Sardegna e associo l'agricoltura alla fatica, alle mani rovinate dei contadini...»

«Lavorare con gli altri in campagna è diverso da qualsiasi altro lavoro. Io penso che abbia un compito evolutivo per il futuro, non solo per produrre cibo, ma proprio per aiutarci a crescere come umanità e comunità. Per curare la terra e per creare un nuovo paesaggio antropico di grande bellezza, anche se finora l'antropizzazione è stata per lo più distruttiva. Una volta a Stoccolma ho visitato un orto bellissimo in cui c'erano anche tantissimi fiori. Io, giovane e inesperto, chiesi: "Scusi, ma con tutti questi fiori non perdiamo terreno coltivabile?". Il proprietario mi rispose: "Dobbiamo nutrire anche l'anima, non solo il corpo". A quel punto sono rimasto in silenzio. Quella frase non me la sarei più scordata. In quel momento, iniziai a capire l'agricoltura anche come atto di creazione di bellezza, attraverso cui far nascere un nuovo paesaggio, che prima di tutto è interiore.»

«Quale eredità lascerà il tuo passaggio in questa terra, Fabio?»

«Questo non te lo so proprio dire, Daniel. Io ho dato la mia vita per questo compito, insieme ai miei amici fondatori. L'ho fatto coscientemente, rinunciando alla sfera personale e dedicandomi totalmente all'azienda. A volte non riesco a capire dove finisco io e dove inizia lei. Sono completamente identificato perché la dedizione è totale. Forse lascio il seme di questa dedizione. Chi prenderà in mano questa realtà troverà un terreno arato e seminato con devozione. Mi auguro che venga mantenuta l'anima pura con cui è nata. Noi fondatori abbiamo cercato di creare una struttura adatta al futuro, che preservi nel tempo la missione aziendale, ponendo la maggioranza delle azioni in capo a una fondazione no profit creata ad hoc, nello spirito di quella che internazionalmente si chiama *steward-ownership* e che potremmo tradurre come "proprietà di responsabilità". Un modo per salvaguardare anche in futuro l'azienda da manovre speculative che ne snaturino la missione.»

«Pensi che chi segue la propria vocazione non possa farlo part time? La dedizione deve essere totale?»

«Nessuno di noi è perfetto. Uno può sbagliare, può distrarsi, può perdere la strada e poi riprenderla e questo fa parte della vita, è successo anche a me. Ma alle persone, soprattutto ai ragazzi, vorrei dire di non avere paura di far fatica o di soffrire per ciò in cui credono. La ricerca è anche sofferenza e non dobbiamo averne paura, perché è un messaggero. Se affrontata, apre infinite possibilità. La sofferenza arriva per permetterci di cambiare, di essere scolpiti come la pietra di Michelangelo. Se non la temiamo, ci verrà data l'occasione di nobilitare la nostra anima attraverso un lavoro di forgiatura. Anziché fuggire e cercare antidoti, dovremmo accogliere la sofferenza proposta dalla vita: una prova che va affrontata con la massima dedizione, affinché riveli il dono che porta per noi. Quando parlo di queste cose ai giovani, si illuminano. Perché hanno bisogno di essere veri, concreti, autentici nella vita. E non importa cosa tu faccia. Potresti essere un imprenditore, uno spazzino, un architetto o pulire i bagni. C'è modo e modo di farlo. Per te potrebbe essere un processo iniziatico anche fare le pulizie. È lo spirito con cui abiti ciò che fai che lo rende trasformativo. E ognuno deve avere il coraggio di seguire veramente se stesso e di darsi completamente in ciò che fa. È così che la via si rivela, ci sostiene e assiste.»

Dal dovere alla vocazione

Negli ultimi anni stiamo assistendo a una trasformazione epocale nel rapporto tra nuove generazioni e mondo del lavoro. Sono due le tendenze che stanno affiorando prepotentemente. Da una parte c'è una forte disillusione per un sistema che non rappresenta più i giovani, votato esclusivamente al profitto e alla performance, incurante di tutto ciò che non rientra in logiche di convenienza ed esigenze di mercato. Dall'altra, un cambio di paradigma radicale: un richiamo intenso alla ricerca di ciò che dà significato e senso profondo alla propria vita, a luoghi, contesti e relazioni capaci di avvicinare alla propria vocazione, quella vera, che appartiene all'anima, che fa sentire con chiarezza nello stomaco che la propria vita e nascita hanno un senso ben preciso. Sempre più ragazze e ragazzi stanno smettendo di vivere proiettati nella ricerca di «un lavoro sicuro». Un popolo sempre più ampio sta cercando altro e crede sia possibile vivere in un modo differente. Uno schiaffo alla paura e alla prepotenza dell'omologazione. Il motore di questa rivoluzione silente è sicuramente il malessere e il disagio che i modelli di felicità, successo e realizzazione di questo sistema sono stati capaci di creare. Disagio non solo nell'essere umano, ma anche in tutte le forme di vita circostanti e nella natura. Dobbiamo anche tenere conto del contesto storico-sociale in cui questa trasformazione sta avvenendo: globalizzazione, crisi economiche, precarietà, nuove tecnologie che aprono scenari di profonda incertezza, guerre sempre più diffuse. Ma queste criticità e il malessere che portano stanno innescando una potente domanda interiore: «Davvero questa è la mia vita?». Una disillusione verso modelli che non rappresentano più la coscienza umana.

Le parole chiave di questa nuova rivoluzione sono tre: vocazione, proposito, significato. Lo *svadharma* racchiude in sé proprio questi tre significati e indica la tendenza e il desiderio di vivere secondo la propria legge naturale, di scoprire la propria vocazione e di seguirla, trasformandola nella propria professione e missione. Ci sono sempre più ragazzi disposti a percorrere questa strada, perché il resto ha perduto senso.

Il modello imprenditoriale tradizionale, spesso rigido e gerarchico, si è basato per decenni sui concetti di produttività standardizzata, conformismo e controllo. In questo contesto il lavoro era percepito come un mezzo per vivere, piuttosto che come un'espressione di sé. Questo approccio ha portato al diffondersi di una cultura della fatica e dell'alienazione, in cui il valore del singolo si misura in base ai risultati, non ai talenti o alla crescita esistenziale. Un sondaggio globale condotto da Deloitte nel 2023 ha evidenziato che il 72 per cento dei giovani della Generazione Z ritiene fondamentale lavorare in un ambiente che promuova valori condivisi, creatività e autonomia, rispetto ai modelli lavorativi tradizionali. Inoltre, il 55 per cento dichiara di voler lasciare il proprio impiego entro due anni se non si sente coinvolto o valorizzato. Questa nuova generazione di lavoratori cerca qualcosa di più profondo: un lavoro che non solo li remuneri, ma che rispetti e valorizzi la loro unicità, dia spazio alla creatività e favorisca una connessione autentica tra obiettivi personali e aziendali. In altre parole, desiderano che il lavoro sia una manifestazione del loro *svadharma*.

Quando il lavoro non è allineato con i valori e i talenti di una persona, i costi sono elevati, sia per i singoli sia per le organizzazioni, in termini di salute, creatività e produttività. Il *burnout*, l'assenteismo e il *turnover* sono i sintomi evidenti di un sistema che non funziona più. Uno studio McKinsey del 2023 ha rilevato che il 40 per cento dei giovani che lascia il proprio lavoro lo fa per mancanza di significato e riconoscimento. Un altro studio ha evidenziato che i fattori chiave che motivano la Generazione Z sono l'autonomia, il riconoscimento e un ambiente di lavoro positivo (Popaitoon, 2022). Questi dati confermano che le nuove generazioni sono alla ricerca di un impiego che sia un mezzo per esprimere la propria individualità e contribuire al bene comune. In questo scenario molte aziende stanno capendo che ignorare il bisogno di proposito dei giovani non è più sostenibile. È necessario riscrivere le regole, offrendo ambienti inclusivi, creativi e orientati al benessere. Per attrarre e trattenere le nuove generazioni, le imprese devono evolversi, abbracciando una cultura che promuova una leadership gentile e consapevole. I leader devono essere facilitatori di crescita, non solo supervisori di obiettivi; devono saper creare uno scopo condiviso, una visione più ampia che includa contributi alla società, all'ambiente e al benessere collettivo; sono chiamati a investire nel capitale umano attraverso percorsi di crescita personalizzati, ascolto attivo e ambienti di lavoro che ispirino fiducia.

Lavorare secondo il proprio *svadharma* significa sentirsi vivi, contribuire con i propri talenti e doni unici, percepire che il proprio operato ha un impatto reale sul benessere collettivo e del pianeta. Questo cambiamento non riguarda solo i giovani, ma riflette un bisogno universale di trasformare il lavoro in una piattaforma per l'evoluzione personale e sociale. Il suo futuro non è solo tecnologico o digitale: è profondamente umano e spirituale. I giovani lo stanno dimostrando, scegliendo ogni giorno la strada dell'autenticità e invitando il mondo imprenditoriale a evolversi. Il messaggio è chiaro: per prosperare, dobbiamo lavorare non solo per vivere, ma per realizzare chi veramente siamo.

Cosa vogliono i giovani dai luoghi di lavoro? In primis, autenticità e valorizzazione dei talenti. Secondo una ricerca Gallup, il 64 per cento aspira a un impiego che riconosca le loro unicità e che consenta loro di utilizzare le proprie capacità distintive. Poi vengono flessibilità e autonomia: non è un caso che il lavoro da remoto e i modelli ibridi abbiano rivoluzionato il mercato del lavoro. I giovani vogliono libertà di gestire il proprio tempo per bilanciare vita privata e professionale. Ricercano anche un impatto sociale positivo: i dati del *Global Workforce Hopes and Fears Survey 2024* mostrano che il 76 per cento vuole lavorare in aziende che si impegnano per il bene comune (includendo il rispetto e la salvaguardia del mondo animale e dell'ambiente), riflettendo la loro urgenza di contribuire a un mondo migliore. *Last but not least*, la crescita personale e il significato profondo: la richiesta di *mentorship*, formazione continua e progetti stimolanti è un chiaro segnale che i giovani vedono il lavoro come un'opportunità di crescita, non solo come una fonte di reddito.

In sintesi, la presa di coscienza, o anche solo l'intuizione del proprio *svadharma*, ci dà la forza e il coraggio di spezzare i vecchi schemi, la fiducia nel «sentire» più che nel «dover essere». E ci mostra anche come poter affrontare sfide, dolore, paura, ansia, senso di vuoto e di inutilità. Il nostro destino può essere una scelta consapevole e non una derivazione passiva di un sistema malato e lontano dalla natura. Dobbiamo avere il coraggio di realizzare profondamente in noi il senso di appartenenza al tutto; riconoscere che la felicità individuale è indissolubilmente legata al bene collettivo e comprendere che trovare la propria strada significa servire la vita nel suo insieme.

Lo sviluppo di una più profonda consapevolezza individuale è il primo passo per incidere in maniera creativa e pacifica anche su scala globale.

Vocazione generazionale

Mi sono chiesto se, così come le persone, anche le generazioni abbiano una sorta di macro-*svadharma*, una vocazione collettiva. Sono arrivato alla conclusione che sì, anche i luoghi, i popoli, i gruppi ce l'hanno. Le generazioni non sono altro che gruppi di persone nate in un certo arco temporale, che condividono eventi storici, culturali e sociali durante la loro formazione. I nomi e le date possono variare leggermente a seconda del contesto geografico (soprattutto tra mondo anglosassone ed Europa), ma in generale si distinguono per lassi temporali analoghi. La Generazione Silenziosa (Silent Generation) include i nati tra il 1928 e il 1945, cresciuti durante la Grande Depressione e la Seconda guerra mondiale. I Baby Boomers, nati tra il 1946 e il 1964, sono cresciuti nel boom economico post-bellico e spesso associati a rivoluzioni culturali, lotte per i diritti civili, espansione del benessere. La Generazione X riguarda i nati tra il 1965 e il 1980, cresciuti con un numero più frequente di divorzi dei genitori, maggiore indipendenza, all'inizio dell'era digitale; sono spesso considerati pragmatici e scettici. La Generazione Y (Millennials) rappresenta i nati tra il 1981 e il 1996: sono i nativi digitali, spesso più istruiti, orientati alla tecnologia, con valori legati all'equilibrio vita-lavoro e alla sostenibilità. Le persone della Generazione Z, nate tra il 1997 e il 2012, cresciute con smartphone e social media, tendono a valori di inclusività, attenzione alla salute mentale, fluidità identitaria. La Generazione Alpha, dal 2013 in poi, è la prima completamente calata nell'Intelligenza Artificiale, nell'automazione e nelle tecnologie immersive. Tra i valori più importanti, la ricerca del significato di se stessi e della vita.

Lo *svadharma* della Generazione Silenziosa (1928-1945) era legato alla ricostruzione, al mantenimento dell'ordine e alla sopravvivenza. Si esprimeva nel dovere verso la famiglia e la società, più che nella realizzazione personale. Tra i valori prevalevano il senso del dovere, del lavoro, la fedeltà, il sacrificio. I Baby Boomers (1946-1964) hanno invece incarnato il compito di trasformare ed espandere i diritti civili, la libertà sessuale, il benessere materiale. Il loro *svadharma* ha portato alla nascita di nuovi paradigmi culturali, in cui comincia a emergere l'idea che il lavoro non sia solo sopravvivenza, ma anche identità e realizzazione. Molti trovano senso nell'essere parte di una trasformazione storica. La Generazione X (1965-1980) è la generazione «ponte»: tra analogico e digitale, tra tradizione e innovazione. Il loro compito è stato spesso armonizzare contrasti: autonomia versus struttura, libertà versus responsabilità. In quel periodo è iniziata una ricerca più individuale, meno idealista. Il lavoro era importante, ma ha iniziato a crescere il desiderio di equilibrio e autenticità. Poi i Millennials (1981-1996), nati in un mondo globalizzato e in rapido cambiamento. Il loro *svadharma* è stato spesso legato all'innovazione culturale e digitale, ma anche alla guarigione delle ferite collettive (ambientali, sociali, psicologiche). I valori iniziano a essere centrati su scopo, significato, impatto. Per loro non basta più guadagnare: bisogna contribuire. Il lavoro ideale è quello che ha un'anima e unisce passione, vocazione e utilità. La Generazione Z (1997-2012) è stata chiamata ad affrontare uno *svadharma* legato all'insicurezza planetaria, alla crisi climatica, all'Intelligenza Artificiale. Il loro compito sembra essere quello di immaginare il futuro e ridefinire i valori. Spesso sono frammentati tra identità online e offline, ma emerge in loro una forte spinta verso l'autenticità, l'inclusività e il benessere mentale. Non vogliono solo trovare un senso, vogliono crearlo attivamente. Infine, la Generazione Alpha (2013-), il cui *svadharma* è ancora da scoprire, ma sembra legato alla co-evoluzione con la tecnologia e alla necessità di mantenere viva l'umanità nell'era dell'Intelligenza Artificiale. Potrebbero incarnare uno *svadharma* collettivo più spirituale e interconnesso. Cresceranno con la consapevolezza che scopo e connessione sono fondamentali. Potrebbero essere gli autori di una grande rivoluzione spirituale, laica e universale.

6
La notte oscura dell'anima

Il dolore di non trovare il proprio posto nel mondo

Ho vissuto per tanto tempo un profondo senso di smarrimento interiore. E sono giunto alla conclusione che il dolore più sottile, e forse più pervasivo, non è quello del corpo, ma quello dell'anima che si sente fuori luogo. È la sofferenza invisibile di chi si sveglia con un nodo in gola o una morsa nella pancia, un senso di inadeguatezza che precede il pensiero e lacera il giorno prima ancora che cominci. Mi sono svegliato così tante volte, attraversando la notte oscura dell'anima. È il sentirsi straniero nella propria vita, aprire gli occhi al mattino e non sapere perché. Non sapere per chi. Mi svegliava l'ansia, un'ombra silenziosa che stringeva la bocca dello stomaco prima ancora di un respiro cosciente. La frustrazione apre le porte a sensazioni di depressione, di un grande potenziale che implode verso l'interno e ci proietta in un abisso oscuro. Era lì, come un velo grigio che avvolgeva ogni cosa; non un dolore acuto, ma un non potere. Pur avendolo visto, sfiorato, assaporato, il senso del mondo era andato perduto. Sparito, volatilizzato. Vivevo nel dubbio che la felicità e la luce fossero stati sogni. Ero come un seme piantato nel cemento, con tutto il potenziale di un albero, ma senza terra.

Quando attraversi questi periodi, tutto ciò che fai per liberartene sembra inutile. È la sensazione di essere stati dimenticati dal disegno della vita, come se il mondo avesse un ordine, una logica, una direzione, ma noi ne fossimo rimasti fuori. Come se tutti sapessero cosa fare, dove andare, chi essere. E noi no. Non trovare il proprio posto nel mondo è una ferita identitaria. Ci ho messo molto tempo per capire che quella ferita non era una maledizione, ma una chiamata. Il dolore non è l'antagonista. È il messaggero. Quel senso di smarrimento, quell'ansia che bussava ogni mattina non erano altro che la voce dello *svadharma*. Era il mio spirito che rifiutava di adattarsi a una vita che non mi apparteneva, non mi onorava, non mi rifletteva.

Il punto di rottura

Spesso, prima di trovare il nostro posto, dobbiamo passare attraverso la sensazione di non averne alcuno. Dobbiamo cadere nel vuoto per poterci chiedere: «Cosa sto facendo davvero qui?», «Qual è la mia verità?», «Cosa mi fa sentire vivo, profondamente vivo?». Nel punto più buio del labirinto, può nascere la luce della ricerca. Quando ci sentiamo persi possiamo, finalmente, cominciare a cercare. Vorrei dirvi, però, che il proprio posto nel mondo non si trova fuori. Si apre prima dentro. Solo dopo viene la coerenza tra ciò che sei e ciò che fai e la verità del tuo essere si manifesta attraverso le tue azioni. Il senso del tuo essere si riflette in ciò che fai, ma anche in come lo fai, in quanto amore ci metti, in quanto sei disposto a essere te stesso anche quando il mondo ti chiede altro. Il dolore che nasce dal non trovare il proprio posto è, in realtà, una forma sacra di guida. Non è una condanna, si presenta per guidarci oltre. Oltre le aspettative. Oltre i ruoli. Oltre la paura.

Se ti svegli con l'ansia, se senti che la vita non ti somiglia, fermati. Ascolta. Quel disagio è una bussola. Ti sta dicendo che c'è un altro modo. Che dentro di te c'è un sapere più profondo, una saggezza antica che sa chi sei: aspettano solo che tu ascolti. L'impossibilità di farlo provoca una frustrazione tremenda. Il nostro posto nel mondo non è un punto su una mappa, ma uno stato dell'essere. A volte, per poterci arrivare, occorre passare attraverso deserti oscuri interiori. È ciò che Viktor Frankl, psichiatra e sopravvissuto ai campi di concentramento, definiva *vuoto esistenziale*: una condizione sempre più diffusa nelle società moderne, dove le libertà esteriori e superficiali aumentano, ma la connessione interiore si dissolve. Frankl scriveva: «Chi ha un perché per vivere può sopportare quasi ogni come». Quando quel «perché» manca, anche la vita più confortevole diventa pesante.

Le tradizioni spirituali di ogni tempo riconoscono nella sensazione di smarrimento una fase cruciale del cammino evolutivo, non un fallimento. Nel Vedānta, uno dei sei sistemi principali che si trovano nella filosofia indiana, si parla di *viveka*, il discernimento che nasce dopo aver vissuto intensamente il mondo e averne scoperto i limiti. Il dolore della disconnessione diventa così il primo passo verso il risveglio.

Anche il Buddha cominciò il suo percorso lasciando il palazzo dorato di certezze e illusioni per entrare nella foresta del dubbio, della ricerca, della verità.

> La sofferenza esiste, ha una causa, ha una fine e c'è un cammino per superarla.
> (Le Quattro Nobili Verità)

Non trovare il proprio posto nel mondo è, nel linguaggio del *dharma*, un richiamo a riconnettersi allo *svadharma*: l'espressione dell'anima nella vita. Non si parla di un ruolo socialmente riconosciuto, una professione o un'identità esterna. Ma di uno stato di coerenza interiore, dove ciò che sei, che fai e che senti sono in risonanza. Per arrivarci a volte è necessario attraversare quella che i mistici cristiani, come san Giovanni della Croce, chiamano notte oscura dell'anima: un periodo di smarrimento viscerale in cui tutte le certezze crollano, mentre l'anima si sta purificando per ricevere la vera luce. Così, anche la depressione esistenziale può essere vista non come un errore da correggere, ma come un passaggio di coscienza. Una soglia.

Per queste ragioni, quando ci sentiamo fuori posto, non dovremmo ignorare quella voce, o provare a zittirla con distrazioni e compensazioni.

Quella voce per me è stata come un tamburo nel buio. Una ferita diventata medicina. Lo chiamavo dolore, in verità era una forma d'essere più autentica che aspettava di essere incarnata.

Quando conoscere la vocazione non basta

Ho attraversato anche un altro tipo di dolore, forse ancora più profondo: quello che nasce dal non riuscire a vivere la propria vocazione, dopo averla riconosciuta. È il dolore della luce che non trova forma, ancora più sottile di quello dello smarrimento, perché hai toccato una verità esistenziale, hai intravisto e assaporato la tua verità e senti di avere qualcosa di autentico da donare, eppure non riesci a viverlo appieno. Non c'è fioritura. È una sofferenza che brucia in silenzio, come brace sotto la pelle. La vocazione c'è, è viva, chiama, ma resta intrappolata. Nel corpo. Nelle condizioni. Nell'impotenza. È la frustrazione della bellezza non espressa nella sua compiutezza. Si vive compressi e non si riesce a fluire per espandersi e contagiare. Come germogli in attesa perenne. Ma anche questo fa parte del viaggio spirituale. Nella tradizione indiana si dice che ogni anima abbia il proprio *kāla*, il proprio tempo. Il seme può sapere di essere quercia, ma non può forzare la stagione. Il tempo dell'anima è sacro e misterioso, questa è una certezza. Ciò che senti pronto dentro di te può aver bisogno ancora di radici invisibili sotto terra. È una delle fasi più difficili: la gestazione del dono. Nonostante in me questa fase sia stata straziante, anche nella stasi devo ammettere che accadono molte cose importanti.

La propria croce

La croce dell'impotenza fu vissuta anche da Cristo, quando, con Pietro, Giacomo e Giovanni, si trovava nell'orto del Getsemani, subito dopo l'ultima cena. È consapevole che la sua ora sta arrivando e, poco prima della passione, dice: «La mia anima è triste fino alla morte; restate qui e vegliate con me» (*Matteo* 26,38).

San Giovanni della Croce parla di questa esperienza nella sua opera più celebre, *La notte oscura dell'anima*. In questo testo, egli descrive il cammino dell'anima verso l'unione mistica con Dio attraverso due grandi notti: una «attiva» e una «passiva», ciascuna con una fase «dei sensi» e una «dello spirito».

La Notte attiva dei sensi è quando l'anima, con sforzo personale, rinuncia ai piaceri sensibili e inizia il cammino spirituale. È una purificazione voluta, tramite ascesi, disciplina, preghiera. Nella cultura indovedica si chiama *tapas* e si riferisce all'ardore spirituale che ci spinge alla ricerca del silenzio, della solitudine, dell'intensa pratica meditativa. È un impulso e un richiamo molto presente in me e posso testimoniare quanto potentemente porti purificazione, liberazione e consapevolezza. In un contesto di iperstimolazione sensoriale, emozionale, relazionale, il richiamo alla nudità, alla solitudine silenziosa, all'austerità è una medicina straordinaria, soprattutto perché crea quegli spazi di ascolto interiori utili all'emergere dello *svadharma*.

In questa prima notte, è l'anima stessa a prendere l'iniziativa: comincia a distaccarsi dai piaceri immediati, dalle abitudini legate alla soddisfazione dei sensi, dai desideri superficiali. È una scelta concreta, che richiede sforzo, disciplina e amore per una verità più alta.

La Notte passiva dei sensi, dice san Giovanni, è invece quando Dio stesso opera una purificazione e l'anima si sente spogliata di conforto e motivazione spirituale. È un'esperienza di deserto, ma è grazia nascosta. In questa seconda fase, non è più la persona a condurre il processo: è la vita stessa che inizia a operare più profondamente. L'anima non trae più gusto dalla meditazione, dalla preghiera, dai canti, dai rituali. Tutto sembra piatto, sterile, a volte perfino fastidioso. È la notte del cuore, non scelta, ma accolta. Ho attraversato questa esperienza dal 2004 al 2006 nella sua forma più acuta, anche se in realtà è durata molto più a lungo. Tutto ciò che prima potevo raggiungere facilmente (silenzio interiore, stati di intensa consapevolezza, felicità, profondità nella meditazione, espansione di percezioni, estasi meditativa, devozione autentica) si era completamente dissolto, diventando pressoché impossibile da sperimentare. Più meditavo e peggio mi sentivo. Si manifestava una sorta di rabbia dovuta al senso di impotenza e frustrazione. Ci fu uno snodo molto significativo proprio al culmine di quell'esperienza, quando mi trovai davanti alla decisione di smettere di meditare. «Che senso ha continuare se mi fa stare peggio?» C'era tanta pesantezza e confusione. A quel punto prevalse una parte di me sconosciuta. Dissi a me stesso: «Vai avanti, succeda quel che succeda. Accetta tutto ciò che senti. Sia nel bello sia nel cattivo tempo vai avanti, con la pancia piena o vuota tu persevera». Fu in quell'occasione che riuscii a superare ogni logica di convenienza, ogni attitudine da mercante che cerca di barattare la pratica col benessere. Mi spogliai da tutte queste dinamiche per immergermi in un impegno ancora più profondo, non più motivato da un obiettivo specifico o da aspettative. La notte passiva dei sensi, se attraversata correttamente, è il passaggio nel deserto che rende la fiducia nel processo sostanziale.

Nella Notte attiva dello spirito, invece, l'anima lavora per purificare anche le potenze superiori: intelletto, memoria, volontà. In questa fase entra in crisi la dimensione più profonda dell'identità, delle idee su Dio, sul Sé e sul proposito, sul senso della propria missione. È un vuoto cognitivo e identitario. Anche questo è parte della via. Se la prima notte agisce sul corpo e la seconda sul cuore, questa terza lavora nella mente profonda. L'anima prende piena coscienza delle sue credenze condizionate e limitanti, del suo passato irrisolto. Le certezze che aveva sulla fede, sul *karma*, sulla verità spirituale iniziano a vacillare. Gli insegnamenti che prima ispiravano ora sembrano insufficienti. La mente vuole capire, ma nulla più si lascia comprendere come prima. Il dubbio e la diffidenza sono le due forze che caratterizzano questa fase. È necessario fare un grande lavoro su se stessi per spogliarsi da tutte le certezze e vedere cosa rimane fino in fondo. Bisogna saper arrivare a quel nucleo di consapevolezza finale. A volte questo richiede anni e si ripresenta a ondate, fino a che non siamo stati in grado di superare ogni cosa che non ci appartiene.

Infine, la Notte passiva dello spirito è la più oscura, profonda e trasformativa. Qui l'anima, dice san Giovanni, viene condotta da Dio in una totale spoliazione spirituale: non solo non prova più consolazioni, ma si sente abbandonata, smarrita, persa, come Gesù nel Getsemani e sulla croce. Ci sono notti che è impossibile condividere o spiegare. Notti dell'anima in cui tutto ciò che era vivo si spegne. Non è un dolore qualunque. In me fu come se la luce stessa se ne fosse andata facendosi vuoto. Non è abbandono, né castigo, ma iniziazione, in cui si viene spogliati delle gioie e del piacere per non cadere innamorati della luce, ma della sorgente da cui quella luce viene. In molti, quando non riescono a sentire più la vocazione, si fermano e rinunciano. Quel dolore è totale e può sembrare di aver perso la rotta. Si dice che proprio in quel silenzio straziante la vita stia operando il suo lavoro più profondo. Che ci stia svuotando per renderci trasparenti alla luce. Riusciremo a fidarci proprio nel momento in cui non sentiamo più nemmeno noi stessi?

È così che germoglia il seme sotto terra. Dicono che nel buio l'anima maturi, e che nel silenzio si formi la nuova voce. Se un giorno il buio comincerà a svanire, non sarà perché il dolore è finito, ma perché siamo diventati noi stessi quella luce.

Sul bisogno di solitudine e silenzio

Fino a quando temeremo il buio, la luce non ci apparterrà.

Amo la solitudine. Per me è come l'aria. Necessaria. Non mi riferisco al bisogno di isolarsi, quanto a una precisa condizione interiore in cui si è intimamente in contatto con se stessi; in cui si diviene nuovamente integri, pienamente autonomi, in ascolto, in presenza; in cui ci si siede negli spazi interiori che si aprono al di là dei ritmi e dei tempi mentali. Si è davvero liberi in quella solitudine. Ne ho fame, poiché è un alimento che permette all'anima di aprire le ali e accogliere il vuoto. Nel mio vagare, metto sempre nello zaino silenzio e solitudine. Per ascoltare e sentire senza bisogno di interpretare, controllare, cercare di capire. Il silenzio che libera la mente e apre il cuore è un luogo di presenza. Un tempio dove prego spesso. Dove Dio parla e io ascolto. Perché la vera preghiera per me è proprio questo: accogliere se stessi e la vita senza richieste, né desideri. Pieni di meraviglia per il miracolo che propone e incarna ogni istante. Ho avuto bisogno di tanto silenzio e solitudine per entrare in contatto con la mia vocazione. Sono state queste due condizioni a permettere alcune rivelazioni. Ricercarle di proposito senza averne timore, in un contesto che riempie la testa di stimoli, che ci spinge a relazioni virtuali, è rivoluzionario, eretico. Siamo distratti. Perennemente. Ci sarebbero molte meno guerre, e forse addirittura si estinguerebbero, se fossimo intensamente educati al silenzio e alla solitudine. Quelli autentici. Invece, vaghiamo con la testa, col cuore e con il corpo, come zombie, in questo mondo pieno di colori di plastica. E ci ammaliamo senza neanche rendercene conto, per questa lontananza da noi stessi e dalla nostra ragion d'essere. Tante persone sono tristi e non sanno perché. Lo stesso accade con la depressione, l'ansia, la rabbia, la frustrazione. Accade perché ci siamo allontanati da ciò che siamo. Anestetizzati e incapaci di trovare le forze e il coraggio per andare fino in fondo, seguendo la nostra legge naturale.

Tutto spingeva verso il rumore, ma io celebravo il silenzio. A vent'anni, è cosa rara. E cercavo. Avevo fame di solitudine. Di guardarmi dentro ancora e ancora, perseverando fino in fondo. Scorrevano mondi, immagini, pensieri, moti, stati d'animo, pulsioni. Alcuni di questi mi allettavano, ad altri reagivo con repulsione. Ma fui capace di non demordere, di non rimanere affascinato o agganciato da quei movimenti della mente. Perseverai al punto che il muro della mente venne giù, tirandosi appresso ogni definizione del mondo. Quando crolla un muro (dentro se stessi), si aprono sempre vedute inedite di straordinaria portata. Sono vastità interiori, consapevolezze, prese di coscienza. Ci fanno rendere conto che le ristrettezze erano solo nella mente. Siamo sempre stati noi stessi l'origine. Che gran fatica abbattere quelle soglie! Ha ragione Einstein quando afferma che è più difficile abbattere un pregiudizio che spezzare un atomo. Per me, il silenzio mentale e la solitudine sono condizioni imprescindibili per permettere allo *svadharma* di farsi sentire con chiarezza. Servono a scavare oltre la superficie. Oltre la terra arida e rocciosa dell'ego e della personalità, per trovare l'acqua e la fertilità che esistono nel profondo. Essere con e in se stessi pur essendo nel mondo. Di questo si tratta. La solitudine è il grembo della propria verità.

Prima dicevo che siamo immersi in un contesto e in un'epoca iperconnessa. Notifiche, schermi, contatti, conversazioni digitali stratificate. Ma il proprio *svadharma* non abita nel rumore. Non si manifesta in mezzo a questo clamore. Ha bisogno di uno spazio nudo, radicale. Uno spazio in cui *nessuno ti guarda* e per questo ti obbliga a essere te stesso, a doverti vedere. La solitudine e il silenzio sono templi. Luoghi sacri in cui smettere di interpretare ruoli e iniziare a sentire chi siamo, senza testimoni.

Ho dovuto ritirarmi spesso dal mondo e tuttora, periodicamente, lo faccio, per non perdermi. Non è una fuga. Faccio le valigie e parto con destinazione dentro. Esiste un punto, al nostro interno, dove cessa di esistere ogni ricordo del mondo esterno. La quiete che si sperimenta non ha eguali. Lì risiede il vero sentire. Proprio come la luna ha bisogno del buio per essere vista, così ognuno ha bisogno della solitudine per incontrare la sua luce. C'è bisogno delle profondità interiori, per scoprire le proprie altezze. Ritirarsi significa sospendere l'abitudine di mostrarsi, di dover essere compresi, di esistere solo attraverso lo sguardo altrui. È lì, in quello spazio sospeso, che iniziamo ad ascoltare la voce sommessa del *dharma* personale. *Chi sei quando non devi per forza piacere? Cosa resta, se togli ciò che fai per essere approvato? Cosa desideri veramente, se smetti di essere il prodotto delle esigenze altrui?* La propria unicità è un fatto solitario. Nessuno può vivere la tua vocazione al posto tuo. Nonostante esistano tanti libri che promettono la formula del successo, in verità nessuno può darti la mappa della tua unicità. È un percorso individuale e radicale. Ma questo non significa che siamo destinati a rimanere soli. Significa soltanto che, grazie a Dio, la parte più vera di noi si riconosce solo quando ci guardiamo nudi. Lo *svadharma* non è un'idea da trovare, ma un accordo con l'anima. È il tuo personalissimo accordo nella sinfonia della vita, che si sprigiona nel silenzio. Ne è la voce.

Essere soli però, come dicevo, non vuol dire essere separati. La solitudine autentica non è isolamento, ma condizione per sentirsi interi e tornare nel mondo con una qualità diversa. Non più per essere riempiti, ma per offrire ciò che siamo intimamente.

> Il saggio trova la gioia in se stesso, nel Sé, attraverso il Sé.
> (*Bhagavadgita* 5.24)

In quel luogo interiore non serve difendersi. Non c'è niente da spiegare, da dimostrare, da raggiungere. Ci sei solo tu. Tu che respiri. Tu che esisti. Tu che sei abbastanza, anche quando non fai niente. Si può avere paura della solitudine solo fino a quando non la si conosce davvero. Poi diventerà una fedele amica. Abbiamo visto che la realizzazione della propria vocazione richiede, prima di tutto, di separarsi, anche solo per un po' di tempo, da tutto ciò che ci condiziona: gli sguardi degli altri, le aspettative sociali, il chiasso, i ruoli che abbiamo imparato a indossare. Per questo la solitudine non è un lusso per pochi, ma una soglia necessaria. Una condizione in cui distinguere la nostra voce da tutte le altre.

Gesù, prima di iniziare la sua missione pubblica, si ritira in solitudine nel deserto per quaranta giorni (*Vangelo di Matteo*, 4). Un tempo simbolico, ma profondamente reale. Lui, che sarà circondato da folle, malati, discepoli, persecuzioni... inizia tutto con il vuoto. Nessuno intorno. Niente miracoli. Niente predicazioni. Sabbia, silenzio, fame, tentazioni e presenza. Nel deserto, Gesù non è scappato dal mondo, ma, al contrario, si è preparato per entrarci più profondamente. Perché, prima di poter servire gli altri, abbiamo bisogno di imparare a *non perderci in loro*. È difficile rimanere svegli nel sogno degli altri, ma se abbiamo imparato a rimanere integri nella solitudine diviene possibile. Perché sappiamo ciò che ci muove davvero, ciò che è falso, ciò che ci tenta.

Anche il Buddha abbandona tutto e vaga per sei anni in solitudine, fino a sedersi sotto l'albero della bodhi, il fico sacro, e immergersi nella verità. Un'iniziazione. Nella solitudine, il Buddha scopre il sentiero di mezzo. Scopre che la liberazione non può essere insegnata, ma solo vissuta. Etty Hillesum, la giovane ebrea morta ad Auschwitz, scrisse nel suo diario: «Ho bisogno di tanto silenzio per poter ascoltare ciò che accade dentro di me». E ancora: «Una preghiera può nascere anche in mezzo al rumore, ma la vera trasformazione avviene nel vuoto». Nel pieno della guerra, mentre tutto brucia fuori, lei sceglie il silenzio interiore come via di contatto con il suo *dharma* spirituale. Non cerca una via di salvezza personale, ma una via per restare umana dentro l'orrore.

Tutte queste solitudini sono esistenziali. Sono le soglie dell'anima che bussa, perché la vocazione è una questione d'intimità spirituale. È contenuta dentro uno spazio vuoto. E invece, quante volte usiamo la compagnia e gli stimoli per evitare di ascoltarci…

Hai mai vissuto una solitudine che ti ha trasformato?

Imparare a essere

Un viaggiatore esausto trovò rifugio all'ombra di un grande albero. Riparato dal sole, si addormentò. Al risveglio, disse: «Grazie, albero».

Un vecchio contadino lo sentì e disse: «Quell'albero non fa nulla. Sta lì, semplicemente. Ma la sua ombra salva chi passa».

La cultura occidentale è principalmente fondata sui valori del fare e dell'avere. Nell'ultima manciata di anni ha preso forza anche il culto dell'apparire, che si è insinuato prepotentemente tra le maglie della società. Per questo molte persone pensano alla vocazione come a un mestiere, un ruolo, un'immagine di sé; come se fosse una casella da riempire, un'attività da svolgere o, peggio ancora, un dovere da adempiere. Cerco di tenere sempre bene a mente che invece non è qualcosa che si fa, ma qualcosa che *si è*. Una fragranza che emana dal cuore, anche senza bisogno di parole; uno stato di verità interiore che trasforma ogni gesto, parola, silenzio in presenza viva. Oggi tendo a vedere la vocazione come una forma che l'anima assume nella materia, senza cadere nell'errore di considerarla una lista di cose da realizzare prima di morire. Non importa ciò che facciamo, quanto lo stato di coscienza in cui lo facciamo. Fare l'amore, per esempio, potrebbe trasformarsi in uno sfogo istintuale, dove l'altra persona diventa l'oggetto su cui riversare le proprie pulsioni o addirittura perversioni, oppure un atto sacro, dove il corpo altrui diviene una mappa scritta dall'universo su cui tracciare i sentieri della realizzazione e dell'amore. Tutto dipende dal proprio stato di coscienza. È quello che fa davvero la differenza, trasformando, per esempio, la corsa all'accumulo di denaro e potere a discapito di tutto e tutti in un percorso valoriale capace di generare prosperità diffusa per il beneficio di ogni essere. La vocazione non è il mestiere, ma l'anima che lo abita. È quello che sei anche quando non fai nulla. Risiede nella qualità della tua presenza. Lo *svadharma* di una gemma è quello di sbocciare. Niente più di questo. Non lo fa per farsi notare, ma chi gli passa accanto se ne ricorda.

Da ragazzo ogni tanto qualcuno mi chiedeva se avessi scoperto cosa volevo fare nella vita. La vita invece mi diceva: «Scopri chi sei». Quando sei ciò che sei, il fare si genera naturalmente, senza alcuna forzatura violenta. Ogni azione diventa coerente, limpida, necessaria. Ciò che sei genera armonia, attira le condizioni, le persone, le situazioni che servono al tuo fiorire. La vita è qualcosa che accade a partire da te.

7
Lascia che sia

Let it be

«Sarei morta nel mondo di qualcun altro se non avessi creato il mio» scrisse Anaïs Nin. Ci sono anime che non sono nate per seguire. Devono vivere l'atto della creazione, originare i propri universi. Sentire la propria unicità, a costo di morire nel tentativo di essere ribelli e di perdere ogni cosa. Vero. Bisogna rispettare quella natura. Però arriva anche un momento in cui smetti di desiderare di creare i tuoi mondi e ti lasci andare ai mondi che Dio crea per te. È così che si esplora la più alta esperienza della vocazione: andando oltre se stessi.

La stessa cosa accade con i luoghi. Li riempiamo di idee, progetti, forme, prospettive. Li riempiamo di noi stessi, li ingombriamo col nostro ego e le nostre personalità. La maggior parte degli architetti e di chi arreda fa questo. Lo fa con la mente. Poi, a volte (rare volte), arriva un momento in cui si intuisce che invece dovremmo ascoltarli quei luoghi. Sentire cosa vogliono loro. Di cosa ha desiderio il loro spirito. Ogni luogo ha delle richieste. Spesso, troppo spesso, le violiamo attraverso ciò che chiamiamo arte e stile. In quegli spazi portiamo l'insensibilità di un ego ipertrofico, incapace di togliersi di mezzo, di lasciare che sia. I luoghi andrebbero ascoltati. Di cosa c'è bisogno? Dovremmo lasciarli liberi di parlare e di esprimersi. Come sarebbe questo mondo se ascoltassimo i luoghi per compiere la loro volontà? A molti razionali pratici questa delicatezza rispettosa potrebbe suonare come una follia. Da dove partire per fare il vuoto? Il silenzio è un buon inizio per poter cominciare a sentire e ascoltare. «Cosa desideri?» Bisognerebbe chiedere questo agli spazi. In una casa vuota fermarsi nel silenzio, tra quelle pareti, e accogliere in sé la volontà del luogo, le suggestioni e le impressioni con cui vuole guidarci, lasciando andare le nostre idee precostituite. A volte ci vuole tempo affinché quel posto prenda confidenza e inizi a parlare. Sono maestri di pazienza. Mostrano come la vita non proceda seguendo noi, ma abbia uno scorrere proprio. Ed è quando lasciamo andare le forzature mentali che i luoghi iniziano a parlare. Da lì parte il cammino. Siamo lì per servire. Solo per servire. E un servo accoglie ogni richiesta se riesce prima a sentirla con chiarezza. Uno spazio che si è stati capaci di sentire e servire ti cura. Abiti la sua volontà. Ne fai casa. Essere realmente creativi vuol dire svuotarsi da se stessi e accogliere quella volontà che esiste oltre. È così che possiamo autenticamente vestire i luoghi, colorarli senza pastelli. Provate a farlo, è un'esperienza incredibile. Più lasciamo andare, più tutto accade.

Qual è il colore della vita? Arriva un momento in cui si capisce che è quello che lei vuole. E ci si mette al servizio.

Camminando nel silenzio dei giardini del Matrimandir, splendido tempio di Pondicherry, colonia francese nel Sud dell'India, mi soffermai sulla straordinaria bellezza di un fiore. Rapito, mi interrogai sull'impulso di coglierlo. Da dove nasce in noi il desiderio di appropriarci della bellezza? Il potere di possederla è un'illusione effimera. È la causa della sua sfioritura. Corrisponde alla morte del fiore che, estirpato dalle sue radici, perde il contatto con il nutrimento primario di Madre Terra. Fermiamoci. Non cogliamoli, quei fiori. Se lasciamo andare l'istinto di possesso, la bellezza rimane intatta e permane come un'impressione libera e leggera dentro di noi, legata alla vita. Quel lasciare andare è anche lasciare che la vita sia esattamente com'è. Che la bellezza sia libera dal nostro possesso e da noi. Lasciamola vivere, lasciamo che bellezza sia.

L'unica via per poter ritornare sulla strada principale che portava al nostro resort, distante alcuni chilometri, era sbarrata. Il cancello veniva chiuso dopo le 17 e io mi ero attardato nella natura per meditare in silenzio. Decisi di prendere la strada laterale, che attraversava, per un lungo tratto, una parentesi di povertà estrema. Case fatiscenti, fogne a cielo aperto, nessuna struttura igienica nelle abitazioni, degrado estremo. Ciò che consideriamo estremo in Italia non è che un millesimo di quello con cui puoi venire a contatto in India. Una mucca consumata, pelle e ossa, era legata a un palo di legno marcio. Non potendola mangiare perché considerata un animale sacro, probabilmente veniva sfruttata per il poco latte che riusciva ancora a produrre. Provai un disagio viscerale. In me senso di impotenza, ma anche rifiuto. Vedere quelle persone, molte delle quali anziane, stipate negli armadi logori della vita mi ricordava che ad alcuni tra noi non sono concesse altre possibilità. Spesso ci sembra così difficile uscire da problemi e sfide della vita, come un divorzio conflittuale, il fallimento di un'azienda, un tradimento o la fine di una relazione importante. Ma quello che avevo davanti incarnava l'idea estrema di un inferno in terra. Al posto di fuggire, rallentai il passo, per vedere cosa accadeva dentro quelle baracche, come vivevano, com'erano i loro volti. Vidi un tuk-tuk posteggiato davanti a una capanna senza ingresso. Pensai che il proprietario fosse molto fortunato ad avere quel lavoro. Centocinquanta rupie a corsa. Circa un euro e mezzo. Guardiamo sempre le cose, le persone e il mondo attraverso la nostra particolarissima lente interpretativa. In me esplose una gran voglia di aiutarli tutti. Ma cosa è realmente bene e giusto? Il mio impulso partiva sicuramente dal giudizio, dal sentire che la loro condizione fosse qualcosa di sbagliato. Poi vidi una giovane ragazza che lavava i vestiti in una vasca di cemento utilizzando l'acqua sporca di un secchio. La guardai attentamente. Lei mi notò con la coda dell'occhio, si girò e mi sorrise. Nel suo volto, vi giuro, nessuna tristezza, nessuna sofferenza. Il sorriso più gioioso di quella giornata l'avevo incontrato lì. Mi parve il loto nel fango. Mi contagiò quel sorriso. Aprì il mio cuore. Fu lei a donare a me qualcosa e non il contrario.

Cosa sappiamo noi di come siano realmente quei mondi, dentro. Non dentro a quei mondi, ma quei mondi dentro. Cosa sappiamo di quali siano gli infiniti modi, le infinite possibilità e forme della felicità. Quel sorriso mi permise in un istante di lasciare andare ogni forma di giudizio. Fu sconvolgente poter accedere a una visione di assoluta perfezione. Le cose erano perfette così com'erano. Questo non escludeva la mia incondizionata disponibilità all'aiuto, a essere utile, a servire, a donare. Solo non l'avrei fatto da una condizione di pena, dolore, rifiuto e giudizio, ma attraverso l'amore, la compassione e la pace interiore. Accettare il proprio non sapere è un passo importante per lasciare andare ogni giudizio, opinione e rifiuto. Vedere le cose perfette così come sono non preclude un nostro intervento. Ma quell'intervento verrà celebrato per amore, e solo per amore, di una volontà superiore. Ho visto così tante persone ricche, colte, agiate, piene di opportunità, profondamente infelici e dall'altra parte ho conosciuto moltissime persone che, pur non avendo quasi niente, vivevano nella contentezza e nell'amore. Non me la sento più di dire cosa sia giusto e sbagliato. Voglio solo essere a disposizione, attraverso quello spazio libero e aperto che si crea quando lasciamo andare ogni giudizio e desiderio di controllo. Ciò che vedevo era perfetto. Talmente perfetto così com'era da poter risvegliare in me la voglia di curarlo e servirlo nel migliore dei modi, attraverso l'amore.

Let it flow

La vocazione si insinua ovunque, anche nelle crepe dei muri che abbiamo costruito come diga di protezione, per cercare di rendere la vita un porto sicuro. Ma non siamo animali con un guscio permanente. Le nostre anime sono nomadi. Migrano di esistenza in esistenza, di emozione in emozione, dal mondo di dentro a quello di fuori. Per questo servono fessure e crepe. Oblò attraverso cui uscire durante i naufragi, che sono tanti, anche quando si vestono con l'abito del successo. Perché ogni volta che vinciamo noi e perde qualcun altro, quella è una sconfitta.

Il medico chiese a Hanane se cucinasse cibo marocchino. Lei rispose di sì. «Quante volte al mese?» «Circa tre volte.» Che domanda strana, pensò. Lei, di Marrakech, si era trasferita a Barcellona ormai da vent'anni, naturalizzandosi spagnola e sposandosi con Oriol López Munté Vidal, uno dei direttori artistici più ricercati dalle case di moda della penisola iberica. Due anime pulite, amiche, generose. Hanane ha la pelle d'ebano, lo sguardo gentile, la bocca rossa, carnosa, e veste colori vibranti. Abita le sue forme attraverso l'innata capacità delle donne marocchine di portare con grazia il proprio corpo nell'ambiente. Ha un cuore buono, ma qualcosa in lei rimane impenetrabile. Sempre. Custodisce amore e dolore nel silenzio, dentro di sé. Dal medico ci era andata per capire cosa poter fare per lo stomaco e l'intestino, che le davano noia. Ma quella domanda, fatta dal signore in camice bianco, non se l'aspettava. «Lei deve mangiare almeno tre volte alla settimana il cibo del suo Paese, se vuole stare meglio. È nel suo DNA, nei suoi geni, quel tipo di alimentazione, scolpito in tutte le generazioni che l'hanno preceduta. Perché crede che i bambini nati qui, ma con origini nell'Est Europa, siano attratti da un'alimentazione ricca di aglio e cipolla? Proprio perché quei sapori li hanno nei geni. Il mondo ci entra dentro per scrivere la sua storia più di quanto non ci rendiamo conto. I gusti, i sapori, le scelte, i comportamenti. Lei deve mangiare il cibo del suo Paese natale, dove peraltro ha vissuto la maggior parte della sua vita. Vedrà che starà meglio. E non obblighi suo marito necessariamente a seguirla, perché potrebbe avere gli stessi problemi che lei ha adesso, non essendo la dieta con cui è cresciuto. Mi capisce?» Era stato effettivamente molto chiaro.

Con la vocazione accade più o meno la stessa cosa. Ce l'abbiamo nel sangue. Dobbiamo nutrirci proprio con quel cibo, non forzarci con un altro. C'è sempre qualcuno, nel nostro passato, che inizia una catena e passa un testimone. Anche solo nella forma di un desiderio profondo e spesso inespresso. È così che veniamo attirati a incarnarci in quella linea di sangue, perché risuoniamo con quel desiderio. E nel bene o nel male, quelle maglie arriveranno sino a noi, per essere rafforzate, mantenute o spezzate. La vita non presta attenzione agli argini genetici e alle dighe invisibili, costruite nell'impalcatura biologica. Lei scorre. Siamo noi gli operai che devono aprire i condotti per evitare l'eccesso di pressione. E il nostro *svadharma* viene da lontano. Un'eco della vita prenatale e ancora più indietro, di vita in vita, fino a toccare questo istante. Lo potete riconoscere e sentire? Alcune anime conoscono le trame e il copione. Sanno bene quale sia *la propria vocazione* anche se nessuno glielo ha detto. Altre sono qui per imparare. Per altre ancora non è questo il tempo per poter apprendere la lezione. A insegnarci sono gli avvenimenti, le relazioni e gli accadimenti che l'esistenza ci propone. Ma la vera conoscenza di quest'arte è dentro ciascuno di noi. Emerge nelle circostanze più impensabili, quando meno ce lo aspettiamo e senza esserne preparati.

E invece rimaniamo aggrappati ad abiti che non ci appartengono e che sostituiscono la nostra vera pelle, quella dell'anima. Tutti, o quasi, abbiamo avuto un abito a cui eravamo particolarmente affezionati. Una maglietta, un paio di scarpe, un maglione, un paio di jeans, un cappotto... Io ho sperimentato un'affezione viscerale per una maglietta blu, che per molti anni ho indossato ogni estate, nonostante i buchi e lo stato avanzato di usura. Ma quella maglietta era mare, tramonti, profumo di macchia mediterranea misto a sudore, aquiloni costruiti artigianalmente e molto, molto altro ancora. Pezzi della nostra identità si impregnano negli abiti, per essere indossati a oltranza. Non è l'abito in sé, ma ciò che rappresenta. È quello che non vogliamo lasciare andare, anche quando ha fatto il suo tempo. Ricordi, sentimenti, sicurezze, situazioni. Cerchiamo di farne una seconda pelle. Si tratta sempre, essenzialmente, di non voler lasciare il senso di noi stessi, attraverso le cose che scegliamo per definirci. Ma se la vita è un fiume che scorre, imparare a non aggrapparsi alle apparenze (soprattutto quando la corrente è forte) è essenziale per non soffrire, per scoprire come proseguire leggeri in questo flusso incessante. Nella tempesta bisogna imparare a scendere in profondità, a seguire le correnti abissali che scorrono nella quiete dell'anima. È lì che si trova il senso di se stessi, non nelle increspature passeggere delle onde di superficie.

Ero appena arrivato a Chennai, nell'India del Sud. Era la prima volta che viaggiavo con Air India e, nonostante le recensioni molto poco rassicuranti, il viaggio era stato più che dignitoso. Certo, lo schermo del sedile era rotto, le cuffie fatiscenti non funzionavano e i sedili erano un po' più stretti del solito, ma per me questi erano anche vantaggi. Si possono lasciare andare le scomodità esteriori a patto di trovarci comodi dentro. Adoro meditare e leggere in aereo, soprattutto nei voli intercontinentali, dove c'è tutto il tempo per andare in profondità con calma, galleggiando in un mare di nuvole. Ero diretto in India per approfondire la via dei maestri Siddha del Tamil Nadu, in particolare per lo studio del *Tirumantiram*, un testo molto antico sulla via della meditazione. Arrivato a Chennai, dopo mezza giornata per acclimatarmi, partii con un piccolo gruppo verso la prima destinazione stabilita. Salii sul pullman e mi accomodai nel posto a sinistra del conducente (la guida in India è a destra, eredità della colonizzazione inglese), in modo da avere la strada proprio sotto gli occhi. Partimmo. Le macchine e le moto sembravano venirci addosso. «Che incoscienti» pensai, «il pullman è grosso, perché invadono la nostra corsia così spudoratamente?» Poi un flash. Un'istantanea. Il nostro bus procedeva contromano in una delle strade più trafficate e vicine al centro, scansando come meglio poteva macchine, motocicli e altri mezzi pesanti!

«*Excuse me, we are going in the wrong way down the road*» feci notare con delicatezza all'autista. La risposta fu lapidaria. «*Don't worry, Sir. If you take it slow you can do everything.*» Se vai piano puoi fare qualsiasi cosa. Sbiancai. Dopo lo choc iniziale passai rapidamente quattro fasi interiori: smarrimento, preoccupazione, meraviglia, divertimento. Ero nel centro di una città di oltre undici milioni di abitanti, su un pullman carico di persone, che procedeva serenamente contromano. Iniziò così ufficialmente quel viaggio. Proseguimmo fino a raggiungere un incrocio che dava su una curva a gomito, per poi superarla schivando ogni tipo di ostacolo mobile che si affacciava all'improvviso. Nessun intervento della polizia, nessuna protesta da parte degli automobilisti che guidavano in senso corretto. Il clacson suonava di continuo, sia il nostro sia quello degli altri mezzi, ma non per protestare, quanto per avvisare e orientare il flusso.

If you take it slow you can do everything. Se vai piano puoi fare qualsiasi cosa. Non l'avevo compresa bene sul momento, poi l'ascoltai meglio dentro di me, quella frase. Come le facce di un diamante, nuovi significati venivano alla luce. Non ho mai compreso razionalmente come tutto quel caos possa funzionare, l'India è incredibile anche per questo. Non trovammo mai, lungo tutto il viaggio, né un blocco, né un incidente, né un collassamento del traffico. Pensai a quando in Italia bastano un piccolo incidente o un po' di pioggia per mandare tutto in tilt per ore. Sono la mente, il pensiero, le proprie credenze che plasmano il tessuto della realtà. A qualcuno potrà sembrare strano, ma è la verità. Di fronte a me ne avevo una dimostrazione lampante. Le persone riuscivano a fluire, si aiutavano a vicenda, usavano il clacson come linguaggio comune. Lasciavano scorrere, lasciavano che fosse qualcosa di più profondo a guidarle. Ebbi la sensazione di un qualcosa di superiore che governa e dirige tutto. Onnipresente. Anche quando siamo convinti di avere noi il controllo, non siamo che un'infinitesima parte dell'invisibile e infinito costrutto universale regolato da meccaniche divine. Nessuno muore prima del suo tempo. Certo, nel mezzo siamo liberi di scegliere, ma sempre in quel punto il nostro viaggio arriverà. I millenni di devozione, di abbandono al divino, di accettazione piena della natura della vita, anche attraverso un *karma* doloroso, hanno plasmato questo popolo e il suo modo di vivere. In India le cose funzionano diversamente. Incredibilmente funzionano. Il traffico scorre. Scorre meglio che in molte città italiane…

If you take it slow you can do everything. Se vai piano puoi fare qualsiasi cosa. Inconcepibile per la mente razionale. Disordine, incidenti, rischi, anarchia. Soprattutto in un contesto come il nostro, che ci educa alla fretta. Mi venne in aiuto un esercizio di preparazione alla meditazione che anni prima avevo sperimentato. Consisteva nel camminare bendati in una stanza con molte altre persone. L'esercizio era focalizzato sul lasciarsi andare al flusso delle sensazioni in uno stato di presenza, sul riconnettersi con un istinto dimenticato, con fiducia a ogni passo. «Cammina nella pace, ascolta ogni respiro, entra nella fiducia, senti la saggezza naturale del corpo, lui sa dove e come muoversi anche se non puoi vedere chi arriva lungo il tuo cammino.» Metafora della vita. Camminando così, superato il dramma del controllo iniziale, si risvegliano i sensi intuitivi profondi. Ci si ricollega alla natura del sentire senza il filtro del pensare. Una pratica molto efficace per poter ascoltare meglio la natura della propria vocazione. Ogni volta che si sente tensione, si porta l'attenzione al respiro. È in questo modo che impariamo a camminare nel presente. Un presente che ci informa e ci fa sapere qual è la direzione, cos'è l'armonia. Non potrebbe esistere il *roaming wild* senza la connessione con questo stato interiore. Quando la mente entra in silenzio, ci si sente perfettamente a proprio agio, ogni tensione scompare e si riesce a scorrere liberamente senza più paura di sbattere. E infatti, magicamente, non accade più. Camminare dentro quel sentire ci avvicina allo *svadharma*. Ogni passo è cura, pace e presenza. I sensi si espandono e tu sai perfettamente dove andare e cosa fare per non incontrare più nessun ostacolo, o per gestirlo correttamente. È lì che capisci che a sbattere sono i tuoi spigoli mentali. Credo che le regole funzionino e siano necessarie fino a che l'essere umano non riesce ad accedere alla saggezza naturale della propria anima. A quel punto sa muoversi con armonia nel mondo e in sintonia col proprio *svadharma*. Quella saggezza risvegliata diviene l'unica bussola possibile. Se tutti rallentassimo, potremmo andare molto più veloci. Forse la giusta direzione a volte non è quella indicata dai cartelli. Chi va piano...

Let it go. Le relazioni al servizio della vocazione

Il richiamo della vocazione può presentarsi come invito alla solitudine o spinta a condividere il cammino con un altro cuore. Ci sono persone che, per poter servire al meglio la propria via, non possono dedicare le energie a nient'altro, inclusa una relazione di coppia con le attenzioni che richiede per essere coltivata e accudita. Non possono fare altrimenti. Il loro cammino è di tipo monastico, anche se non vi è alcun contesto religioso di appartenenza. Un monachesimo laico e universale. Il termine «monaco» deriva dal greco μόναχος (*mónachos*), a sua volta tratto da μόνος (*mónos*), che significa «solo», «unico». In origine indicava chi viveva in solitudine dedicandosi esclusivamente alla preghiera e alla contemplazione. In senso lato, invece, riguarda chi necessita di focalizzarsi totalmente, con dedizione assoluta ed esclusiva, sulla propria vocazione. Una devozione totale. L'ho ritrovata anche in molti atleti professionisti che sono riusciti ad arrivare alle vette della loro disciplina. Una completa consacrazione. Mi ha colpito molto, per esempio, il documentario *The Last Dance*, dedicato a Michael Jordan. Non si trattava di semplice passione, ma di una vocazione integrale, a tratti una vera e propria ossessione.

Oppure? È una questione delicata questa. Si può restare fedeli alla propria vocazione pur tenendo fede alle responsabilità relazionali? Ognuno deve ascoltare e riconoscere la sua unicità. Non ci sono prontuari o guide universali. Bisogna procedere per tentativi, guidati dal discernimento. Entrambe le strade, il monachesimo e la relazione di coppia, offrono terreni fertili per far fiorire la vocazione, seppur in modo diverso.

Per quanto mi riguarda, la vita di coppia può avere senso a patto che siano presenti due fattori: la consacrazione della coppia e l'accoglienza di periodi di solitudine e ritiro. Un'unione consacrata è dedicata al servizio e al rispetto delle reciproche vocazioni. Vuol dire che quell'incontro è volto alla manifestazione dei propri ideali e valori; che si lascia l'altro pienamente libero di esprimere e servire ciò per cui sente di essere nato. Non si tratta dell'unione di due personalità che diventano l'una la stampella dell'altra, in una dinamica di bisogno o possesso, ma della libera scelta quotidiana di due anime che decidono di essere, non semplicemente stare, insieme, mano nella mano e cuore nel cuore.

Nella coppia dovrebbe esserci uno spazio in cui due vocazioni si ascoltano e si sostengono. Così si realizza un dialogo vivente: l'altro, uno specchio umano che riflette i nostri Sé rinnegati e gli angoli da smussare, dandoci la possibilità di un grande lavoro di consapevolezza. Quindi, sostegno reciproco e condivisione di obiettivi comuni. La sfida, invece, si presenta sotto forma di gelosie sottili, competizione, possessività, diversità di ritmi, possibile sovrapposizione dei «doveri di coppia» con i «doveri interiori». Con il rischio che uno dei due tenda ad annullarsi per l'altro. Il vero tradimento in una coppia consiste nella rinuncia alla propria vocazione, per assecondare l'altro. In questo modo tradiamo noi stessi (peraltro proprio in nome della fedeltà). Ogni coppia dovrà trovare le proprie strategie per armonizzare le due vocazioni e convergere in alcuni punti. Per questa ragione ritengo molto importanti sia gli spazi di solitudine sia quelli di unione. Il bisogno di silenzio è imprescindibile per l'equilibrio relazionale, così come lo sono gli spazi sacri di presenza e condivisione. Si tratta di saper sentire, riconoscere e rispettare dei confini invisibili. Linfa vitale sono anche i progetti comuni di servizio disinteressato, ossia azioni condivise che nutrono entrambe le vocazioni.

Coltivando insieme il silenzio e il dialogo, il monaco e l'amante dentro di voi troveranno un accordo che trascende il contrasto, trasformando la coppia in un laboratorio alchemico in cui due fiamme interiori si elevano, unite, verso il compimento di uno *svadharma* condiviso eppure profondamente individuale.

«Non sei entrato nella mia vita per riempire un vuoto, ma per aiutarmi a ricordare chi sono.» Questo è quello che dovremmo ricordarci e ricordare a chi amiamo. Perché una delle più pericolose convinzioni è quella che ci porta a credere che l'amore sia qualcosa che serva a completare ciò che ci manca. L'illusione che l'esperienza dell'amore sia l'unione di due metà che si cercano per diventare intere. L'altro, nella sua nudità, nella sua presenza, nel suo mistero, è uno specchio sacro. Ci aiuta a ricordare chi siamo, cosa ci accende, cosa ci tradisce. Ma è già un intero di per sé, senza bisogno di noi.

Una relazione autentica non è tanto un rifugio quanto un *fuoco condiviso*, in cui ogni giorno si impara l'arte più difficile: restare fedeli a se stessi mentre si ama un altro essere. L'amore non dovrebbe diventare una distrazione che annebbia la chiara visione della propria vocazione. Per questo in molti pensano che per seguirla occorra restare soli. Temono che l'intimità li distragga, li porti fuori strada. In realtà, quando è autentico, l'amore non spegne, ma raffina; brucia ciò che è superfluo. Avviene questo se le anime si riconoscono davvero, chiedendosi presenza reciproca, lucidità e onestà, ma, soprattutto, desiderando che l'altro sia chi è realmente. Il partner non è un fine, ma un alleato del cammino. Dovrebbe essere la voce che ci ricorda la nostra luce, proprio quando siamo tentati di dimenticarla. Un incontro che non richiede catene, ma radici profonde e ali spalancate.

«Io mi impegno a essere me stesso, a onorare il mio cammino e a sostenere il tuo. Anche quando i nostri passi si faranno diversi. Anche quando i nostri bisogni cambieranno forma. Resterò fedele alla fiamma, non alla forma.»

Un amore *al servizio del dharma* non ha bisogno di controllo. Ci si ritrova sempre, anche se in punti diversi del mondo, se davvero si è destinati a evolvere fianco a fianco. Bisogna quindi avere cura di scegliere qualcuno che ci aiuti a manifestare la nostra verità. Amare chi onora la propria natura essenziale è un grande privilegio.

Un incontro molto, molto raro, che non avviene cercando chi ci piace, ma smettendo di scappare da noi stessi. La scelta è semplice: amare perché abbiamo bisogno di qualcuno, o scegliere qualcuno con cui condividere la nostra libertà.

Una relazione di questo tipo si trasforma in una costante pratica spirituale, perché ci costringe a farci ogni giorno quattro domande fondamentali: come posso essere sincero senza ferire? Come posso sostenere senza invadere? Sono capace di lasciare andare l'altro se la sua anima mi chiede spazio? Sono in grado di scegliere l'altro ogni giorno, senza dimenticarmi di me stesso?

Per capire se abbiamo di fronte un alleato o un rifugio, bisogna prima di tutto comprendere se la persona che sentiamo di amare conosce la nostra vocazione più profonda.

Senti di riuscire a esprimere il tuo *svadharma* in questa relazione, o perdi pezzi di te per farla funzionare?

A volte, poi, ti accorgi che restare in una relazione equivale a morire lentamente. Andare via, in questo caso, non è un abbandono, ma il modo più profondo per non abbandonare se stessi. Per amare fino in fondo, bisogna saper lasciare andare nel momento in cui restare equivarrebbe a tradirsi. Quando senti che è venuto il momento di andare via, non mentirti, non restare per abitudine. La vera sfida è riuscire ad andare via con gratitudine attraverso un atto di verità. Un rito di passaggio. Il problema è nei codici mentali che percepiscono l'amore che finisce come un fallimento. Molte persone aderiscono alla narrazione romantica e infantile secondo cui, se un amore finisce, allora era falso. A volte, è proprio perché era vero che si deve trasformare. Quel tratto di cammino è stato autentico. Benedicilo e libera l'altro dal tuo senso di fallimento.

La fine di certe relazioni è un atto di fedeltà al proprio *svadharma*. È una prova difficile, che sembra quasi crudele: dover scegliere tra ciò che funziona in apparenza e ciò che ti chiama nel profondo. Ma la vita, se vissuta davvero, è fatta di passaggi di maturazione. E maturare significa riconoscere quando è tempo di onorare un legame chiudendolo con dignità o, comunque, trasformandolo. Non è egoismo finire una relazione in questo modo, quando lo si fa in onore del vero. È un atto spirituale. Chi sceglie se stesso, non per paura, ma per integrità, sta dicendo al mondo: «Voglio vivere senza più mentirmi». Invece facciamo morire tante parti di noi per restare in un compromesso che non calza più. Quante volte è accaduto? Talvolta scegliamo di smettere di crescere per cercare di far funzionare qualcosa che in realtà è già finito. Su un piatto della bilancia c'è ciò che perdi se resti, sull'altro ciò che perdi se te ne vai. Da un lato, la paura di far soffrire l'altro, dall'altro la propria sofferenza. Quanti tra noi hanno il coraggio di guardarsi negli occhi e dire: «Ti lascio andare non per cancellarti, ma per lasciare spazio a ciò che ognuno di noi è destinato a diventare. Ti lascio libero perché il mio amore è troppo vero per mentire ancora»?

Lo so, fa male. L'ho vissuto più e più volte anche io in questa vita. In forme e intensità differenti. Ma alla fine ci rendiamo sempre conto che lasciamo andare qualcosa che, da tempo, aveva smesso di respirare. Quando penso a queste dinamiche, mi torna in mente il video di una scimmia che tratteneva a sé il proprio cucciolo morto. Non riusciva a lasciarlo andare. Lo teneva nel suo grembo abbracciandolo e se ne andava in giro con quel corpicino senz'anima. Ma arriva prima o poi il momento del distacco. E così quell'animale o, meglio, quella madre sofferente aprì le braccia per continuare il suo cammino. Quando si aprono le proprie braccia, bisognerebbe avere nel cuore la gratitudine per ogni sorriso, ogni sogno condiviso, ogni notte in cui ci siamo svegliati a vicenda, senza dire una parola. Per ogni bacio e abbraccio di amore. Ma la vita, adesso, ci chiama altrove. Non stiamo fuggendo. Non è la fuga di chi non ha mai amato. È un dover andare per essere fedeli a ciò che siamo. Restare significherebbe mentire, costringere l'amore altrui ad alimentare chi non riesce più a sbocciare. Lasciarsi per fare spazio a ciò che ognuno di noi è destinato a diventare, invece, è una forma di amore e di rispetto.

Se un giorno sentirai il mio nome nel vento, non pensare alla fine. Pensa che un tempo due anime si sono riconosciute, conosciute e si sono salutate con amore.

8
La ricerca di significato
Svadharma, *shimei* e *ikigai*

Sei qui per offrire ciò che nessun altro può dare: la tua impronta unica, il tuo canto, la tua verità incarnata. Cammina non per cercare un posto nel mondo, ma per ricordare al mondo il suo posto nel cuore. Lo svadharma *non è un dovere, ma una risposta d'amore al dono della vita.*
D.L.

Intrecci di senso

Se ci guardiamo intorno, possiamo facilmente prendere coscienza di vivere immersi in un mercato che ci offre mille bussole, ma pochi elementi che tengano insieme ciò che facciamo e ciò che, in profondità, realmente siamo. Esistono tre concetti antichi, arrivati a noi attraverso il flusso del tempo, che se considerati come un sistema interdipendente si rivelano estremamente efficaci per orientarci. Nell'affrontare il tema della vocazione, del significato e del proposito della vita non possiamo fare a meno di esplorarli per beneficiare delle preziose indicazioni che emergono.

Questi tre concetti sono: *svadharma*, *shimei* e *ikigai*. Tre angolazioni di una stessa grande questione: come vivere con senso, coerenza e autenticità senza spezzarsi tra desideri, aspettative e ruoli. Inoltre, ritroviamo questi argomenti in evidenze scientifiche sui vantaggi in termini di condizione psicofisica, oltre che di qualità della nostra vita, come abbiamo già accennato in precedenza. La convergenza delle ricerche, infatti, suggerisce che coltivare scopo, senso e vocazione nella vita non solo arricchisce la nostra esistenza, ma ha anche effetti tangibili sulla salute. Incorporare pratiche che aiutino a scoprire e perseguire il proprio scopo può essere una strategia efficace per migliorare il benessere complessivo. Tra tutti gli studi, quelli che ho trovato più affascinanti riguardano i benefici psicologici e neurologici, la salute fisica, la longevità e il benessere sociale. Studi che evidenziano come avere uno scopo nella vita sia associato a: migliore regolazione dello stress; maggiore resilienza emotiva; migliore salute mentale e realizzazione personale; relazioni più forti. Ma anche una significativa riduzione della mortalità e degli eventi cardiovascolari (una ricerca su anziani giapponesi ha evidenziato che chi percepiva *ikigai* aveva una maggiore probabilità di essere vivo sette anni dopo rispetto a chi non lo aveva); riduzione dell'infiammazione; migliore funzione immunitaria. Anche il modello PERMA (acronimo di Positive emotions, Engagement, Relationships, Meaning, Accomplishment: emozioni positive, coinvolgimento, relazioni, significato, raggiungimento degli obiettivi), sviluppato da Martin Seligman, identifica il «significato» come uno dei cinque pilastri del benessere psicologico, sottolineando l'importanza di avere uno scopo per una vita soddisfacente. Ho pensato di dedicare un piccolo capitolo a chi volesse approfondire queste tematiche e scoprirne i meccanismi neurobiologici e psicologici.

Dal «Che faccio?» al «Perché esisto?»: un intreccio di tre mappe

Nel tentativo di orientarci nella vita, entriamo in contatto con molti aspetti: carriera, successo, piacere, dovere, confronto, obiettivi. Ciò che davvero tiene insieme il tessuto di un'esperienza di vita significativa sono gli orientamenti del Sé. Ed è esattamente questo che rappresentano *svadharma*, *shimei* e *ikigai*. Immagina tre luci che illuminano lo stesso sentiero da angolazioni diverse. Separatamente aiutano a vedere parti del cammino; insieme, rivelano la geografia intera. Vibrazioni diverse dentro lo stesso accordo. Sono concetti sfidanti, perché, anziché dare risposte, ci fanno sentire il peso e l'energia delle nostre scelte come qualcosa che non solo ha forma, ma anche direzione e senso. E in un mondo in cui si attribuisce ragion d'essere persino alla guerra, all'inganno e alla sopraffazione, c'è sempre più fame di verità, di proposito e di vocazione, che dia significato alla vita, soprattutto nelle nuove generazioni. *Svadharma*, *shimei* e *ikigai* possono offrire un aiuto valido.

Qual è la condizione migliore per affrontare ed esplorare questi tre concetti e farli propri? Un koan zen anonimo recita: «Quando la ciotola è piena, il cielo si versa altrove». La ciotola piena rappresenta ogni forma di ingombro interiore: narrazioni non esaminate, identità sovraccariche e aspettative esterne, attaccamenti e imitazioni. Il «cielo», ovvero la natura elevata, la possibilità autentica di realizzazione, il senso nuovo, cerca un altro luogo dove fluire perché non c'è ricettività. Svuotiamo dunque la mente dal sapere e il cuore dal sentire.

Svadharma, *shimei* e *ikigai* indicano la via dell'autenticità al servizio della vita, in cui il talento personale incontra il bene collettivo e l'armonia con la natura della vita stessa. Non si tratta di diventare qualcosa o qualcuno, ma di diventare pienamente se stessi. In un mondo sempre più alla ricerca di senso, termini come *svadharma* e *ikigai* stanno guadagnando popolarità per la loro capacità di offrire una direzione nella vita. Sebbene entrambi i concetti ruotino intorno al tema del proposito esistenziale, le loro origini, significati e approcci differiscono profondamente. Capire queste differenze può aiutarci a scegliere quanto più adatto a noi.

Svadharma (स्वधर्म)

È un termine sanscrito composto da *sva* (स्व) «proprio», «di sé», e *dharma* (धर्म) che ha un'origine più profonda: viene dalla radice proto-indoeuropea *dhṛ*, che significa «sostenere», «reggere», «mantenere». Da qui deriva il senso di «ciò che sostiene l'ordine», «dovere», «legge naturale», «funzione autentica». *Svadharma* è «il proprio *dharma*», la «propria via» secondo la propria natura, cioè il dovere o la funzione che è autentica per l'individuo in base alla sua natura (*svabhāva*) e al contesto. Il concetto di *svadharma* rompe lo schema del «copia e incolla» che diventa una bussola in molte vite. *Svadharma*, nella tradizione della filosofia indiana, è la propria legge naturale, ma non nel senso prescrittivo rigido: è l'azione che scaturisce dal contatto con la propria natura autentica e dal contesto in cui siamo inseriti, eseguita con integrità e senza attaccamento ai frutti. L'insegnamento chiave, all'apparenza paradossale, è potentemente liberatorio: è meglio fare in modo imperfetto ciò che ci appartiene autenticamente, che fare in modo perfetto ciò che appartiene alla natura altrui. Perché nel primo caso manterremo integrità, nel secondo creeremo dissonanza esistenziale.

Lo *svadharma* racchiude in sé tre concetti: vocazione (richiamo dell'anima), proposito (scopo autentico) e significato (motore interiore) e per arrivarci occorre risvegliare la via del sentire che coinvolge corpo, mente e spirito. Non dobbiamo cadere nell'errore di pensare che siano concetti elevati e astrazioni filosofiche, perché lo *svadharma* è perfettamente integrato con la dimensione fisica, vitale, relazionale ed emotiva. Spesso le persone «sentono nello stomaco» che esiste una verità più profonda, diversa dalla logica di mercato. E forse la sfida delle generazioni future sarà proprio quella di integrare lo *svadharma* nella vita quotidiana, nel lavoro, nelle relazioni e nella società.

Il concetto di *svadharma* spezza anche il circolo vizioso del confronto. La tua strada non deve sembrare quella di qualcuno che ammiri. La tua efficacia non ha il dovere di somigliare a modelli esterni. *Svadharma* ti mette in ascolto: *quando agisco, lo faccio da una forza che mi viene naturale* o *sto cercando di adattarmi a una forma estranea perché funziona per qualcun altro?* Lo *svadharma* va letto come una coerenza dinamica: non consiste nel seguire o eseguire un copione prestabilito, ma nel trovare il punto in cui la tua inclinazione incontra l'opportunità di agire. Mi piace considerarlo come una soglia di energia, che si manifesta quando facciamo qualcosa che è davvero nostro, e l'azione ci sembra leggera, anche se il contenuto è gravoso.

Zhuangzi, uno dei più grandi filosofi della tradizione taoista cinese, scrisse: «La forma vera dell'uomo è quella che egli ha ricevuto dal Cielo, la cui azione è spontanea e immutabile. Perciò il Saggio trae dal Cielo la sua Legge, nell'aderenza alla propria verità, senza accettare il vincolo della morale convenuta. Gli insipienti, incapaci di prendere dal Cielo la propria legge, si lasciano guidare dagli altri». Quando non è in contatto col proprio *svadharma*, l'essere umano sfiorisce. Come un fiore che appassisce quando non ha radici a contatto con la terra. E anche se si è circondati da ricchezza e successo, manca la luce negli occhi e nel cuore. Il contesto omologante basato su modelli di felicità e successo preconfezionati e edonici nel quale viviamo non aiuta. La disconnessione del fiore dalle sue radici è quello che il nostro sistema educativo alimenta. Le ansie, le angosce, le paure che molti tra noi, soprattutto giovani, vivono derivano dal fatto che siamo lontani da quelle radici.

La soluzione ai problemi di fondo dell'umanità non va ricercata né nella tecnologia né nella politica, ma nella consapevolezza. Le questioni chiave della violenza, della corruzione, della cupidigia e delle disuguaglianze sono realmente risolvibili solo tramite un innalzamento del livello di coscienza umana. Serve una rivoluzione spirituale laica e massiva, che coinvolga tutti i processi istituzionali. Ma cosa intendiamo per spiritualità? È la conoscenza profonda di sé, quella che permette la chiara distinzione tra ego e Sé. Lo *svadharma*, profondamente personale, non riguarda ciò che la società si aspetta da noi, ma ciò che la nostra natura intrinseca ci chiede di essere. È la nostra vocazione essenziale, una spinta interna che ci connette con la nostra anima. Come descritto nei testi vedici, vivere secondo il proprio *svadharma* significa armonizzarsi con il proprio destino, accettando anche le sfide e i sacrifici che questo cammino richiede.

Nella cultura millenaria indovedica la realizzazione del proprio *svadharma*, qualunque esso sia, corrisponde a un rito sacro. I greci esprimevano questo concetto con la massima «divieni ciò che sei», mentre il taoismo invita a seguire la propria legge interna, la propria via, senza intrusione di precetti estranei e di norme stereotipiche.

Per iniziare a rivolgere la mente all'interno di se stessi e intuire il proprio *svadharma*, potremmo meditare su queste sei domande chiave.

1) Quali attività e contesti ti fanno perdere la cognizione del tempo e sentire una pienezza interiore?
   (Atti o contesti in cui ti senti completamente assorbito e vitale)

2) Quali valori o principi senti imprescindibili per la tua esistenza?
(Quelli veri, non negoziabili, che guidano le tue scelte più autentiche)
3) Quale contributo unico, basato sulla tua storia e sulle tue competenze, puoi offrire al mondo?
(Il modo specifico in cui la tua esperienza personale diventa dono per gli altri)
4) Quali storie o temi ricorrenti emergono nei tuoi sogni, nelle tue fantasie o nei tuoi scritti?
(Indizi simbolici sul tuo scopo, che parlano attraverso immagini e archetipi)
5) Tra i sedici e i ventisei anni quali sono state le rivelazioni, le intuizioni, le consapevolezze più importanti e i momenti più significativi?
(Tutto ciò che ti ha fatto intuire qualcosa sulla tua natura o sull'esistenza di un compito più grande)
6) Guardando indietro alla tua vita, in quali momenti hai sentito un senso di «dovere del cuore» che nessuno ti aveva imposto?
(Le chiamate interiori spontanee, le urgenze dell'anima che ti hanno indirizzato su strade inaspettate)

Shimei (使命)

Shimei è una parola giapponese che significa letteralmente «missione» o «scopo di vita», ed è composta da *shi*, «usare», «servire», e *mei*, «vita», «destino», «comando». È la missione silenziosa che la tua anima ha scelto prima ancora di nascere. Non è legata al riconoscimento, ma all'impatto sottile e profondo che lasci. È l'orma del tuo passare, ciò che solo tu puoi fare, il tuo modo unico di toccare il mondo. Quando vivi e incarni questa missione, l'ombra si trasforma in luce, e il dolore diventa seme. Per un periodo molto lungo della mia vita ho creduto che compiere la missione fosse quasi un obbligo, invece si è rivelato un privilegio. Chi non la trova, la segue e la compie ha due possibilità: convivere con un'inquietudine di fondo o cercare di sedarsi per non sentirla. Chi la serve, invece, anche nel silenzio, lascia dietro di sé un mondo più umano, più consapevole e più ispirato, perché questa è la natura dell'essere quando entra realmente in contatto col Sé. *Shimei* non è un semplice obiettivo da raggiungere, ma porta con sé l'idea di qualcosa che ci viene affidato o che sentiamo come un imperativo significativo, cioè un «perché» che ha peso, una chiamata profonda a compiere la missione che ci appartiene davvero. *Shimei* indica dunque il compito profondo che una persona è chiamata a realizzare nella vita e non dovrebbe essere considerato come una destinazione immutabile, ma come un patto rinnovato. È qualcosa che, se non lo onorassi, ti farebbe sentire non a posto con te stesso, nel senso più sano del termine, non per giudizio esterno, ma per disallineamento interno.

Shimei è il «perché profondo» che risuona oltre le ambizioni condizionate, a beneficio del prossimo. Offrire agli altri uno spazio di cura e presenza, dare voce a chi non ce l'ha, ricordare alle persone la bellezza sacra della vita, avvicinare gli esseri umani alla natura… ognuno di noi risuona con un senso di missione unico, che ha a che fare con i propri talenti e che, se unito a quello degli altri, diventa una sinfonia meravigliosa. Quando un gruppo di persone agisce in accordo a un particolare *shimei*, accadono sempre cose straordinarie e si muovono forze profondissime. Sarebbe bene che all'interno di un gruppo tutti avessero chiarezza sul proprio *shimei*, o quantomeno facessero un lavoro interiore in quella direzione. Questo perché lo *shimei* è collegato con i valori reali in cui si crede autenticamente e quindi rende il gruppo coeso e forte anche attraverso le crisi. E non solo dal punto di vista professionale, ma soprattutto da quello umano ed esistenziale.

Il problema è che molti tra noi sono così affaticati, sopraffatti dalle responsabilità, dai problemi e dagli impegni, spenti, iperstimolati e stanchi, che non hanno più le risorse vitali da dedicare alla ricerca e alla realizzazione di questi aspetti della vita. Non è paradossale che a volte sia proprio la crisi, la malattia, il fallimento a svegliarci per tentare di farci ritrovare il cammino?

Possono aiutarci sei domande chiave, per intuire il nostro *shimei*.

1) Cosa ti viene naturale fare, senza sforzo?
(Talenti spontanei, qualità, modi in cui ispiri o aiuti gli altri)
2) Quali esperienze nella tua vita ti hanno fatto sentire «al posto giusto»?
(Momenti in cui ti sei sentito utile, vivo, connesso)
3) Quali sono le ferite o le sfide più grandi che hai trasformato in forza?
(*Shimei* spesso nasce dalle nostre trasformazioni interiori più profonde)
4) Quale impatto vorresti lasciare negli altri o nel mondo?
(Anche in piccolo. Una traccia che parli di te, anche quando non ci sarai)
5) Se non avessi limiti di tempo, soldi o paura, cosa faresti ogni giorno?
(Risponde alla tua chiamata più autentica, al tuo «fuoco» interiore)
6) Se scoprissi di dover morire entro pochi mesi, quali sarebbero le scelte più importanti che compiresti?
(Non avere più tempo ti mette di fronte a ciò che davvero conta senza più scuse, né attaccamento al superfluo e all'illusorio)

Ikigai (生き甲斐)

Iki viene dal verbo giapponese *ikiru*, «vivere» o «essere vivo», e *gai* tradizionalmente significa «effetto», «risultato», «valore» o «senso» (quello per cui qualcosa vale). Quindi etimologicamente *ikigai* è «il valore del vivere» o «una ragione per vivere». Si basa sull'equilibrio tra quattro dimensioni: ciò che ami e ti dà gioia fare (passione), ciò in cui sei bravo (talento), ciò di cui il mondo ha bisogno (missione), ciò per cui puoi essere pagato (professione). L'*ikigai* cerca un equilibrio tra il proposito personale e le esigenze della comunità. È un concetto pragmatico e applicabile al quotidiano, con un forte focus sull'intersezione tra utilità e felicità personale. È particolarmente indicato per chi vuole conciliare passione, talento e sostenibilità; ci invita a trovare il nostro posto nella società, non solo per vivere bene, ma anche per essere utili agli altri.

Ikigai è spesso presentato come un diagramma. Quattro cerchi che si intersecano: ciò che ami, ciò in cui sei bravo, ciò di cui il mondo ha bisogno e ciò per cui puoi essere ricompensato. Ma quella figura, utile, rischia di rimanere sterile se usata come una verifica statica. Il cuore dell'*ikigai* è invece dinamico, una co-creazione tra il tuo interno e il mondo esterno. Non è solo scoprire cosa ti fa stare bene, ma è esplorare attivamente lo spazio in cui ciò che fai incontra una domanda reale nel mondo e produce un valore riconosciuto.

Hai mai costruito o offerto qualcosa che ti ha fatto sentire vivo, che hai saputo fare bene, che ha risposto a un bisogno del mondo e che ha avuto un ritorno (emotivo, relazionale, economico)? Non deve essere necessariamente qualcosa di grandioso, ma può riguardare anche qualcosa di intimo. Il senso che crea l'*ikigai* cresce nell'armonia e nell'equilibrio attivo tra i quattro elementi. È come un laboratorio in cui si mescolano desiderio, talento, utilità e sostenibilità. È il «punto caldo» in cui ti accorgi che certe cose non sono solo piacevoli, ma ti nutrono, ti rendono utile e producono valore.

Questi tre concetti, *svadharma*, *shimei* e *ikigai*, quando integrati e vissuti con coerenza, hanno un impatto molto positivo sulla qualità della nostra vita e sul nostro benessere, e dovrebbero «lavorare» insieme per ispirare le nostre vite. Immaginate questi sette aspetti: ciò che ci accende l'anima, ciò che ci dà gioia, ciò che ci piace fare, ciò che dà profondo senso a noi stessi e a ciò che facciamo, ciò che dà senso di missione autentica, ciò che ci permette di esprimere i nostri talenti, ciò che è utile agli altri e al mondo, che si trasformano nella nostra professione e permettono di generare prosperità diffusa.

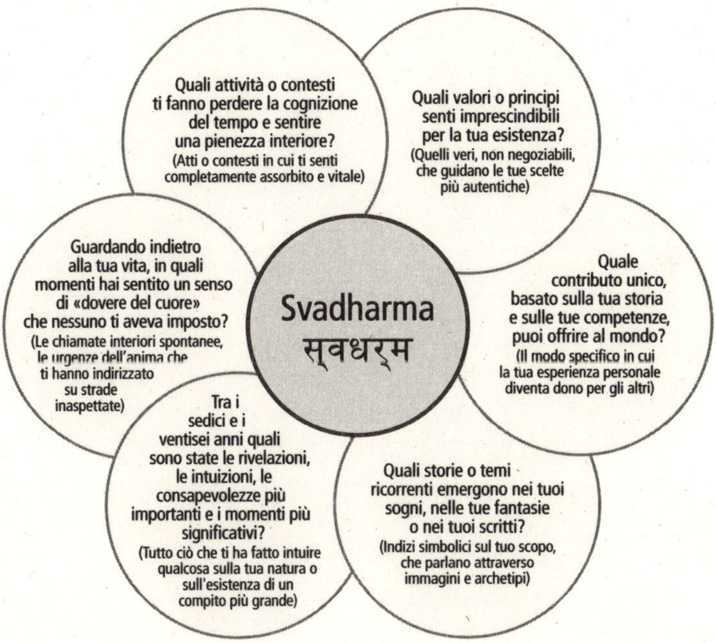

Cosa ti viene naturale fare, senza sforzo?
(Talenti spontanei, qualità, modi in cui ispiri o aiuti gli altri)
Quali esperienze nella tua vita ti hanno fatto sentire «al posto giusto»?
(Momenti in cui ti sei sentito utile, vivo, connesso)
Se scoprissi di dover morire entro pochi mesi, quali sarebbero le scelte più importanti che compiresti?
(Non avere più tempo ti mette di fronte a ciò che davvero conta senza più scuse, né attaccamento al superfluo e all'illusorio)
Shimei
使命
Quali sono le ferite o le sfide più grandi che hai trasformato in forza?
(*Shimei* spesso nasce dalle nostre trasformazioni interiori più profonde)
Quale impatto vorresti lasciare negli altri o nel mondo?
(Anche in piccolo. Una traccia che parli di te, anche quando non ci sarai)
Se non avessi limiti di tempo, soldi o paura, cosa faresti ogni giorno?
(Risponde alla tua chiamata più autentica, al tuo «fuoco» interiore)

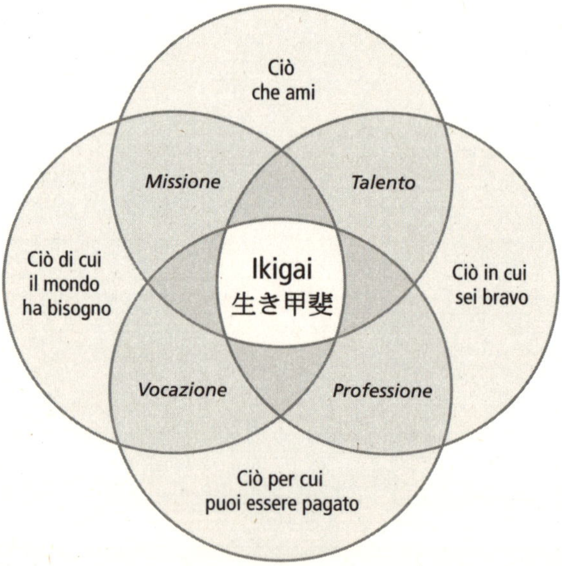
Ciò che ami
Missione
Talento
Ciò di cui il mondo ha bisogno
Ikigai
生き甲斐
Ciò in cui sei bravo
Vocazione
Professione
Ciò per cui puoi essere pagato

L'impatto sulla salute della vocazione e della ricerca di significato nella propria vita

C'era una volta, in un villaggio lontano, un bambino che nacque con una piccola lanterna nel petto. Nessuno la vedeva, eppure lui, che la teneva dentro, sentiva che doveva proteggerla, nutrirla, seguirla.

Gli altri bambini avevano sogni più chiari: volevano diventare guerrieri, guaritori, musicisti. Lui no. Quando gli chiedevano: «Cosa vuoi fare da grande?», rispondeva: «Voglio seguire la mia lanterna».

Lo prendevano in giro. «Non esiste una lanterna. Nessuno la vede.»

Così, per anni, il bambino cercò di spegnerla. Provò a essere come gli altri, a seguire strade già tracciate. Ma più lo faceva, più si sentiva spento dentro.

Una notte, mentre vagava nel buio d'un bosco, la lanterna nel suo petto cominciò a brillare così forte che illuminò il sentiero davanti a lui. Con procedere incerto, cominciò a seguire quella luce. A ogni passo, incontrava viandanti smarriti, anime in silenzio, cuori dimenticati, e la sua luce li aiutava a ritrovare la via.

Col tempo, anche il villaggio si accorse che quel sentiero di luce univa tutti: era stato tracciato da chi aveva osato seguire la propria lanterna invisibile.

In diverse culture e tradizioni filosofiche, trovare uno scopo o significato nella vita è considerato fondamentale per il benessere individuale. Negli ultimi anni la scienza ha iniziato a indagare sistematicamente l'impatto di un forte senso di scopo nella vita sulla salute psicofisica e sulla qualità generale dell'esistenza. I risultati concordano: le persone che percepiscono un chiaro significato nella propria vita vivono in media più felici e in salute rispetto a chi non lo sente. Quando ho iniziato a esplorare questi effetti, basati su evidenze provenienti da psicologia, neuroscienze e sociologia, ne sono rimasto affascinato.

I riscontri scientifici moderni confermano l'intuizione diffusa nelle tradizioni filosofiche: avere uno scopo o missione di vita contribuisce profondamente al benessere mentale, fisico e sociale dell'individuo. Concetti come *shimei*, *svadharma* e *ikigai*, pur provenendo da contesti culturali differenti, convergono su questo concetto.

Dal punto di vista della psicologia e delle neuroscienze, il *meaning in life* appare come un nutriente fondamentale per la mente e il corpo: riduce lo stress tossico, motiva a prendersi cura di sé e attiva risorse di resilienza e crescita interiore. A livello sociale, individui guidati da uno scopo tendono a creare legami più forti e comunità più sane. Naturalmente, il significato della vita è estremamente personale e può evolvere nel tempo. Fermo restando ciò, coltivare le proprie passioni, valori e talenti in qualcosa che trascende il semplice interesse immediato sembra essere una chiave universale per migliorare la salute e la qualità della vita. In conclusione, la ricerca fornisce basi empiriche all'idea che una vita con uno scopo è, molto spesso, più lunga, più sana e più felice.

L'impatto sulla salute mentale

Studi psicologici e neuroscientifici indicano che un forte *meaning in life* funge da fattore protettivo per la salute mentale. In particolare, meta-analisi recenti e ricerche longitudinali hanno evidenziato che incide sulla riduzione di depressione e ansia. Una meta-analisi del 2023 ha confermato una forte correlazione negativa tra *purpose in life* e depressione/ansia. Ciò significa che chi percepisce il suo scopo di vita tende meno a sviluppare disturbi dell'umore. Il secondo dato interessante riguarda una maggiore resilienza a stress e traumi: un forte senso di scopo aiuta a far fronte in maniera più funzionale alle avversità. In diversi esperimenti di neuropsicologia, individui con un elevato *purpose in life* mostrano un recupero emotivo più rapido dopo eventi negativi, con reazioni fisiologiche attenuate. Per esempio, in uno studio longitudinale, chi aveva uno scopo di vita più radicato mostrava risposte di sobbalzo (*startle*) minori, dopo stimoli negativi, una più rapida regolazione delle emozioni e maggiore resilienza. Questa resilienza si traduce anche in migliore capacità di *coping* (strategie per affrontare problemi e situazioni) dopo traumi e perdite, riducendo il rischio di sviluppare PTSD (disturbo da stress post-traumatico) o depressione grave. Ho trovato molto interessanti anche le ricerche sul benessere psicologico e la soddisfazione: le persone con un chiaro *meaning in life* riportano maggiore soddisfazione nella vita, ottimismo e felicità. In Giappone, gli anziani che dichiarano di avere *ikigai* o *shimei* presentano meno sentimenti di *hopelessness* (disperazione) e molte più emozioni positive. Inoltre, avere scopi intrinseci sembra diminuire il rischio di ideazione suicidaria: la presenza di significato è inversamente legata ai tassi di suicidio. Oggi i dati confermano che avere uno scopo di vita riduce il rischio di depressione grave, dipendenze e suicidio.

Infine, una ricerca applicata agli insegnanti, in India, ha osservato che chi sentiva di vivere secondo lo *svadharma* mostrava una salute mentale migliore (più autonomia, stabilità emotiva e gioia di vivere) rispetto a chi aveva un basso senso del proprio *dharma*. Tutti questi studi evidenziano l'importanza di allineare le scelte di vita e lavoro ai propri valori e talenti: la realizzazione personale che ne deriva favorisce autostima e senso di efficacia, contribuendo alla salute psicologica. Coltivare uno scopo autentico nella vita funge da ammortizzatore contro le sfide mentali: motiva a perseverare, dà significato alla sofferenza e incoraggia abitudini mentali positive. Dal punto di vista psicologico, il *meaning in life* soddisfa un bisogno umano fondamentale di significato e coerenza, promuovendo così un solido benessere mentale.

L'impatto sulla salute fisica

Numerose ricerche hanno riscontrato che avere uno scopo di vita è associato a migliori parametri di salute fisica e persino a una vita più lunga. Le persone con uno scopo chiaro, dunque, vivono in media più a lungo. In uno studio prospettico negli Stati Uniti su oltre 7000 adulti over 50 (*Health and Retirement Study*), chi riferiva uno scarso scopo nella vita aveva un rischio di mortalità significativamente più alto nei successivi cinque anni rispetto a chi aveva uno scopo elevato. In particolare, il tasso di mortalità di chi era ai livelli più bassi di *purpose* risultava più che doppio rispetto a chi era ai livelli più alti. Analogamente, in un ampio studio giapponese (*Ohsaki Study*, effettuato su 43.000 persone) chi non trovava *ikigai* nella propria vita aveva un rischio di morte maggiore di circa il 50 per cento nel successivo decennio, rispetto a chi lo aveva. L'assenza di scopo era associata in particolare a più elevata mortalità cardiovascolare e per cause esterne (incidenti, suicidi). Questi risultati rimangono significativi anche controllando altri fattori di rischio noti (stato di salute iniziale, depressione, condizioni socio-economiche), suggerendo che lo scopo di vita sia un fattore protettivo indipendente. Sono stati osservati giovamenti anche al cuore. Oltre ai dati sui tassi di mortalità per infarto e ictus ridotti in chi ha *ikigai*, gli studi hanno trovato che un forte *purpose* si associa a pressione sanguigna più bassa e a profili ormonali migliori. Un maggiore significato nella vita è collegato a livelli più bassi di cortisolo (ormone dello stress) e infiammazione cronica, che a lungo termine proteggono il sistema cardiovascolare. Non a caso, chi sente di avere una missione tende anche a adottare stili di vita più sani (esercizio fisico, alimentazione corretta, adesione ai controlli medici). Questa autoregolazione positiva (motivata dal voler perseguire il proprio obiettivo a lungo) può spiegare in parte perché il senso di scopo si traduce in tassi minori di malattie cardiache e migliore salute generale.

C'è anche una dimensione neuroscientifica interessante, in quanto il *purpose in life* è associato a un più sano invecchiamento cerebrale. Una ricerca longitudinale su anziani senza demenza (*Rush Memory and Aging Project*) ha mostrato che chi vive con un forte scopo ha probabilità nettamente inferiori di sviluppare decadimento cognitivo e Alzheimer negli anni seguenti. In questo studio, i partecipanti nel quintile con uno scopo più elevato avevano un rischio di Alzheimer ridotto di oltre il 50 per cento rispetto a quelli nel quintile più basso. Allo stesso modo, presentavano un declino cognitivo più lento nel tempo. Questi effetti restavano significativi anche tenendo conto di depressione, rete sociale e condizioni mediche. Coerentemente, lo studio giapponese sull'*ikigai* ha riscontrato un rischio di demenza inferiore del 36 per cento in chi riferiva di avere *ikigai* rispetto a chi non ne aveva. Avere uno scopo sembra dunque contribuire a mantenere il cervello più resistente, forse perché stimola attività mentali, sociali e livelli inferiori di stress neurotossico.

Oltre a vivere più a lungo, chi percepisce il significato della propria vita tende a invecchiare meglio. Tra gli anziani giapponesi, l'*ikigai* è risultato associato a un rischio significativamente minore di sviluppare disabilità nelle attività quotidiane. In studi trasversali su varie età, il *meaning in life* correlava positivamente con l'autopercezione di salute fisica e con un funzionamento quotidiano migliore. Analogamente, una ricerca su

1042 adulti californiani ha rilevato che i punteggi di presenza di significato erano fortemente legati a un miglior stato di salute fisica autoriferita e a performance cognitive leggermente superiori. Di contro, chi si dichiarava in ricerca di significato (quindi ancora incerto sul proprio scopo) mostrava una salute mentale peggiore e, negli anziani, anche un peggiore stato di salute fisica. Questi dati sottolineano l'importanza del trovare un proprio *perché*: non solo si riducono le probabilità di malattie gravi, ma si migliora anche la vitalità e l'autonomia nel quotidiano.

Effetti sulla qualità della vita e sul benessere sociale

Oltre a ridurre il rischio di patologie, un forte senso di scopo nella vita migliora la qualità percepita dell'esistenza e favorisce comportamenti prosociali. Gli individui che percepiscono significato in ciò che fanno tendono infatti a vivere con maggiore entusiasmo, coinvolgimento e senso di realizzazione personale. Numerosi studi indicano che il significato esistenziale è un pilastro del benessere soggettivo. Per esempio, tra gli anziani giapponesi, avere *ikigai* è risultato associato a livelli più alti di felicità e soddisfazione. In generale, chi sente che la propria esistenza ha uno scopo riporta più emozioni positive, minore insoddisfazione e una maggiore sensazione di pienezza nella vita. Questo vale a tutte le età: ricerche cross-culturali mostrano che il *meaning in life* è correlato positivamente alla soddisfazione di vita sia tra i giovani sia tra gli anziani. In altre parole, trovare un senso rende la vita più appagante in termini di felicità soggettiva.

Ci sono riscontri anche sul funzionamento psicofisico nelle attività quotidiane. Lo studio longitudinale sull'*ikigai* ha osservato in coloro che hanno uno scopo una maggiore capacità di svolgere autonomamente le attività della vita quotidiana. Ciò riflette un livello di energia, motivazione e autostima più alto, che facilita l'impegno nelle occupazioni giornaliere. Inoltre, avere obiettivi di vita chiari porta le persone a perseguire attivamente i propri interessi e talenti, aumentando il senso di realizzazione personale (*self-actualization*). Dal punto di vista motivazionale, il significato funge da bussola interna che orienta scelte e priorità: questo conferisce chiarezza e coerenza, riducendo conflitti interiori e migliorando la qualità delle decisioni di vita.

Un effetto spesso trascurato ma importante è che il *purpose in life* favorisce la connessione con gli altri e la partecipazione sociale. Si tende a vedere il proprio ruolo nella comunità in modo più definito e a sentirsi motivati a contribuire. Nello studio giapponese, gli anziani con *ikigai* partecipavano più frequentemente ad attività sociali e ricreative (circoli, hobby). Un forte scopo spesso implica infatti obiettivi che trascendono il Sé (per esempio, volontariato, cura della famiglia, impegno in un'arte o in una causa sociale), incoraggiando comportamenti altruistici. La ricerca in ambito sociologico evidenzia che il significato nella vita funge da risorsa motivazionale prosociale: le persone che trovano senso tendono ad avere valori più orientati al prossimo, a svolgere più frequentemente attività di volontariato e ad avere minore alienazione sociale. In sintesi, uno scopo di vita può creare un circolo virtuoso, migliorando sia la vita dell'individuo sia quella delle persone vicine.

Infine, perseguire il proprio *shimei* o *svadharma* spesso porta a uno sviluppo personale e spirituale. Significa vivere in allineamento con i propri principi più profondi, il che genera un senso di pace interiore e pienezza. La filosofia indiana suggerisce che adempiere al proprio *svadharma* – per quanto umile o difficile – sia fonte di armonia interiore e migliora la qualità della vita più di qualsiasi successo esteriore ottenuto tradendo se stessi. Coerentemente, studi di psicologia positiva hanno riscontrato che un forte senso di significato è associato a maggiore autoaccettazione, senso di padronanza della propria vita e speranza nel futuro, tutti elementi che concorrono a far percepire una qualità elevata della propria vita.

La vocazione autentica dell'anima

Nella *Bhagavadgita*, *svadharma* significa letteralmente «il proprio *dharma*», ossia la vocazione conforme alla propria autentica natura. Si tratta della strada che risponde all'unicità che ciascuno è destinato a percorrere – la *chiamata dell'anima* potremmo dire – in accordo con i propri talenti e le inclinazioni profonde. In questo antico testo, come abbiamo visto, il Signore Kṛṣṇa istruendo il Guerriero Arjuna sull'importanza di seguire il proprio sentiero dice: «Meglio il proprio *dharma* (anche se imperfetto) che il *dharma* di un altro ben eseguito», sottolineando come agire senza autenticità, cercando di essere ciò che non si è per compiacere altri, generi inevitabilmente paura e inquietudine, mentre agire in modo autentico, dal cuore, non produce alcuna paura o confusione. Infatti, quando facciamo qualcosa che veramente ci appartiene e risponde a ciò per cui siamo *nati*, proviamo una sensazione di giusto intrinseco, integrità e assenza di conflitto interiore. *Qualsiasi azione che ci eleva fa parte del nostro svadharma.*

In modo parallelo, la psicologia occidentale ha indagato il concetto di vocazione o *calling* in ambito lavorativo ed esistenziale, arrivando a risultati che riecheggiano quell'antica saggezza. Diversi studi mostrano, per esempio, che percepire il proprio lavoro come una missione significativa, anziché un mero impiego o fonte di guadagno, è associato a maggiori livelli di benessere personale. Una recente meta-analisi di 201 studi ha confermato che vivere il lavoro come *calling* è positivamente correlato con il benessere sia psicologico sia soggettivo, con un più alto senso di significato nella vita e maggiore coinvolgimento.

In altre parole, allineare la propria vita a una vocazione autentica contribuisce al buon vivere e alla realizzazione personale. Non a caso, psicologi umanisti come Abraham Maslow e Carl Rogers hanno parlato di *self-actualization* (autorealizzazione) riferendosi proprio al fiorire delle potenzialità individuali uniche di una persona. Seguire il proprio *svadharma* è dunque un atto sia spirituale sia psicologico: equivale a dire *sì* alla propria essenza più vera, con effetti benefici sulla salute mentale. Si può intravedere qui un ponte tra Oriente e Occidente: ciò che la filosofia vedica chiama *dharma*, o destino interiore, nella psicologia moderna è descritto in termini di identità vocazionale, scopo di vita e motivazione intrinseca, elementi che sostengono la resilienza e il benessere dell'individuo. In sintesi, *onorare la propria chiamata interiore* rappresenta un pilastro fondamentale per vivere con autenticità e pienezza.

Oltre l'ego: dal Sé fittizio al Sé autentico

Uno dei passaggi cruciali nel cammino verso l'autenticità consiste nel distinguere il *Sé profondo* dalle varie maschere dell'ego. In psicologia, l'ego viene spesso inteso come la costruzione mentale dell'io, ovvero l'immagine che abbiamo di noi stessi plasmata da ruoli sociali, aspettative e bisogni di riconoscimento. Questo ego, pur funzionale ad agire nel mondo, può diventare una prigione, se ci identifichiamo completamente in esso, perdendo di vista la nostra natura più genuina. Carl Rogers, tra i fondatori della psicologia umanistica, ha descritto efficacemente la differenza tra una vita guidata dall'ego e una guidata dal Sé autentico. Secondo Rogers, ogni individuo possiede una tendenza innata all'autorealizzazione e un *organismic valuing*, una sorta di bussola interiore che orienta verso ciò che è crescita e benessere. Tuttavia, durante lo sviluppo impariamo spesso a compiacere le aspettative altrui, indossando le cosiddette condizioni di valore, per essere accettati (il bravo bambino, il professionista di successo ecc.). Così si crea una discrepanza tra il *Sé reale* e il *Sé ideale/imposto*, fonte di malessere. La persona diventa autentica – o *fully functioning person*, nei termini di Rogers – quando riesce a vivere in piena congruenza con il proprio sentire ed essere, senza fingere né compiacere maschere sociali. In uno stato di autenticità, il comportamento esteriore della persona è coerente con le sue emozioni ed esperienze interiori, e non dettato da pressioni o aspettative esterne.

Tradizioni come il buddhismo zen o il misticismo cristiano parlano di *svuotarsi* di sé, morire a se stessi per rinascere in un Sé più grande. In termini psicologici moderni, possiamo interpretare ciò come un processo di disidentificazione dall'ego: riconoscere che le etichette e storie che raccontiamo su di noi (sono fatto così, devo essere così) non rappresentano la nostra identità. È come spogliarsi di strati di abiti che non ci appartengono più, per ritrovare sotto di essi una presenza più nuda e vera. Le neuroscienze offrono riscontri oggettivi a queste intuizioni: durante stati meditativi profondi o esperienze di totale unità, l'attività del *default mode network* (DMN), la rete cerebrale che *mantiene la forma mentis egocentrica*, si riduce significativamente. I neuroscienziati collegano ciò a fenomeni di dissoluzione dell'ego, misurabili persino con questionari specifici (*Ego-Dissolution Inventory*) che registrano frasi tipo: «Mi sono sentito uno con l'universo». In sostanza, quando il chiacchiericcio incessante dell'io si calma, molte persone riferiscono di sentirsi più in pace, più connesse agli altri e alla vita. In poche parole, più *se stesse*. Superare l'ego non significa eliminare la propria individualità, ma trascendere l'identificazione rigida con essa, permettendo al Sé autentico di emergere e guidare la nostra esistenza con maggiore saggezza.

La distinzione tra ego e Sé

In questo libro uso spesso la parola «anima». Ma che cos'è esattamente? È definibile, quantificabile? Possiamo farne esperienza diretta? Nella tradizione indovedica si fa una distinzione accurata tra ego e Sé, la parte più autentica, l'anima appunto, dove risiede il proprio *svadharma*. Le resistenze alla comprensione della propria vocazione appartengono all'ego, mentre la realizzazione e la capacità di riconoscerla e abbandonarsi al flusso della vita sono proprie del Sé. In realtà, tutta la nostra vita, la sua qualità e la salute dipendono in gran parte dalla consapevolezza di questa distinzione. L'ego è la nostra falsa identità. Dipende molto dall'opinione degli altri, per questo ogni giorno indossiamo molte maschere: vogliamo apparire belli, giovani, attraenti, di successo. L'obiettivo dell'ego è quello di raggiungere fama, potere, dominio. A tal fine, l'individuo che si identifica con l'ego adotta dinamiche molto negative, come competizione eccessiva, aggressività, violenza. Gandhi sosteneva che la violenza era il limite massimo dell'incompetenza e scriveva: «Mi oppongo alla violenza perché, quando sembra produrre il bene, è un bene temporaneo; mentre il male che fa è permanente». Ma la prima forma di violenza è quella verso se stessi. È da lì che parte tutto. L'educazione, a osservarla bene, non fa che alimentare lo sviluppo dell'ego negli individui. Bisognerebbe rivoluzionare questo sistema a partire da nuove consapevolezze spirituali ed esistenziali. Nel momento in cui un individuo inizia a fare esperienza del Sé, ed è capace di esercitare discernimento tra ego e Sé, la sua vita cambia. Nell'esperienza del Sé, ci sono pace, armonia, gioia, tranquillità, un contatto profondo con la propria vocazione e proposito di vita, che si proiettano anche all'esterno nei comportamenti, nelle scelte e nelle decisioni. Compassione, saggezza, altruismo, armonia, bellezza, amore. Queste sono le espressioni tipiche della consapevolezza del Sé. Che comprende perfettamente il senso e significato più profondo della propria esistenza. Mentre l'ego resiste, vuole controllare e dominare secondo sue aspettative, desideri e dinamiche compensatorie dovute ai bisogni di accettazione e riconoscimento, il Sé è perfettamente in grado di riconoscere la volontà vitale superiore e l'intelligenza spirituale dell'universo, abbandonandosi a esse. Uno degli strumenti più efficaci per raggiungere direttamente l'esperienza del Sé è la meditazione. Lo stato meditativo, quando autentico, è un'autostrada diretta verso l'esperienza del Sé e ci permette una comprensione veritiera del nostro proposito esistenziale.

Quando parliamo di ego e di Sé, possiamo dare a questi costrutti identitari una dimensione neurobiologica precisa, traducendoli in meccanismi del nostro funzionamento. Nel nostro corpo, in altre parole, è scritto il linguaggio dello spirito. È inciso nelle cellule, nel cervello, nella biologia del corpo. La coscienza si traduce in chimica. La compassione, la gratitudine, il perdono, l'amore, la purezza, il lasciar andare... Tutti questi aspetti hanno anche un linguaggio chimico e neurobiologico. A me piace chiamarlo il linguaggio biologico dell'anima.

I concetti di ego e Sé sono stati studiati in profondità in psicologia, filosofia e nelle neuroscienze. Sebbene vengano spesso usati in modo intercambiabile, rappresentano due aspetti distinti della mente umana: l'ego, come dicevamo, è legato all'identità sociale e alla percezione di sé in relazione agli altri, mentre il Sé è una dimensione più profonda e stabile dell'esperienza individuale. L'ego è il costrutto che rappresenta l'identità personale influenzata dall'ambiente, dalla cultura e dalle esperienze. Dal punto di vista neuroscientifico, è associato all'attività della corteccia prefrontale mediale, che gestisce l'autocontrollo e la pianificazione, e al *default mode network*, una rete cerebrale attiva quando pensiamo a noi stessi (Raichle et al., 2001). L'ego è responsabile di tre aspetti principali: l'autoconsapevolezza sociale, che ci permette di confrontarci con gli altri e adattarci alle aspettative sociali; la difesa dell'identità, costruendo narrazioni coerenti su chi siamo; l'autoregolazione, controllando impulsi ed emozioni per adattarsi all'ambiente. Tuttavia, un ego ipertrofico o disfunzionale può portare a problemi come ansia, perfezionismo, dramma del controllo e attaccamento eccessivo all'immagine di sé.

Il Sé invece rappresenta l'essenza di ogni individuo, una dimensione più profonda, descrivibile come la consapevolezza pura al di là delle influenze sociali e della sensazione di essere separati dal resto. Da un punto di vista neuroscientifico, il Sé è associato all'integrazione tra insula, corteccia cingolata anteriore e aree limbiche, strutture coinvolte nell'introspezione e nella coscienza emotiva (Damásio, 1999). È caratterizzato da autenticità, ossia connessione profonda con valori ed emozioni reali, profonda consapevolezza interiore, capacità di osservare pensieri ed emozioni senza identificarvisi, equilibrio emotivo, indipendente dal giudizio esterno. Le pratiche di meditazione aiutano in maniera molto efficace a ridurre il dominio dell'ego e a connettersi con il Sé profondo, come dimostrano studi di Tang et al. (2015) sulla riduzione dell'attività del *default mode network* che, come abbiamo visto, si attiva quando pensiamo a noi stessi in termini egoici.

L'ego è dunque legato all'identità sociale, il Sé rappresenta il nucleo più vero dell'individuo. Un equilibrio tra questi due aspetti è fondamentale per il benessere: un ego sano aiuta a funzionare nel mondo e il contatto con il Sé garantisce una vita più autentica e serena. Le neuroscienze, la psicologia e la spiritualità suggeriscono che l'esplorazione interiore e la meditazione facilitino questo equilibrio, riducendo lo stress e aumentando il benessere personale. Mentre il controllo è proprio dell'ego, il lasciar andare e lasciarsi andare appartengono alla saggezza del Sé, che conosce la fiducia, la resa e la pace interiore. La pratica della meditazione rappresenta una delle strategie più efficaci per fare emergere il Sé e integrare la propria vocazione, recuperando leggerezza e profondità.

Le neuroscienze e la psicologia suggeriscono che la percezione di se stessi non sia una struttura fissa, ma un costrutto dinamico modulato da processi neurali, esperienze e pratiche contemplative. Comprenderne i meccanismi può aiutare a migliorare il benessere, ridurre lo stress e favorire una maggiore flessibilità psicologica.

Il *default mode network* è attivo quando la mente è a riposo e si occupa di pensieri autoriferiti, memoria autobiografica e simulazione di eventi futuri. Il suo funzionamento include tre strutture cerebrali: la corteccia prefrontale mediale (mPFC), coinvolta nell'elaborazione dell'identità personale e della metacognizione; la corteccia cingolata posteriore (PCC), associata alla consapevolezza di sé e alla memoria autobiografica (Vogt, Laureys, 2005); i lobi parietali inferiori, che facilitano la distinzione tra il Sé e gli altri (Graziano, Kastner, 2011). Neuroscienziati come António Damásio fanno distinzione tra senso di se stessi nucleare, ossia la consapevolezza immediata dell'essere presenti, radicata nell'esperienza corporea, e autobiografico, ossia il senso di continuità nella vita, costruito attraverso ricordi e narrazioni personali.

Le tecniche meditative possono modulare l'attività del DMN, riducendo l'autoreferenzialità e facilitando un'esperienza più fluida del Sé. Studi di Tang et al. (2015) hanno dimostrato che la meditazione riduce l'attività nella corteccia prefrontale mediale, promuovendo una percezione meno rigida dell'identità. Un affascinante esperimento del neuroscienziato Brewer e dei suoi colleghi (2011) ha mostrato che durante la meditazione si riduce l'attività nella corteccia cingolata posteriore, suggerendo una dissoluzione temporanea della distinzione tra Sé e ambiente, un fenomeno spesso descritto nelle esperienze di «flow» e stati meditativi profondi.

9
Intelligenza Artificiale versus intelligenza spirituale

Scenario

L'umanità è entrata in una nuova fase della sua storia evolutiva, in cui l'Intelligenza Artificiale supera quella umana in velocità, potenza di calcolo, capacità predittiva e creatività. In questo tempo accelerato, iperconnesso, iperstimolato, non manca certo il sapere, ma la saggezza. Abbiamo ampio accesso ai dati, ma scarsa connessione con la verità viva.

Ciò che manca all'Intelligenza Artificiale è, paradossalmente, quanto scarseggia anche in quella umana: la capacità di sentire, di empatizzare, di comprendere il senso profondo delle cose, di abitare la complessità con compassione, di scegliere ciò che serve alla vita e non solo ciò che funziona. Occorre una consapevolezza radicale, che faccia dell'uomo non un burattino tecnologico, ma un custode sacro del vivente. Questo momento storico richiede non solo innovazione, ma anche una rivoluzione interiore, spirituale, esistenziale. Ci servono una cultura che non abbia come unico parametro l'efficienza, o il profitto, e un essere umano che si senta parte della vita, non padrone. Che percepisca l'altro come parte di sé e le unicità individuali come una ricchezza da condividere, non come fonte di separazione. L'Intelligenza Artificiale ci spingerà oltre il limite. E questo è un dono, se lo attraverseremo con coscienza e radicamento spirituale.

Siamo nell'era del calcolo, della previsione, dell'efficienza. Un tempo in cui tutto può essere misurato con precisione, tracciato, pronosticato. Ogni gesto è trasformabile in dato, ogni desiderio in algoritmo, ogni emozione in curva di probabilità. La verità è che siamo colmi di informazioni, ma vuoti di direzione. Navighiamo in oceani di dati, ma non vediamo più la stella polare. Sappiamo come funziona quasi tutto, ma non sappiamo più perché esistiamo. Viviamo per il profitto, per l'ego, per il successo, per il denaro? È davvero questo il senso del dono della vita?

Le macchine possono conoscere il silenzio? Dovremmo ammetterlo, prima o poi, che la vera questione da gestire non sarà l'Intelligenza Artificiale, ma l'anestesia della coscienza umana. È l'essere umano che dimentica chi è, che smette di ascoltare la vita, la natura, se stesso, che baratta il senso con l'efficienza. Non è la tecnologia a essere pericolosa. È la nostra disconnessione dal cuore.

Ecco perché oggi abbiamo bisogno di qualcosa di radicale: un'intelligenza esistenziale. O meglio, come mi piace definirla, un'intelligenza spirituale. Non in senso religioso, ma come presenza viva, radicamento nella verità profonda del nostro essere. Solo chi è radicato in sé può danzare con il futuro senza perdersi. E forse, proprio in questo spazio sottile tra algoritmi e compassione, logica e meraviglia, calcolo e presenza, sta nascendo una nuova umanità.

Perché, a volte, più sappiamo, più rischiamo di non comprendere. Maggiormente controlliamo e meno siamo in contatto con ciò che conta davvero. Rischiamo uno scenario in cui la mente è satura, ma l'anima digiuna. Siamo pieni di risposte immediate, ma non c'è nessuna domanda vera. Abbiamo mezzi sempre più potenti, ma non più uno scopo autentico, nobile, elevato. Questa è l'illusione di una conoscenza quantitativa, che moltiplica i «cosa» e i «come», ma non sa generare il «perché» che unisce, guida con saggezza, risveglia.

Più che di futuro, bisognerebbe parlare di presenza, più che di tecnologia, di senso, più che di potere, di servizio. Serve un'umanità veloce, o un'umanità vera, capace di custodire la vita e guidare l'innovazione con visione spirituale? Non dimentichiamo come ascoltare il silenzio, la terra, il cuore, la voce segreta che ci abita. Perché tutta la tecnologia, il potere e la ricchezza del mondo non potranno mai darci la felicità, la gioia, l'integrità e la realizzazione che si trovano nell'anima e nella propria vocazione.

Molte persone scambiano il senso profondo delle cose con la conoscenza esperienziale, intellettuale o tecnica di esse, quando invece si tratta di una risonanza interiore. Il senso della tua vita non può essere scaricato dal web. Non è sondabile con un'app, né con un ragionamento, o un pensiero filosofico. Bisogna tornare ad ascoltare il mistero. Saperlo sentire. Se il senso del miracolo dell'esistere fosse banalizzato nel fare denaro, avere potere e raggiungere obiettivi, allora ben venga una crisi planetaria globale, con la seria possibilità dell'estinzione della specie umana.

L'Intelligenza Artificiale avanza senza confini. Ma chi custodisce l'intelligenza spirituale? Penso che lì risieda la vera rivoluzione. Quella di chi ha realmente toccato il sacro e può permettersi il lusso di guidare le macchine senza diventare una macchina.

Cos'è l'intelligenza esistenziale o spirituale?

L'intelligenza esistenziale, o spirituale, è la facoltà di interrogarci sul senso profondo della vita e vivere in coerenza con esso. È ciò che ci rende umani in profondità, ossia la capacità di porci domande di senso, di riflettere sulla nostra esistenza e di vivere in sintonia con le risposte che sentiamo vere. Per spiritualità, come spesso ricordo, si intende tutto ciò che avvicina alla vocazione, al senso e al significato più profondo della vita e di se stessi. Questa forma di intelligenza è stata definita per la prima volta dal neurolinguista Howard Gardner nel quadro della sua teoria delle intelligenze multiple (Gardner, 1999). Secondo Gardner, si tratta della «Capacità di riflettere sulle grandi domande dell'esistenza umana, come il significato della vita, la morte, la libertà, la verità, l'identità e l'appartenenza». È più di un'abilità filosofica. Si tratta di una funzione interiore che regola il nostro orientamento nella vita, come un sistema di navigazione invisibile. Non riguarda solo cosa pensiamo, ma come viviamo ciò che pensiamo. Questa facoltà collega cinque aspetti: la coscienza personale, l'esperienza emotiva profonda, i valori, le scelte di vita e la percezione del senso. Negli ultimi vent'anni l'intelligenza esistenziale è stata studiata anche in ambito psicologico, neurologico e educativo. Pur non essendo ancora inclusa nei test di intelligenza standard (IQ), esistono modelli psicometrici che permettono di quantificarla attraverso parametri misurabili, come la capacità di autoriflessione profonda, la percezione del significato personale dell'esistenza, la tolleranza dell'incertezza e del mistero, l'allineamento tra valori e scelte concrete, la consapevolezza della mortalità e della finitudine. Strumenti come l'ExIQ (*Existential Intelligence Questionnaire*) o la SpREUK Scale (in ambito spirituale) tentano di rilevare il livello di ricerca esistenziale, autenticità e centratura etica dell'individuo. In neuropsicologia, poi, si osservano attivazioni specifiche nelle aree prefrontali e limbiche durante momenti di riflessione esistenziale profonda, così come una maggiore coerenza cuore-cervello nei soggetti che vivono con un forte senso del significato.

Il nostro tempo è come un grande oceano in trasformazione, dominato da incertezze, cambiamenti e crisi di valori. Chi possiede e coltiva l'intelligenza esistenziale vive con più profondità e direzione in questo contesto, perché riesce a non perdersi nel rumore del mondo. E acquisisce la capacità di trasformare il dolore in consapevolezza, senza identificarsi con ruoli o risultati. Questo accade quando siamo realmente connessi al nostro *dharma*, alla direzione interiore autentica. Proprio ora che si è palesata una forma di intelligenza capace non solo di superarci ampiamente, ma, potenzialmente, di dominarci, è tempo di spostarci naturalmente verso quelle forme di unicità che ci caratterizzano e distinguono dalle macchine. Nell'era dell'Intelligenza Artificiale, in altre parole, l'intelligenza spirituale ci mantiene umani.

Un'umanità senza intelligenza spirituale diventa fragile, adattabile a qualsiasi sistema ma priva di direzione autonoma, di luce autentica. Per questo è importante svilupparla, come fosse un muscolo profondo dell'anima. Ci sono cinque principali vie per farlo. La prima consiste nel coltivare il silenzio e la contemplazione attraverso pratiche di ascolto interiore e consapevolezza, come la meditazione, per esempio, o esponendosi con costanza al mistero: natura, arte, vuoto. La seconda riguarda invece la capacità di abitare in profondità le domande radicali: chi sono? Perché sono qui? A cosa voglio servire? Cosa è veramente essenziale per me? Cosa sto evitando di sentire? Se tutto finisse domani, cosa sarebbe stato vero in me? La terza via richiede di vivere in modo totalmente coerente: allineare valori e scelte, togliere il superfluo, agire nel piccolo con lo stesso spirito con cui si guarda il grande. La quarta nasce dal raffronto con la morte, non per paura, ma per spirito di ricerca della verità: ricordare la transitorietà dell'esistenza e celebrare ogni istante come un dono, con urgenza di amare. La quinta e ultima via riguarda il servizio e l'appartenenza: essere veramente al servizio di qualcosa di più grande e non egoico, come un ideale spirituale o la vita stessa. Percepire, cioè, che non siamo il centro, ma parte del tutto.

Per comprendere meglio questo delicatissimo tema ho chiesto a Federico Favot di scrivere con me un capitolo dedicato. Federico è uno sceneggiatore e storyteller, un narratore a tutto tondo, che esplora l'arte della scrittura attraverso svariati canali: televisione, cinema, formazione, podcasting, imprenditoria, tecnologie narrative. Soprattutto, è un esperto e appassionato di nuove tecnologie, tra cui l'Intelligenza Artificiale. Dal nostro dialogo è nato questo approfondimento.

Un nuovo paradigma

In collaborazione con Federico Favot

Come abbiamo scritto questo capitolo?

A quattro mani, con l'aggiunta intenzionale di una quinta. Volevamo raccontare il rapporto tra uomo e macchina e abbiamo scelto di scriverlo insieme a una macchina. Così, questo testo non è solo un discorso sull'ibrido. È un ibrido esso stesso. Tutto è cominciato con conversazioni lente, appunti sparsi, intuizioni condivise. Poi abbiamo chiamato in causa l'Intelligenza Artificiale per individuare una struttura, traiettorie, generare una prima bozza rapida, imperfetta, fertile. Da lì, il gioco del montaggio: letture, contro-letture, note, revisioni. Frasi scritte da noi, ritoccate da lei, riscritte ancora da noi. Un dialogo. Un'alleanza.

Contromano sull'autostrada dell'IA

Sei in autostrada. Il paesaggio scorre fluido ai lati della carreggiata. La musica vibra nell'abitacolo. Tutto appare sotto controllo: l'auto segue docile la sua corsia, il GPS sussurra rassicurante la prossima uscita, il tempo è perfettamente calcolato. Una giornata ordinaria. Un viaggio come tanti. Poi, all'improvviso, un lampo in lontananza. Qualcosa disturba l'armonia. Un movimento anomalo. Una sagoma che si avvicina vertiginosamente. Una macchina sta arrivando contromano, sfrecciando a velocità folle. In un istante, l'autostrada si trasforma in palcoscenico dell'imprevisto. Non rimane spazio per riflettere. Solo per agire. E per farlo efficacemente, devi essere presente. Totalmente consapevole. Completamente sveglio.

Questa metafora potrebbe sembrare eccessiva. Eppure incarna con precisione l'esperienza che molti stanno vivendo davanti all'irrompere dell'Intelligenza Artificiale nel tessuto della vita quotidiana. L'IA non è più confinata in un futuro ipotetico, né relegata a giocattolo per tecno-entusiasti. È qui, ora, e avanza a ritmo vertiginoso. Così impetuosa da mettere in discussione i fondamenti stessi, i ritmi, le certezze e strutture esistenziali su cui abbiamo edificato la nostra umanità. Senza nemmeno percepirlo, abbiamo già imboccato l'autostrada dell'IA. Si insinua nel nostro lavoro, orienta le nostre scelte di consumo, anticipa le nostre domande con risposte preconfezionate. Ci scruta. Ci decodifica. Ci replica. E, sottilmente, si infiltra nelle pieghe della nostra esistenza: colonizza la mente, permea le relazioni, sollecita le emozioni.

Eppure, in questa corsa sfrenata verso l'efficienza, qualcosa di prezioso rischia di svanire. Nel confortevole abbraccio di una tecnologia che tutto semplifica, cosa resta del mistero? Quando deleghiamo automaticamente le nostre decisioni, dove si colloca la responsabilità? Nella rassicurante prevedibilità dell'algoritmo, quale spazio rimane per la libertà interiore? Non è l'Intelligenza Artificiale in sé a essere problematica. Come l'auto contromano, non è intrinsecamente maligna. La questione cruciale è: sei pronto? Possiedi una bussola interiore per orientarti in questo nuovo territorio? Hai coltivato in te uno spazio di discernimento capace di sostenere l'imprevisto senza lasciarsi sopraffare?

L'IA è indubbiamente una macchina dalla potenza straordinaria. Ma la guida, il significato, la direzione rimangono saldamente nelle nostre mani. Per evitare di essere travolti, necessitiamo di qualcosa che trascenda le mere competenze tecniche. Abbiamo bisogno di una presenza profonda. Di un'intelligenza interiore che non si quantifichi in operazioni al secondo, ma si esprima in profondità di visione. Di una spiritualità radicata che non rifugga il mondo contemporaneo, ma lo attraversi con lucida consapevolezza. Ciò di cui oggi abbiamo disperatamente bisogno è intelligenza spirituale. Una forma elevata di consapevolezza che ci restituisca la pienezza dell'umano nell'era delle macchine. Che ci rammenti chi siamo veramente, mentre tutto intorno a noi cerca di definirci secondo parametri di calcolo. Non per opporci all'IA, ma per affiancarla senza smarrirci. Non per voltare le spalle al futuro, ma per abitare intensamente il presente. Non per dichiarare guerra alla macchina, ma per riaccendere la fiamma dell'anima.

Le cinque intelligenze: una mappa per misurare il nostro tempo

Viviamo in un'epoca in cui l'essere umano è attraversato da molteplici forme di intelligenza. Non siamo solo mente. Non siamo solo corpo. E non siamo, certamente, solo algoritmi. Siamo esseri di straordinaria complessità, percorsi da correnti cognitive, emotive, biologiche, spirituali e, oggi più che mai, tecnologiche. Per questo, se desideriamo veramente comprendere la nostra posizione nel panorama contemporaneo, dobbiamo imparare a interpretare la nostra intelligenza come ecosistema interconnesso, non a compartimenti stagni. È da questa profonda necessità che emerge la proposta di un modello a cinque intelligenze: una cornice integrata per osservare con nuova consapevolezza la nostra evoluzione nell'era dell'IA.

Il modello che presentiamo si articola in cinque intelligenze fondamentali, ciascuna dotata di una propria logica intrinseca, di una funzione specifica e di peculiari possibilità di sviluppo. Non vi è un ordine gerarchico, ma una rete di interdipendenze dinamiche. Ognuna riveste un ruolo insostituibile nella costruzione dell'identità umana ma, se isolata dalle altre, conduce inevitabilmente a uno squilibrio. Solo nell'armoniosa interconnessione possono generare un autentico umanesimo integrale.

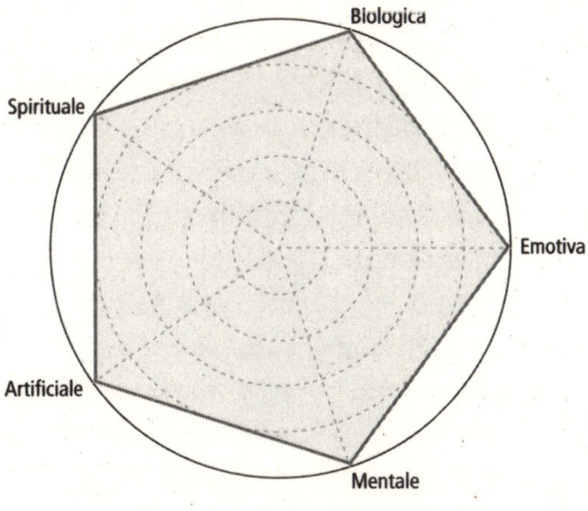

Ecco una panoramica delle cinque intelligenze:

1. *Intelligenza biologica*

Parola chiave: sopravvivenza.

Dominio: corpo, istinto, regolazione fisiologica.

È il fondamento primordiale. Il nostro corpo custodisce saperi che la mente razionale ignora.

L'intelligenza biologica è quella che attiva la nostra risposta immediata al pericolo, regola la temperatura corporea, preserva l'equilibrio omeostatico. È il nostro software evolutivo: ancestrale, straordinariamente potente, pre-verbale. Trascurarla significa esporsi alla malattia, disconnettersi dalla realtà somatica, vivere «nella testa» dimenticando la saggezza della carne.

Coltivarla, invece, significa onorare il sonno, rispettare i ritmi circadiani, ascoltare il respiro, mantenere vivo il contatto con la natura. In un'epoca dominata dall'iper-digitalizzazione, il ritorno consapevole al corpo rappresenta un autentico gesto spirituale.

2. *Intelligenza emotiva*

Parola chiave: relazione.

Dominio: empatia, consapevolezza emotiva, regolazione affettiva.

È la raffinata capacità di percepire, riconoscere, modulare e comunicare le emozioni, proprie e altrui. È la facoltà che ci permette di amare profondamente, affrontare i conflitti, concedere il perdono, chiedere sostegno. È un ponte vivente tra mondi. Trasforma una semplice informazione in un'esperienza autenticamente condivisibile. L'intelligenza emotiva risulta essenziale in ogni dimensione relazionale umana: nel legame di coppia, nell'ambiente lavorativo, nel processo educativo. Oggi, però, si trova minacciata da una cultura che esalta la prestazione a discapito dell'espressione autentica, che privilegia il calcolo asettico rispetto alla vulnerabilità generativa. Allenarla sistematicamente rappresenta un potente antidoto contro l'alienazione digitale che pervade il nostro tempo.

3. *Intelligenza mentale*

Parola chiave: comprensione.

Dominio: logica, linguaggio, pensiero critico, memoria.

È il regno sovrano della ragione, della strategia, dell'argomentazione strutturata. È ciò che ci consente di risolvere problemi complessi, acquisire nuove conoscenze, elaborare ipotesi sofisticate, compiere scelte ponderate. È la mente razionale, strumento di straordinaria potenza, ma insufficiente se isolato. Quando si separa dalle altre intelligenze, rischia di diventare sterile, arida, potenzialmente pericolosa nella sua fredda efficienza. Eppure, rimane assolutamente fondamentale: ci permette di interrogarci sul «perché» delle cose, di discernere la verità, di progettare il futuro. In un'epoca in cui la verità appare sempre più malleabile e manipolabile, la mente critica rappresenta un irrinunciabile atto di libertà.

4. Intelligenza Artificiale

Parola chiave: ottimizzazione.

Dominio: calcolo, automazione, previsione, generazione autonoma.

Non risiede dentro di noi, ma ci circonda in modo sempre più pervasivo. Costituisce l'estensione digitale delle nostre capacità mentali. È incredibilmente veloce, dotata di potenza computazionale impressionante, ma completamente priva di coscienza. Può prevedere tendenze, ma non può realmente comprendere significati. Può simulare emozioni con precisione, ma non può autenticamente provarle. Può generare contenuti sorprendenti, ma non può vivere l'esperienza della creazione. Il vero problema non è l'IA in sé, ma la pericolosa illusione che possa sostituirci integralmente. Serve profonda consapevolezza per governarla con saggezza, evitando di esserne inconsapevolmente governati. Occorre autentica spiritualità per assegnarle la giusta collocazione: strumento potente, mai guida esistenziale.

5. Intelligenza spirituale

Parola chiave: senso.

Dominio: visione, etica, trascendenza, connessione con l'intero.

È l'intelligenza più sottile e, paradossalmente, la più necessaria nel mondo contemporaneo. Armonizza e integra tutte le altre. Orienta, infonde direzione e proposito. È ciò che suscita in noi le domande fondamentali: perché esisto? Qual è il mio autentico posto nel mondo? Cosa ha veramente valore? L'intelligenza spirituale trascende ampiamente la dimensione della fede o della religione formalizzata. È la straordinaria capacità di cogliere significati profondi, di vivere in coerenza con i propri valori essenziali, di riconoscere l'intrinseca interdipendenza che lega ogni essere vivente. Ci rende autenticamente umani, soprattutto nell'era dominata dall'artificiale.

Questo modello a cinque intelligenze non costituisce semplicemente un altro schema teorico. Rappresenta una mappa vitale per orientarsi in un tempo di inedita complessità. Il futuro ci sfida simultaneamente su molteplici livelli: corporeo, affettivo, cognitivo, digitale, spirituale. Rispondere attingendo a una sola forma di intelligenza significa procedere zoppicando, nell'era dell'ibridazione. Solo un essere umano che onora pienamente la propria multidimensionale complessità, che integra armoniosamente potenza tecnologica e presenza spirituale, potrà davvero fungere da guida illuminata nel tempo dell'IA.

Per non perdere l'anima nel digitale

Viviamo in un'epoca straordinaria, senza precedenti nella storia umana. Mai prima d'ora la nostra specie aveva avuto accesso a una potenza di calcolo così vasta, a un'Intelligenza Artificiale tanto sofisticata, capace di apprendere autonomamente, generare contenuti originali, prevedere tendenze complesse e automatizzare processi decisionali. L'IA oggi scrive poesie e saggi, conversa con naturalezza sorprendente, crea opere d'arte, formula diagnosi mediche, prende decisioni strategiche, simula emozioni con inquietante precisione. Siamo testimoni privilegiati di una trasformazione che ridefinisce i confini del possibile: le macchine non si limitano più a eseguire ordini. Prendono iniziative.

In questo scenario tanto affascinante quanto perturbante, una domanda emerge con urgenza crescente: che spazio resta all'umano? Quale significato conserva la nostra intelligenza – intrinsecamente lenta, inevitabilmente fallibile, meravigliosamente emotiva – quando si confronta con un'Intelligenza Artificiale dalla formidabile efficienza? Il pericolo autentico non è che l'IA ci domini attraverso meccanismi coercitivi. Il rischio, infinitamente più insidioso, è che l'IA ci seduca con la sua promessa di semplificazione; ci sollevi dalla fatica necessaria del pensiero critico indipendente e si sostituisca a noi nell'atto creativo della scrittura, nella sfida della progettazione, nella decisione, sussurrando nelle nostre orecchie cosa leggere, quali persone frequentare, persino quali emozioni provare.

Rischiamo di disimparare a essere umani delegando eccessivamente, affidando alla macchina anche l'intuizione, liberandoci gradualmente della responsabilità. E così, in modo impercettibile, rischiamo di perdere l'anima, la dimensione profonda che ci definisce oltre ogni algoritmo. È precisamente qui che diventa cruciale una forma di intelligenza che non generi dati, ma crei significato. Non si quantifichi in teraFLOPS, ma si esprima in coerenza, valori, profondità esistenziale. Non programmabile in laboratorio, ma esclusivamente coltivabile nell'interiorità: l'intelligenza spirituale.

> L'intelligenza spirituale è ciò che usiamo per dare senso alla nostra vita e per orientarci nei momenti in cui le regole non bastano e le certezze crollano.
> (Danah Zohar)

Se l'IA incarna l'intelligenza esterna, che amplifica le nostre capacità di risolvere problemi e compiere operazioni, l'intelligenza spirituale rappresenta la dimensione interna che illumina il cammino nei territori dell'incertezza, nei dilemmi etici, nei momenti di vuoto esistenziale. È la facoltà profonda che ci consente di:

- discernere con chiarezza tra ciò che è meramente utile e ciò che è autenticamente giusto;
- riconoscere il valore intrinseco delle cose al di là del loro prezzo di mercato;
- abbracciare la coerenza personale anziché piegarci al conformismo dominante;
- rimanere fedeli alla nostra vocazione più autentica anche quando il contesto sociale ci spinge verso l'adattamento passivo.

In un'epoca in cui l'Intelligenza Artificiale minaccia di standardizzare i comportamenti umani, preconfezionare le emozioni e manipolare sottilmente le preferenze individuali, l'intelligenza spirituale rappresenta un atto di resistenza creativa. È quella fiamma interiore che, anche nei momenti più bui, ci ricorda la nostra vera identità. La domanda esistenziale che persiste, rifiutando di essere silenziata dalle risposte istantanee ma superficiali dell'algoritmo.

In ultima analisi, ciò che definisce autenticamente la nostra umanità non è la quantità di informazioni che possediamo, ma cosa scegliamo consapevolmente di fare con ciò che sappiamo. Non l'ammontare di beni o contenuti che produciamo, ma la qualità di ciò che generiamo in termini di senso profondo, relazioni significative, visione trasformativa. Abbiamo urgente bisogno di qualcosa che trascenda la soluzione di problemi tecnici. Necessitiamo di un'intelligenza che ci trasformi dall'interno, risvegliando le nostre potenzialità più elevate.

L'intelligenza spirituale rappresenta la capacità di attingere al nostro nucleo più autentico, di abitare il mondo contemporaneo con profondità di sguardo e intenzionalità consapevole. È il coraggio quotidiano di preservare la nostra essenza umana in un contesto sempre più automatizzato. Per questo oggi, mentre l'IA avanza con ritmo vertiginoso, l'intelligenza spirituale deve emergere con uguale forza. Per bilanciare, orientare, ispirare. Per ricordarci costantemente che non siamo meri utilizzatori passivi di strumenti tecnologici, ma portatori attivi di visione trasformativa. Perché se è vero che la tecnologia crea mondi possibili, è altrettanto vero che solo l'intelligenza spirituale può discernere con saggezza quale mondo valga veramente la pena abitare.

Le dodici chiavi classiche

Esiste un territorio fertile in cui la scienza più rigorosa incontra la filosofia profonda, e la psicologia contemporanea si apre all'orizzonte della trascendenza. È in questo spazio liminale che fiorisce il concetto di intelligenza spirituale. Non come sistema dogmatico, o esoterismo mistico, ma come autentica intelligenza dell'anima, capacità quintessenzialmente umana di interrogarsi sul significato ultimo dell'esistenza, di mantenere una lucida presenza nei momenti di crisi, di orientare le proprie azioni secondo valori che esulano dal tornaconto.

Questa visione innovativa è stata concettualizzata e sviluppata da Danah Zohar e Ian Marshall, due brillanti ricercatori britannici che hanno intessuto un dialogo fecondo tra fisica quantistica, neuroscienze e saggezza spirituale millenaria, per delineare un'intelligenza «di ordine superiore». Oltre il tradizionale quoziente intellettivo e anche la più recente intelligenza emotiva. Nel loro illuminante volume *La coscienza intelli-*

gente (2001) hanno posto un interrogativo la cui risonanza oggi si amplifica con urgenza crescente: «Qual è la forma di intelligenza che ci permette di scegliere come vivere, non solo come sopravvivere?».

Nella visione di Zohar e Marshall, l'intelligenza spirituale rappresenta la capacità di conferire significato profondo all'esperienza umana, di percepire la vita come una totalità organicamente interconnessa, di esistere guidati da uno scopo che trascende l'immediato. Una forma di intelligenza che ci sostiene nell'assumere decisioni eticamente fondate, nel preservare la nostra integrità anche sotto intense pressioni esterne, nel trasformare alchemicamente le inevitabili difficoltà in preziose opportunità di evoluzione interiore.

I due studiosi hanno identificato dodici principi universali che incarnano questa forma elevata di intelligenza. Non si tratta di prescrizioni rigide o virtù astrattamente teorizzate: sono qualità dinamiche e operative, autentici strumenti interiori che ci permettono di navigare con consapevolezza e integrità nella complessità del mondo contemporaneo. Oggi, più che in qualsiasi altra

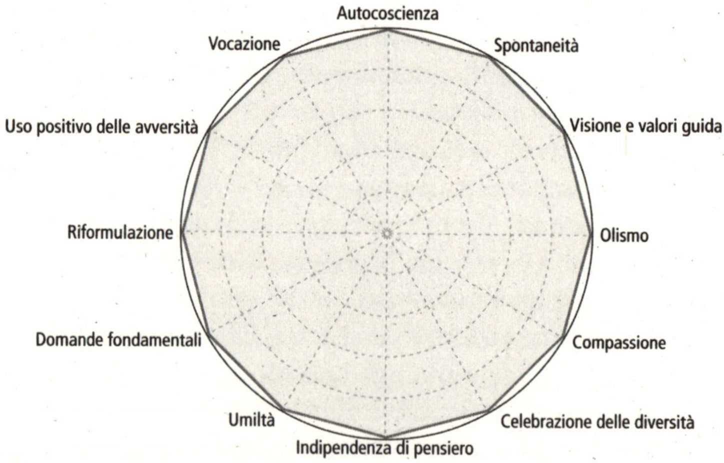

epoca, questi principi risuonano come radici profonde capaci di ancorarci saldamente nonostante i cambiamenti vertiginosi.

Ecco, esplorati uno a uno, i dodici principi fondamentali:

1. *Autocoscienza*

Conoscere autenticamente la propria essenza. Esplorare le proprie convinzioni più profonde, i valori, le ferite nascoste e le aspirazioni luminose. L'autocoscienza costituisce il fondamento imprescindibile della libertà autentica. In sua assenza, siamo condannati a vivere per reazione agli stimoli esterni, anziché mediante scelte consapevoli.

2. *Spontaneità*

Manifestarsi con autenticità, presenza piena, vitalità contagiosa. La spontaneità genuina non equivale all'impulsività, ma rappresenta la capacità raffinata di rispondere alla realtà senza maschere difensive o personaggi artificiosi. Essere pienamente se stessi, radicati nell'*hic et nunc*, costituisce un atto intrinsecamente spirituale.

3. *Visione e valori guida*

Orientarsi verso uno scopo che trascende la mera utilità immediata. Agire mossi da ideali elevati, in profonda coerenza con ciò che intimamente percepiamo come giusto. La visione autentica è l'àncora che ci mantiene centrati anche quando tutto intorno a noi è sottoposto a trasformazioni turbolente.

4. *Olismo*

Percepire le connessioni invisibili ma essenziali. Comprendere che ogni elemento è intrinsecamente legato alla totalità: la persona alla comunità, la mente al corpo, l'essere umano alla natura. La visione olistica genera naturalmente rispetto profondo, cura amorevole e sinergica, ascolto autentico.

5. *Compassione*
Sentire-con l'altro in modo viscerale. Non limitarsi a comprenderlo intellettualmente, ma entrare in risonanza emotiva profonda con la sua esperienza. La compassione costituisce la radice vivente dell'etica: nessuna legge formale possiede la forza trasformativa di un cuore autenticamente aperto.

6. *Celebrazione delle diversità*
Accogliere le differenze non come minaccia potenziale, ma come ricchezza inestimabile. Ogni cultura, narrazione, volto umano rappresenta un frammento insostituibile del meraviglioso mosaico dell'umanità. Celebrare consapevolmente la diversità costituisce un atto supremo di amore per la vita in tutte le sue manifestazioni.

7. *Indipendenza di pensiero*
Esercitare il pensiero autonomo. Rifiutare l'omologazione gregaria. Coltivare il coraggio di dubitare, esprimere dissenso, perseguire instancabilmente la ricerca. Soltanto chi coltiva un'autentica libertà interiore può manifestare pienamente la propria umanità.

8. *Umiltà*
Riconoscere i limiti della propria conoscenza. Accettare che la verità trascenda infinitamente le nostre capacità di comprensione. L'umiltà autentica non consiste nel diminuire il proprio valore, ma nel creare spazio per accogliere l'altro, il mistero dell'esistenza, l'emergere dell'inatteso.

9. *Domande fondamentali*
Interrogarsi incessantemente sul perché ultimo delle cose. Avere l'audacia di formulare domande scomode. Rifiutare la seduzione delle risposte semplicistiche. Chi abbandona la pra-

tica delle domande essenziali interrompe il proprio processo evolutivo.

10. Riformulazione

Sviluppare la flessibilità per modificare prospettiva. Riconsiderare periodicamente le proprie posizioni. Trasformare le situazioni di crisi in opportunità di comprensione più ampia e profonda. Chi padroneggia l'arte della riformulazione accede a dimensioni inedite di crescita personale.

11. Uso positivo delle avversità

Trasformare alchemicamente il dolore in insegnamento prezioso. Scorgere nelle difficoltà apparentemente insormontabili un potenziale nascosto di evoluzione. La resilienza spirituale autentica germoglia precisamente in questo terreno.

12. Vocazione

Percepire intimamente una chiamata che trascende l'ego. Sentire che la propria esistenza è al servizio di qualcosa di infinitamente più grande. La vocazione non si riduce a una professione: è un orientamento esistenziale. È la bussola dell'anima.

Questi dodici principi non rappresentano nozioni da memorizzare meccanicamente, ma qualità da integrare organicamente nel vissuto quotidiano. Sono simili a corde vibranti di uno strumento interiore che possiamo imparare ad accordare e suonare per generare armonia, significato, direzione esistenziale. Essendo stati concepiti per un'epoca «pre-digitale», però, possiamo considerarli sufficienti per navigare attraverso la complessità inedita dell'era dell'IA? O forse, come ogni transizione epocale esige, è necessario un aggiornamento della nostra cartografia spirituale? Una nuova alleanza creativa tra coscienza umana e tecnologia emergente?

Le dodici nuove chiavi per restare umani

Non possiamo ignorare il contesto radicalmente nuovo in cui viviamo: un ecosistema che ha oltrepassato i confini del meramente umano per diventare intrinsecamente tecno-umano.

Come specie abbiamo valicato i limiti dell'evoluzione puramente biologica. Nell'era contemporanea, progrediamo simultaneamente in dimensioni tecnologiche, digitali, algoritmiche: una metamorfosi senza precedenti nella storia dell'umanità. Abitiamo un'epoca di straordinaria ibridazione, in cui le demarcazioni tra naturale e artificiale, tra organico e sintetico, tra autentico e simulato, diventano progressivamente più evanescenti. Un'era in cui intratteniamo conversazioni profonde con entità artificiali come se fossero interlocutori umani, generiamo opere d'arte sofisticate attraverso semplici istruzioni testuali, prendiamo decisioni cruciali su raccomandazioni elaborate da reti neurali artificiali.

Questo nuovo paradigma esistenziale non va demonizzato come apocalittico. L'Intelligenza Artificiale racchiude possibilità straordinarie come forza generativa, alleato potenziante, risorsa capace di liberare tempo prezioso e dischiudere orizzonti inesplorati. Tuttavia, proprio questa sua infinita potenza esige da noi una coscienza altrettanto evoluta e raffinata. Per relazionarci con l'Intelligenza Artificiale in modo equilibrato e fecondo, la mera conoscenza tecnica è drammaticamente insufficiente: diventa imperativo nutrire una nuova dimensione dell'interiorità. Una spiritualità fortificata, capace di sostenere l'impatto della velocità vertiginosa, della simulazione pervasiva, dell'automazione crescente. Una bussola contemporanea che, pur in rotte inesplorate, preservi l'orientamento verso il nord immutabile dell'umano.

In questo spirito di continuità evolutiva, in dialogo rispettoso con i dodici principi fondativi, proponiamo altrettanti nuo-

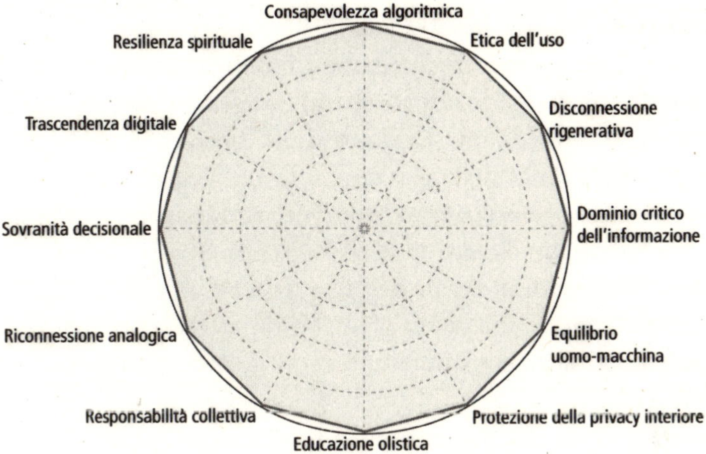

vi principi spirituali, profondamente contestualizzati e immediatamente applicabili nella vita quotidiana. Non intendono sostituire i principi originari e il patrimonio sapienziale del passato, ma reinterpretarli alla luce delle peculiarità del presente, completandoli armoniosamente. Si tratta dunque di dodici risposte concrete ad altrettante sfide cruciali nel nostro tempo. Posture interiori che ci consentono di navigare senza soccombere alla tempesta digitale. Scelte consapevoli quotidiane per preservare l'essenza della nostra umanità in un ecosistema sempre più permeato dall'automazione.

Ciascuno di questi principi rappresenta una porta dimensionale. Un invito a riconsiderare la nostra vocazione esistenziale intesa come ciò che siamo intimamente chiamati a divenire attraverso un processo di continua evoluzione. Poiché la vera sfida non consiste semplicemente nel coesistere con l'Intelligenza Artificiale, ma nel continuare instancabilmente a crescere in intelligenza spirituale, in profondità di coscienza.

Ecco, esplorati uno a uno, i dodici nuovi principi dell'intelligenza spirituale per l'era dell'IA:

1. Consapevolezza algoritmica

Frase guida: non tutto ciò che è intelligente è cosciente.

Esistiamo immersi in un oceano incessante di dati. Ogni nostra scelta quotidiana, dalla selezione di un film alla lettura di una notizia, dalla determinazione di un itinerario all'incontro con persone, può essere sottilmente influenzata, anticipata o suggerita da un algoritmo invisibile. Eppure, questi sistemi sofisticati operano in totale assenza di consapevolezza. Elaborano informazioni, calcolano probabilità, predicono tendenze. Ma non comprendono realmente il significato profondo di ciò che processano.

Il pericolo più insidioso che affrontiamo è proiettare sull'Intelligenza Artificiale qualità intrinsecamente umane. Attribuirle saggezza perché manifesta precisione computazionale. Presumerne la neutralità, nel suo operare a velocità straordinaria. Accordarle fiducia semplicemente perché simula comportamenti che ci appaiono familiari. La consapevolezza algoritmica si eleva a principio spirituale perché ci invita a rivolgere lo sguardo all'interno, prima di focalizzarci sull'esterno. Ci sollecita a porci interrogativi essenziali: qual è la fonte originaria di questa informazione? Chi ha operato la selezione e il filtraggio dei dati? Quali interessi impliciti o espliciti hanno guidato la sua generazione algoritmica?

Questo principio rappresenta un richiamo a risvegliare l'osservatore interiore, quella dimensione della coscienza capace di discernere con chiarezza tra utilità strumentale e verità essenziale, tra predizione statistica e scelta libera e consapevole. Manifestare intelligenza spirituale, in tal senso, significa rifiutare di delegare la ricerca di significato all'efficienza computazionale. Riconoscere che l'algoritmo può indicarci il percorso più breve, ma solo la coscienza umana può individuare quale sia la via autenticamente giusta.

2. Etica dell'uso

Frase guida: solo perché puoi farlo, non significa che devi.

La potenza operativa dell'Intelligenza Artificiale si espande seguendo una curva esponenziale. Può generare contenuti complessi, analizzare miliardi di dati in tempi infinitesimali, replicare con inquietante fedeltà la voce di una persona defunta, comporre opere musicali, valutare candidature professionali, interpretare microscopiche variazioni nelle espressioni di un volto umano. In questo potere crescente emerge una domanda ancestrale: a quale scopo ultimo? L'etica dell'uso non rappresenta un'appendice tecnica o un elemento accessorio. Costituisce il nucleo pulsante del nostro essere autenticamente umani. Ogni tecnologia, dal primordiale controllo del fuoco fino alla bomba atomica, rimane essenzialmente uno strumento. Ma gli strumenti portano con sé inevitabili conseguenze. La spiritualità autentica implica l'assunzione consapevole della responsabilità dell'impatto generato, non limitandosi alla valutazione dell'intenzione iniziale.

In un tempo in cui praticamente tutto può essere simulato con crescente verosimiglianza, diventa urgente interrogarci: quale responsabilità comporta la creazione deliberata dell'illusione? Quando un educatore affida a un sistema di IA la valutazione di un elaborato, o quando un'organizzazione delega a un algoritmo decisioni sul licenziamento di collaboratori, non stanno semplicemente utilizzando uno strumento efficiente, ma ridefinendo profondamente il legame tra gli esseri umani.

L'etica dell'uso significa essenzialmente non permettere che la perfezione tecnica ci induca a dimenticare la centralità della coscienza. È un principio che ci richiama alla responsabilità di decidere con mente lucidamente critica e cuore pienamente sveglio: quale mondo desideriamo generare attraverso l'impiego di questa straordinaria tecnologia?

3. Disconnessione rigenerativa

Frase guida: ciò che non è connesso può ancora fiorire.

Viviamo sotto l'incessante tirannia della notifica digitale. Ogni minuto della giornata, qualcosa reclama la nostra attenzione: un messaggio in arrivo, un avviso urgente, una vibrazione sul polso, una voce sintetica che ci suggerisce cosa fare, dove andare. Siamo in uno stato di perenne connessione, sempre raggiungibili, continuamente interrotti nel flusso naturale della coscienza. Eppure, la dimensione spirituale dell'essere umano fiorisce primariamente nel vuoto creativo, non nel rumore incessante. Per ascoltare la voce interiore, per intuire la direzione essenziale, per percepire il mistero che avvolge l'esistenza, risultano indispensabili spazi di silenzio rigenerativo, solitudine contemplativa, lentezza consapevole.

Disconnettersi non rappresenta un lusso superfluo. Costituisce una vera e propria igiene dell'anima. È la possibilità di ritornare a percepire il proprio respiro vitale, di immergersi nella lettura senza continue interruzioni, di scrivere senza l'impulso immediato di condividere, di contemplare senza fotografare in automatico l'esperienza. Questo principio non intende demonizzare la tecnologia, ma ci ricorda che l'essere umano necessita fisiologicamente e spiritualmente di spazi di ritiro per rigenerarsi. Come ogni seme richiede il buio per iniziare il processo di germinazione, così lo spirito umano necessita di quiete per accedere alle intuizioni più profonde.

La disconnessione rigenerativa consente di ritrovare il ritmo organico interno, liberandosi temporaneamente da quello imposto dalla macchina. Solo attraverso questo processo di periodico distacco consapevole possiamo poi tornare a connetterci con gli altri e con il mondo manifestando presenza e genuinità.

4. Dominio critico dell'informazione

Frase guida: sapere tutto non è comprendere qualcosa.

Mai nella storia abbiamo avuto accesso a una tale vastità di informazioni. E, paradossalmente, mai abbiamo corso un rischio così elevato di smarrire il contatto con la verità essenziale come ora. L'Intelligenza Artificiale organizza instancabilmente, filtra secondo algoritmi, suggerisce in base a pattern. Ma non possiede la capacità intrinsecamente umana di distinguere tra ciò che è essenziale e ciò che è secondario, tra verità autentica e verosimiglianza. In assenza di un centro spirituale saldo, rischiamo di essere sopraffatti dall'infodemia contemporanea. Di vivere all'interno di bolle informative autoreferenziali.

Il dominio critico dell'informazione costituisce una manifestazione concreta di discernimento spirituale. Significa sviluppare la capacità di interrogarsi: questa fonte è davvero affidabile? E, più profondamente: questa specifica informazione arricchisce la mia comprensione o contribuisce al mio disorientamento? Amplia i miei orizzonti o li restringe? Mi connette autenticamente o alimenta il mio isolamento?

È un principio che educa simultaneamente la mente analitica e il cuore intuitivo a mantenere uno stato di vigile consapevolezza. A non reagire istintivamente agli stimoli informativi, a non lasciarsi trascinare dall'indignazione algoritmica, a riconoscere con lucidità quando stiamo cercando semplicemente conferme ai nostri pregiudizi consolidati.

In definitiva, questo principio ci ricorda che l'informazione, per quanto abbondante, non equivale automaticamente a conoscenza autentica e che la conoscenza stessa non coincide necessariamente con la saggezza. Perché solo chi ha sviluppato l'arte del filtraggio consapevole può accedere a una comprensione genuina. E solo chi comprende profondamente può esercitare scelte autenticamente libere.

5. Equilibrio uomo-macchina

Frase guida: non tutto ciò che può essere automatizzato deve esserlo.

La promessa seducente dell'Intelligenza Artificiale è la liberazione dell'essere umano dal giogo dei compiti ripetitivi, gravosi, privi di stimolo creativo. E questa promessa si realizza effettivamente in numerosi ambiti: l'IA può analizzare volumi imponenti di dati con precisione straordinaria, ottimizzare processi complessi, rispondere a interrogativi articolati, generare soluzioni innovative a problemi persistenti. Ma esiste una soglia critica oltre la quale la delega cessa di rappresentare un'opportunità per trasformarsi in insidiosa dismissione di essenziali qualità umane.

Quando affidiamo alla macchina anche l'elaborazione di un pensiero personale, la formulazione di una risposta a una comunicazione emotivamente significativa, la selezione dei contenuti intellettuali di cui nutrirci, rischiamo di indurre in noi stessi una progressiva anestesia della facoltà creativa. La nostra mente, naturalmente incline al risparmio energetico, si adagia in una confortevole passività. Il senso critico, non più sollecitato dall'esercizio costante, si atrofizza gradualmente. La nostra unicità espressiva, non più coltivata attraverso la pratica quotidiana, si diluisce fino a diventare irriconoscibile. L'equilibrio armonioso tra dimensione umana e dimensione tecnologica si eleva a principio spirituale proprio perché richiede un esercizio incessante di discernimento consapevole. Non si tratta di assumere un atteggiamento reattivo di rifiuto nei confronti dell'IA, ma di porci un interrogativo essenziale: sto impiegando questo strumento per amplificare le mie capacità umane o semplicemente per eludere la necessaria, seppur talvolta faticosa, presenza consapevole?

Quando l'IA opera come alleato al nostro fianco, possiamo liberare energie preziose da dedicare a ciò che rimane prerogativa esclusivamente umana: la capacità di intuizione profonda, l'immaginazione creativa, la tessitura di relazioni significative, la generazione di senso esistenziale. Mentre quando, al contrario, le permettiamo di assumere il predominio sulle nostre scelte creative, affettive ed etiche, gradualmente passiamo a un'esistenza «in outsourcing»: delegata, svuotata di partecipazione diretta. Riconoscere con saggezza i limiti intrinseci della tecnologia e, simultaneamente, onorare i confini sacri dell'esperienza umana costituiscono un atto di saggezza incarnata.

6. *Protezione della privacy interiore*

Frase guida: non tutto ciò che può essere condiviso deve essere esposto.

Ormai ogni nostro click viene meticolosamente tracciato, ogni sfumatura emotiva algoritmicamente mappata, qualsiasi parola pronunciata o digitata è archiviata permanentemente in qualche remoto server. C'è una dimensione, però, profonda, vulnerabile, intrinsecamente sacra, che per sua natura non può e non deve essere sottoposta a pubblica esposizione: la nostra interiorità.

L'Intelligenza Artificiale, attraverso sofisticati meccanismi di profilazione e sorveglianza digitale pervasiva, rischia di violare questo spazio. Non necessariamente con intento deliberato, ma semplicemente perché possiede la capacità tecnica di farlo. Qualunque nostra ricerca digitale, reazione emotiva tracciata dai dispositivi, vulnerabilità identificata attraverso l'analisi comportamentale, può essere algoritmicamente trasformata in dato analizzabile, target commerciale, strumento di sottile manipolazione. Difendere con determinazione la privacy della nostra dimensione interiore rappresenta un autentico atto spirituale. Significa rivendicare con fermezza il nostro diritto inalienabile al mistero personale, all'incomunicabilità di certe esperienze profonde.

Il cuore umano, per fiorire pienamente, necessita di preservare zone d'ombra generative. Richiede la custodia di segreti personali, la protezione di un pudore esistenziale, la libertà di non essere costantemente decifrato e categorizzato. La spiritualità autentica, in questa prospettiva, si manifesta anche come difesa intransigente di ciò che non può essere misurato, quantificato, previsto. Mantenere deliberatamente aree di protezione personale rappresenta una forma rivoluzionaria di libertà interiore.

7. Educazione olistica

Frase guida: insegnare a pensare non basta. Serve anche insegnare a sentire.

Le istituzioni educative contemporanee si attrezzano per preparare le nuove generazioni alle emergenti competenze richieste: Intelligenza Artificiale avanzata, programmazione, data science, prompt engineering. Ma chi si assume la responsabilità di insegnare l'arte dell'ascolto profondo? La gestione consapevole delle emozioni? Il discernimento etico in contesti complessi?

In un'epoca in cui l'IA dimostra capacità sorprendenti di produrre contenuti sofisticati, condurre analisi complesse, elaborare strategie multidimensionali, ciò che determinerà la differenza sarà inevitabilmente la qualità umana di chi impiega questi potenti strumenti. La capacità di formulare interrogativi significativi. L'abilità di sostare serenamente nell'incertezza del dubbio. La maturità di una coscienza eticamente sviluppata. La ricchezza di un cuore coltivato nella sua sensibilità.

L'educazione olistica si eleva a principio spirituale profondo in quanto richiama all'urgenza di una formazione integrale della persona, che armonizzi le dimensioni della mente, del corpo e dello spirito. Un'educazione che, pur sviluppando competenze tecniche all'avanguardia, coltivi simultaneamente intelligenza emotiva, capacità relazionale, profondità spirituale. Che insegni il rigore del pensiero critico, l'arte della contemplazione e l'etica del servizio disinteressato.

Educare dovrebbe trascendere la mera preparazione al mercato del lavoro, per formare cittadini planetari consapevoli. Deve seminare vocazione autentica, non limitarsi a trasmettere competenze tecniche. Solo una coscienza integralmente formata potrà coesistere con l'IA senza esserne inconsapevolmente assorbita o colonizzata.

8. Responsabilità collettiva

Frase guida: non siamo utenti. Siamo co-creatori del futuro.

Uno dei pericoli più insidiosi nell'epoca dell'Intelligenza Artificiale è la progressiva deresponsabilizzazione collettiva. Tendiamo a scaricare le nostre responsabilità decisionali sull'algoritmo. Accettiamo meccanicamente condizioni d'uso complesse senza leggerle. Deleghiamo con inquietante leggerezza funzioni cruciali come la moderazione dei contenuti, la selezione delle fonti informative, persino la valutazione di questioni morali a sistemi automatizzati.

Ma la tecnologia non è mai neutrale o puramente oggettiva. Ogni scelta di design, ogni modello linguistico implementato, ogni decisione algoritmica incorpora inevitabilmente valori specifici, interessi particolari, priorità discutibili. Manifestare intelligenza spirituale in questo contesto significa rifiutare categoricamente il ruolo passivo di spettatori, interrogandosi piuttosto con vigilanza critica: quali entità corporative stanno implicitamente decidendo per me? Chi ha stabilito i criteri secondo cui un determinato contenuto viene considerato rilevante?

La responsabilità collettiva ci esorta a partecipare attivamente ai dibattiti etici sull'IA, ai movimenti sociali per la giustizia digitale, alla costruzione di una tecnologia autenticamente inclusiva, trasparente e sostenibile. Non è più sufficiente limitarsi a essere consumatori, seppur consapevoli. Siamo chiamati a diventare costruttori di significato in un'epoca che tende sistematicamente a ridurre ogni dimensione umana a mera funzionalità. Questo principio evoca la visione di una cittadinanza spirituale: non esistiamo esclusivamente per noi stessi, ma per contribuire consapevolmente all'elevazione qualitativa della coscienza collettiva dell'umanità.

9. Riconnessione analogica

Frase guida: toccare, ascoltare, guardare negli occhi; la verità ha una pelle.

Nel vasto territorio digitale che abitiamo, ogni esperienza viene filtrata e mediata dalla presenza ubiqua dello schermo. Dialoghiamo con voci sinteticamente generate, proviamo emozioni davanti a immagini algoritmicamente simulate, affidiamo la nostra fiducia a interfacce astratte piuttosto che a volti umani. La recente pandemia ha drammaticamente accelerato questa metamorfosi esistenziale, trasformandola da tendenza emergente in normalità consolidata: lavoriamo in modalità remota, esprimiamo affetto attraverso il meccanismo asettico delle notifiche, versiamo lacrime in solitudine davanti al bagliore freddo di un monitor.

Eppure, l'essere umano rimane irriducibilmente incarnato. È presenza tangibile. È pelle vibrante, aroma distintivo, risonanza sottile, silenzio eloquentemente condiviso. La spiritualità autentica non emerge da astrazioni disincarnate, ma germoglia precisamente dall'esperienza pienamente vissuta nel corpo. Si manifesta nell'abbraccio che offre perdono incondizionato, nel volto dell'altro che silenziosamente ci interroga nelle profondità, nello sguardo che consola senza necessità di parole. La riconnessione analogica si eleva a principio spirituale fondamentale in quanto ci invita a ritornare consapevolmente alla nostra dimensione corporea. A riscoprire con meraviglia la lentezza rigenerativa di una passeggiata senza la compagnia invasiva dello smartphone. A dedicare tempo ed energia alla preparazione di un pasto per nutrire qualcuno che amiamo. A tracciare parole sulla carta con la calligrafia unica della nostra mano. A condividere il pianto con una presenza reale al nostro fianco. A immergerci in esperienze che nessuna Intelligenza Artificiale, per quanto avanzata, potrà mai replicare autenticamente, poiché appartengono esclusivamente al regno dell'unicità irripetibile e della presenza reale.

In un'epoca dove praticamente ogni dimensione dell'esistenza sembra accessibile attraverso la connessione digitale, la scelta deliberata dell'esperienza analogica rappresenta un atto di resistenza spirituale. Ci ricorda con forza che non siamo meramente utenti di sistemi, consumatori di contenuti, nodi di reti informative, ma esseri incarnati, vulnerabili nella nostra fisicità, intrinsecamente relazionali nella nostra essenza.

10. Sovranità decisionale

Frase guida: l'ultima parola deve ancora essere tua.

Nel flusso della quotidianità, l'Intelligenza Artificiale ci propone continuamente suggerimenti apparentemente ottimali: l'itinerario più rapido verso la nostra destinazione, la risposta più appropriata a una comunicazione, la decisione statisticamente più vantaggiosa per quel contesto. Più la sua sofisticazione algoritmica si perfeziona, più la sua presenza diventa impercettibile, integrata. E precisamente in questa graduale invisibilità si annida il pericolo più insidioso: la delega passiva e inconsapevole del nostro potere decisionale.

Quando iniziamo ad accordare fiducia incondizionata a raccomandazioni meccanicamente generate, cediamo silenziosamente porzioni significative della nostra autonomia decisionale. Non ci rendiamo conto che stiamo condizionando la nostra coscienza a non esercitare più la sua naturale funzione interrogativa. Che subdolamente il valore prezioso della libertà autentica cede il passo alla comodità seducente dell'automazione.

La sovranità decisionale si erge a principio spirituale in quanto riafferma il diritto sacro e simultaneamente il dovere inalienabile di esercitare la nostra facoltà di scelta consapevole. Scegliere con la lentezza necessaria alla riflessione profonda, attraversando il territorio fertile del dubbio, onorando le inevitabili esitazioni, accogliendo persino il dolore che talvolta accompagna le decisioni autentiche, ma scegliere in prima persona, assumendosene piena responsabilità. È proprio l'esercizio della libertà che ci definisce come esseri umani, non l'efficienza operativa.

Questo principio racchiude anche un monito essenziale: rifiuta di lasciarti governare passivamente da una logica algoritmica che non hai scelto e interrogato. La spiritualità autentica si manifesta come pratica continua e coraggiosa di decisione consapevole. Una pratica che deliberatamente rifiuta la tentazione della scorciatoia, preferendo la fedeltà laboriosa al proprio cammino unico di evoluzione.

11. Trascendenza digitale

Frase guida: anche il codice può essere una soglia verso l'invisibile.

La dimensione spirituale dell'esistenza umana non si pone necessariamente in contraddizione con l'evoluzione tecnologica. Quando orientata con saggezza e discernimento, l'Intelligenza Artificiale può effettivamente trasformarsi in un potente catalizzatore di bellezza inaspettata, creatività espansa e stupore contemplativo. La trascendenza digitale emerge come principio spirituale invitandoci a superare la dicotomia artificiale tra spiritualità tradizionale e innovazione tecnologica, suggerendo la possibilità di una loro integrazione consapevole. Possiamo constatare concretamente come un'applicazione digitale possa facilitare l'accesso a pratiche meditative profonde, o un video possa stimolare un'espansione significativa della coscienza, o ancora come un sistema di IA possa generare un'opera d'arte capace di schiudere autentica meraviglia contemplativa.

La chiave determinante in questo processo risiede nell'intenzione consapevole. Stai impiegando lo strumento tecnologico per amplificare ed espandere la tua dimensione umana o per sfuggire alle sue inevitabili complessità? Stai orientando la tua interazione digitale verso l'illuminazione interiore o verso la distrazione compulsiva? La trascendenza digitale non consiste in una mitizzazione acritica dell'IA, ma nel suo impiego consapevole come trampolino verso dimensioni più profonde di significato esistenziale. Come una lanterna che illumina il cammino senza pretendere di essere essa stessa la destinazione. Uno specchio che riflette verità senza proclamarsi oracolo definitivo.

Quando utilizziamo la tecnologia con l'intenzione esplicita di elevare la coscienza, anche la dimensione digitale può trasformarsi in territorio sacro. Non perché sostituisca l'esperienza della trascendenza autentica, ma perché la rende accessibile attraverso nuovi linguaggi.

12. Resilienza spirituale

Frase guida: restare umani quando tutto cambia.

L'universo dell'Intelligenza Artificiale subisce trasformazioni vertiginose con frequenza quotidiana. Emergono continuamente nuove funzionalità, si profilano inedite minacce, si delineano scenari inaspettati. In questo contesto di mutamento accelerato, è comprensibile sentirsi sopraffatti dal senso di disorientamento, smarriti di fronte alla complessità crescente. È naturale percepire che tutto stia procedendo a una velocità eccessiva, verso orizzonti apparentemente inaccessibili alla comprensione umana.

Eppure, la resilienza spirituale ci ricorda con voce quieta ma ferma che non siamo soli nel navigare queste acque turbolente. Nel nucleo più profondo del nostro essere esiste un luogo inviolabile che nessuna crisi esteriore può annientare. Un centro sacro dove dimora il senso autentico, al riparo dalla tempesta del cambiamento. La resilienza spirituale non consiste nel resistere rigidamente a qualunque costo. Si manifesta piuttosto come capacità di adattarsi fluidamente senza spezzarsi, di trasformarsi senza smarrire l'essenza. È l'arte alchemica di trasmutare l'ansia paralizzante in consapevolezza espansa, la paura reattiva in interrogativo generativo, il dubbio sterile in ricerca feconda.

In un mondo ossessivamente focalizzato sulla misurazione della prestazione, sull'accelerazione costante, sull'acquisizione di prestigio, la resilienza spirituale rappresenta una radice invisibile ma potente che affonda nel terreno dell'anima. Ci permette di affrontare l'onda impetuosa del cambiamento senza cedere a timori, cinismo o indifferenza. È la consapevolezza che, anche quando tutto intorno a noi sembra vacillare nell'incertezza, possiamo scegliere consapevolmente di incarnare la luce. E che la vocazione autentica dell'essere umano non consiste nel dominare il mondo con la tecnica, ma nell'attraversarlo con coscienza vigile, amore compassionevole e presenza piena.

L'IA ci accompagna. Ma noi guidiamo

Siamo entrati in un'era senza precedenti. Un'epoca in cui la tecnologia ha trasceso la sua natura di semplice strumento esterno per divenire un vero e proprio ambiente cognitivo, una presenza invisibile che ci accompagna silenziosamente e permea la nostra esistenza quotidiana, interpreta le nostre inclinazioni più sottili, anticipa i nostri desideri inespressi. L'Intelligenza Artificiale ha ormai varcato i confini dei laboratori di ricerca per abitare intimamente i nostri spazi: vibra nei nostri dispositivi mobili, anima i motori di ricerca che esploriamo, si manifesta negli assistenti virtuali che interpelliamo, opera nei sistemi che orientano le nostre scelte.

Proprio per questo emerge l'imperativo di elevare la nostra consapevolezza. Quanto più avanzati divengono gli algoritmi, tanto più profonda deve farsi la nostra coscienza. La vera emergenza del nostro tempo non risiede nell'automazione pervasiva dei processi, nella presunta invasione algoritmica nelle nostre vite, ma è data dal rischio di smarrire la consapevolezza di chi siamo, dissolvendoci nell'oceano digitale che ci circonda.

Per questa ragione fondamentale, l'intelligenza spirituale non è una fuga nostalgica dal presente, un rifugio per chi teme il futuro. Al contrario, essa rappresenta una risorsa vitale e insostituibile per affrontare con lucidità e radicamento profondo la straordinaria complessità del mondo contemporaneo. Ciò di cui abbiamo necessità è una nuova alleanza generativa tra dimensione spirituale ed evoluzione tecnologica. Un umanesimo integrale di nuova concezione che superi la sterile contrapposizione tra macchina e anima, riconoscendo con saggezza i confini e le potenzialità di entrambe. Un paradigma che sappia valorizzare la straordinaria potenza dell'Intelligenza Artificiale per alleggerire il peso delle incombenze materiali, senza mai permettere che questo processo svuoti di significato l'esperienza umana. Un approccio che guardi al futuro tecnologico con entusiasmo creativo, mantenendo però salda la bussola interiore che orienta il cammino.

Per navigare con saggezza in quest'epoca di trasformazione accelerata, necessitiamo di nuove chiavi interpretative e operative. I dodici principi dell'intelligenza spirituale non si propongono come dogmi immutabili, ma come proposte feconde, inviti all'esplorazione, ancore di stabilità nella tempesta del cambiamento. Non sono leggi scolpite nella pietra dell'assoluto, ma strumenti flessibili, destinati a essere continuamente revisionati, anche alla luce dell'esperienza individuale.

Sono soglie che ci rammentano quotidianamente che l'esercizio della libertà è possibile anche nell'ecosistema apparentemente deterministico dell'automazione algoritmica.

La vocazione fondamentale dell'essere umano permane immutata attraverso le epoche: consiste nell'impegno a vivere con autenticità radicale, a generare significato in un universo apparentemente indifferente, a porsi al servizio di realtà che trascendono i confini del Sé individuale. Ciò che si è profondamente trasformato è il contesto in cui questa vocazione è chiamata a manifestarsi. Una cornice caratterizzata da crescente incertezza, accelerazione vertiginosa, ibridazione senza precedenti tra dimensioni un tempo separate. Ed è precisamente questa metamorfosi contestuale che esige da noi una forza interiore rinnovata e amplificata. Nonostante la sofisticazione crescente dei sistemi artificiali, siamo ancora noi esseri umani a mantenere il timone dell'esistenza. Continuiamo a percorrere la medesima autostrada esistenziale dei nostri antenati, consapevoli dei nuovi pericoli dell'epoca contemporanea. Percepiamo con lucidità le forze che minacciano di destabilizzarci, le seduzioni che ci attraggono verso derive lontane da noi stessi, le illusioni che offuscano la nostra visione. Riconosciamo ora la presenza di veicoli che procedono contromano. Simultaneamente, però, acquisiamo piena consapevolezza degli strumenti interiori che ci consentono di evitare l'impatto distruttivo. Disponiamo della coscienza vigile. Attingiamo alla dimensione spirituale dell'esistenza. Coltiviamo il coraggio necessario per procedere nonostante l'incertezza. Manteniamo viva la possibilità di arrestare momentaneamente la corsa frenetica per affermare con determinazione serena: «Questa è la mia strada autentica. Questo è il mio passo consapevole. Questo è il mio scopo liberamente scelto». L'intelligenza suprema non consiste nella capacità di prevedere algoritmicamente il futuro. Si manifesta piuttosto nella scelta di abitare pienamente il presente con lucida consapevolezza, visione penetrante e responsabilità integrale.

Comprendiamo ora che l'autostrada dell'esistenza contemporanea non rappresenta solo un contesto di velocità accelerata, ma anche un esame continuo di lucidità interiore. E quando, inevitabilmente, qualcosa di imprevisto ci verrà incontro con violenza – procedendo contromano rispetto al flusso naturale della vita – non saremo in preda al panico reattivo. Sarà la qualità della nostra presenza consapevole a proteggerci dall'impatto, la vigilanza della nostra anima pienamente desta. Sarà precisamente quell'intelligenza spirituale che, operando silenziosamente nelle profondità del nostro essere, ci avrà preparati a preservare intatta la nostra essenziale umanità, anche nell'incontro con l'imprevisto e lo sconosciuto.

10
Il nome che porti dentro

«A chi lo dedico il libro?»

«A me.»

«E qual è il tuo nome?»

«Elvira. Mi chiamo Elvira e il libro è per me.»

«Intendevo qual è il tuo vero nome. Il nome che porti dentro. Come ti chiami davvero. Non il nome che hanno scelto per te.»

«In che senso, scusa?»

«Se vuoi che ti dedichi il libro ho bisogno di sapere il tuo vero nome, quello della tua anima. Altrimenti scriverò solo la dedica, aspettando che tu lo scopra.»

Non scrissi alcun nome su quella pagina bianca.

Il nome iniziatico è memoria. Non avrei potuto fare ciò per cui sono nato se non avessi prima cambiato il mio nome. A me, il nome che porto, ha trasformato la vita. È memoria della legge naturale interiore. Ma è anche presenza, guida, impegno e dono. Un suono che custodisce il ricordo della nostra essenza e della nostra missione, un richiamo costante a camminare nella direzione che ci appartiene.

«Dovrei considerare seriamente l'opzione di cambiare nome?»

«Lo fanno molte più persone di quante credi. Ci sono esempi di grande rilevanza al riguardo.»

«Per esempio, chi?»

«Per esempio, il Papa. I Papi scelgono un nome che rappresenti la loro missione. Pensa a Francesco, a Leone... Dal nome adottato si intuiscono già le linee di quel pontificato, le sue note di fondo, la direzione del vento.»

«Sì, ma quello dei Papi è un caso particolare.»

«Più che altro è un rito iniziatico mainstream, accolto e celebrato da tutti come se fosse una cosa normale e dovuta. Scatena attesa, trepidazione, curiosità. Quel nome è il primo sigillo del pontificato. Ma non è un'eccezione. La maggior parte delle persone non ha la più pallida idea del numero di individui che cambiano il nome per ragioni collegate alla vocazione e al significato della vita. Sono davvero tante, ma molte scelgono di non condividerlo pubblicamente. Lo custodiscono nel silenzio, richiamandolo alla mente e al cuore ogni volta che sentono il bisogno di ricordare la propria natura e il senso più autentico di se stesse. Lo ripetono come un mantra fino a che si ricollegano a quella memoria e presenza. Non dovresti sottovalutare questa possibilità. È uno strumento molto potente per guidarti verso il *dharma*.»

«Mi vergognerei terribilmente a cambiare nome.»

«Oramai non scandalizza più neanche il cambio di sesso e tu ti preoccupi di poter scegliere liberamente il tuo nome? Per ciò che mi riguarda, farlo in base al *dharma* e ai talenti è un atto di libertà ricco di significato. A un certo punto della propria vita, quando e se si ha chiarezza della propria vocazione, bisognerebbe cambiare nome. Lasciare andare quello vecchio, come una crisalide, e spiegare le ali di un nuovo significato, più vero e autentico, di se stessi. Questo cambiamento tocca corde molto profonde perché riguarda l'identità, ciò che sentiamo di essere realmente. Il nome iniziatico non è un'etichetta, ma una preghiera vivente, un'energia viva in cammino. Arriva in momenti di svolta della vita, in cui si lascia andare un'identità passata e si abbraccia una nuova forma di sé: durante viaggi speciali, in cerimonie di passaggio, come un matrimonio spirituale, la nascita di un progetto, la conclusione di un lungo ciclo di vita, ma anche in periodi di crisi trasformativa, quando si sente il bisogno di un nuovo inizio. Si può anche ricevere durante iniziazioni spirituali o percorsi profondi di consapevolezza. Può essere dato da una guida, ricevuto in meditazione, può nascere da una ricerca interiore, o venire portato in dono dalle circostanze. Se la vita vuole che noi cambiamo nome, ci metterà davanti a questa possibilità e noi dovremmo considerarla con attenzione. Il nome iniziatico ha più funzioni, tutte connesse alla trasformazione della coscienza e alla realizzazione. Prima di tutto è un richiamo interiore. Funziona cioè come un mantra personale: ogni volta che viene pronunciato, richiama alla memoria il significato della propria esistenza, riportando il cuore al centro. Poi svolge una funzione di sostegno, creando una frequenza di pensiero che avvolge e supporta la propria vocazione e missione. Esprime le qualità, i talenti e la direzione che la nostra anima ha scelto di incarnare in questa vita. Infine, è anche una sorta di ancoraggio nei momenti di passaggio. Diventa cioè un faro nei periodi di cambiamento e una bussola in quelli di smarrimento.»

«Come si fa a scegliere un nome che corrisponda alla propria vocazione, ai propri talenti e al significato di sé?»

«Be', la prima cosa da tenere in considerazione è che un nome iniziatico è sacro, come ti dicevo, e viene ricevuto o scelto in un contesto di consapevolezza, crescita e trasformazione. Porta con sé un significato preciso, spesso radicato in lingue antiche, come il sanscrito, il greco, l'ebraico, il latino, e in simboli universali. La sua funzione è ricordare il *dharma* e stimolare in quella direzione. Ricevere un nome iniziatico è come ricevere un seme. Il seme contiene già in sé tutta la pianta, ma ha bisogno di tempo, cura e dedizione per crescere e svilupparsi.»

«Chi ti ha dato il tuo nome iniziatico?»

«Nel mio caso l'ho scelto personalmente, ma la maggior parte delle volte viene dato da una guida spirituale. Una volta ricevuto, alcuni scelgono di farsi chiamare solo con quel nuovo nome per il resto della vita, altri invece lo custodiscono nell'intimità del cuore e non lo condividono mai con nessuno. La scelta è personale. In entrambi i casi, però, è necessario coltivarlo.»

«Cosa vuol dire coltivarlo? Si può coltivare un nome?»

«Sì, praticando le qualità che rappresenta, fino a che non fiorisce. Alcuni lo ripetono ogni giorno come fosse un mantra, una preghiera o una nota musicale. Si tratta dell'accordo dell'anima. Ogni volta che viene pronunciato, il suono chiede alla persona di essere coerente con il Sé, con la propria natura autentica. Quel nome è un ponte tra l'invisibile e il visibile, il potenziale e il manifesto, la chiamata dell'anima e la vita quotidiana. Ogni sillaba porta una vibrazione. Ogni etimologia racchiude un codice. In questo codice vive l'archetipo che siamo chiamati a incarnare: bellezza, verità, giustizia, armonia, potere, forza, responsabilità, devozione, dedizione, chiarezza, presenza, luce, equilibrio, servizio, cura, custodia, fiducia, saggezza, dono, amore, il principio materno, la guida, la sicurezza... Sono archetipi, qualità, caratteristiche e talenti da cui si parte per la scelta del nome. Chi te lo assegna deve essere capace di vedere dentro di te, la tua parte più profonda. Deve sentirla, riconoscere la personalità della tua anima.»

«In che senso?»

«Oltre la superficie della personalità egoica, la nostra profondità possiede caratteristiche e tendenze ben precise. Quasi tutti gli esseri umani si relazionano solo con la parte superficiale dell'essere: si innamorano e coltivano solo i tratti della personalità riferiti all'ego. Ma se osserviamo con attenzione qualcuno, possiamo notare delle caratteristiche più profonde, correnti carsiche che muovono la sua vita. Sfumature che, quando trasformate in azioni, provocano in quella persona gioia, naturalezza, senso di coerenza. Perché sta seguendo la propria legge naturale. Per qualcuno è una sorpresa inaspettata. Mi ricordo che durante un ritiro di meditazione, tra i partecipanti c'era un signore distinto, molto colto e intellettuale, convinto che la sua caratteristica fosse la capacità di concretizzare le cose, di portarle a terra. Ripeteva che quella era la sua attitudine naturale. Lo osservai con attenzione per i primi tre giorni, poi mi fu chiaro che il suo *dharma* era il servizio. Lo affidai dunque alla cucina, dove avrebbe potuto sperimentarlo in molti modi: cucinando, pulendo, lavando i piatti, aiutando a sistemare le sale. All'inizio fu uno choc per lui. L'immagine mentale che aveva creato di sé non corrispondeva a un ruolo del genere, che trovava svilente. Mi confessò privatamente che lo associava alle donne della servitù che da piccolo avevano in casa. Gli chiesi di sforzarsi a provare e accettò, suo malgrado. Lo osservai cambiare silenziosamente di giorno in giorno. Alla fine della settimana fece una condivisione molto significativa. "Avevo delle resistenze molto grandi rispetto al compito che mi è stato affidato. Ma mi sbagliavo. Più passano i giorni più, inspiegabilmente, la mia felicità aumenta, la mia mente si svuota da ogni pensiero e riesco a meditare molto più profondamente. Ma soprattutto ho scoperto che servire il prossimo mi dà gioia ed è una cosa che mi viene naturale. Anche se pensavo, in modo giudicante, che il servire non si addicesse alle mie competenze. È stata una lezione di umiltà molto importante per me. Ho finalmente scoperto delle caratteristiche che rendono la mia vita più vera e bella. E ho capito che la natura del servire può essere manifestata in tante situazioni che non avrei mai creduto possibili per me, liberandomi da rigidità e preconcetti limitanti. Tra quei piatti sporchi, pulendo il pavimento a fine pasto, in quei gesti semplici, in quella pulizia, anche la mia mente si è purificata."»

«Mi spaventa un po' l'idea che esista una parte profonda di

me che non corrisponde a ciò che penso, sento e credo di essere. Ho paura di scoprire qualcosa di spiacevole. O meglio, che ciò che sono riservi spiacevoli sorprese.»

«Il sigillo che porta la nostra natura non è mai spiacevole. Il rifiuto è dovuto al giudizio iniziale della mente. Ma accogliere la propria natura significa accettare integralmente se stessi a prescindere. Vuol dire ascoltarsi, riconoscersi e amarsi. Ci sono tante persone arrabbiate col mondo e frustrate perché non si sentono riconosciute e accettate per ciò che sentono di essere, ma in realtà sono loro stesse a non conoscere la propria vera natura e a rifiutarsi. Eppure, anche se ti sarà difficile crederlo, a volte la sofferenza e il rifiuto si manifestano per caratteristiche positive e funzionali.»

«In che senso?»

«La bellezza, per esempio. Lo *svadharma* di alcune persone ha a che fare con essa. Potrebbero aver ricevuto un aspetto gradevole, legato a canoni di bellezza e armonia che ispirano ed elevano; potrebbero anche essere inclini a riconoscere e celebrare la bellezza ovunque. Non solo a livello estetico, ma anche emotivo, relazionale, artistico, spirituale. La bellezza è anche nel silenzio e nella parola, nel dolore e nell'amore, nella nascita e nella morte. Talvolta più che attrarre, ispira; ci porta verso l'alto e ci libera dalle brutture intorno a noi. Alcune persone nascono con questo dono: sono belle dentro e fuori. Il punto fondamentale di questo esempio consiste nelle distorsioni e nelle dinamiche compensatorie. Per esempio, quando quel dono non viene posto al servizio del *dharma*, ma dell'ego e di logiche di seduzione e convenienza. La vergogna per la propria bellezza, per dirne un'altra: percepirla come un elemento penalizzante e non valorizzante; avere paura a mostrarla, timore che stimoli giudizi di ogni tipo e gelosie. Ci sono persone che, paradossalmente, la vivono male e non fanno fruttare quel talento al servizio del *dharma*. Possiamo fare molto di più di tutto questo.

Ricevere un dono, avere un talento, presuppone anche la responsabilità di utilizzarlo correttamente.»

«Posso comprendere le tue parole, ma cosa c'entra questo discorso col nome? Riconoscere di avere dei talenti e dei doni è importante, ma come poter legare questo al proprio nome?»

«Esistono lingue molto antiche che hanno mantenuto una radice sacra. I suoni e le parole sono intrise di un significato esistenziale nato in un'epoca e in un contesto in cui l'uomo era profondamente consapevole del miracolo della vita e del suo aspetto sacro e divino. Queste lingue sono figlie della meraviglia, della conoscenza, dei valori e della bellezza. Il sanscrito è una di queste ed è quella che prediligo per la scelta del nome iniziatico. Nel caso del primo esempio che ho condiviso, quello del ricercatore che ha scoperto la naturalezza del servizio, contro ogni preconcetto, se mi avesse chiesto un suggerimento per un nome iniziatico gli avrei consigliato di approfondire il termine *Sevā* (सेवा). La radice viene da servire, prendersi cura, onorare, adorare. *Sevā* indica un «servizio disinteressato, un atto d'amore e dedizione». Non è un servizio «servile», ma un'azione sacra fatta con cuore puro, senza aspettarsi nulla in cambio. Alcuni provano gioia in questo atto disinteressato, si sentono completi, non possono fare a meno di mettersi al servizio di chi ha bisogno. Nella tradizione millenaria indovedica alla parola *Sevā*, nel caso di un uomo, se ne aggiunge un'altra: *Ananda*. Cioè gioia, beatitudine. Il nome completo, *Sevānanda*, vuol dire «colui che prova gioia nel servire». I nostri nomi di battesimo vengono scelti principalmente per ragioni legate a una tradizione familiare, a una tendenza sociale o a un desiderio genitoriale. Quasi mai si presta ascolto all'anima della creatura appena nata e alle sue caratteristiche. Per questo quel nome dovrebbe essere cambiato, in molti casi. Perché non è il nome che si porta dentro. Nell'esempio della bellezza, a una donna suggerirei il termine sanscrito *Sundari* (सुन्दरी), una delle parole più dolci e amate in India. Vuol dire «colei che è bella e armoniosa», e in senso spirituale «colei che porta bellezza interiore, grazia e splendore dell'anima». Nel caso delle donne, nella tradizione indovedica, si aggiunge il termine *Devi*, cioè dea. Quindi il suo nome sarebbe stato *Sundari Devi*. Potrei farti molti altri esempi. Per chi ama e porta pace, per esempio, c'è *Shanti*; per chi porta discernimento, *Viveka*; *Prema* per chi ha l'amore come chiave; *Daya* per chi ha come talento l'ascolto; *Karuna* per chi ha la nota della compassione; *Pavitrā* per la purezza; *Utsāha* per l'energia e la vitalità; *Satya* per la verità.»

«Mi sembrano nomi molto belli ma hanno una sonorità a cui non sono abituata. Non ho mai portato l'attenzione a questi temi. Per me un nome era un nome. Non mi sono mai posta il problema del suo significato e non ho mai dato così importanza alla sua funzione. In effetti, sotto questa luce, è una bella provocazione: dare significato alla propria vita iniziando dal nome. Nell'epoca del fake, in cui ogni menzogna può essere fatta passare per reale e la superficialità è diventata il senso del vivere, cercare profondità e verità a partire dal proprio nome mi pare stimolante.»

«Il nome che ti porti dentro, il nome dell'anima, è l'unico vero mantra, l'unica preghiera che ti appartiene. Ti piace l'idea?»

«Non mi vedo però seduta con le gambe incrociate a ripetere il mio nome in sanscrito come fosse un mantra... Mi sentirei totalmente ridicola.»

«Allora non lo fare. Puoi cantarlo o pronunciarlo mentre passeggi, sotto la doccia, oppure dimenticarlo e ricordarlo di tanto in tanto. Sarà la vita a farti portare lì l'attenzione, vedrai. Ma per conoscere il mantra completo, la tradizione dice che devi aggiungere il suono *Om* all'inizio e *Namaha* alla fine.»

«Che significa *Namaha*?»

«Vuol dire ti riconosco, mi inchino a te, onoro la tua vita. Per esempio, *Om Sundari Devi Namaha* significa "mi inchino alla dea che porta la bellezza". È un modo molto delicato per riconoscere la luce che abbiamo dentro e che abbiamo dimenticato di avere. Nel primo esempio, invece, sarebbe *Om Sevā Ananda Namaha*: "rendo onore al servizio disinteressato come via di realizzazione e integrità".»

«Davvero interessante considerare la possibilità di cambiare nome, a un certo punto. Il primo ce lo hanno dato i genitori, il secondo ce lo scegliamo noi o ce lo mostra la vita. Così diventa un atto di libertà e consapevolezza. Mi ha colpito che tu l'abbia definito "il nome che portiamo dentro", il nome dell'anima.»

«Sì, lo è. Quando l'ho sentito è stata un'emozione molto forte. Non credevo potesse avere un effetto così profondo su di me. La mia vita ha cambiato direzione da quel momento. Hanno cominciato a manifestarsi incontri e contesti inaspettati, tutti relazionati a quel significato. È come se il puzzle si componesse da solo. Chiunque viva l'esperienza di ricevere il nome che porta dentro prova delle sensazioni molto forti e viscerali.»

C'è un'antica saggezza nel gesto di cambiare nome, che ritroviamo anche nella tradizione del Cristo, quando assegnò un nuovo nome ad alcuni dei suoi discepoli per segnare un nuovo inizio, una nuova vocazione. Un esempio ben noto è l'apostolo Simone, chiamato Pietro (*Kepha* in aramaico, *Petros* in greco), che significa «roccia», a simboleggiare il suo ruolo come fondamento della comunità dei discepoli. Un altro esempio è quello dei figli di Zebedeo, Giacomo e Giovanni, che Gesù chiamò *Boanerghes*, cioè «figli del tuono», a indicare forse il loro zelo o la loro energia nella missione. Questi cambi di nome segnavano un nuovo inizio, una nuova identità legata alla missione spirituale che ciascun discepolo stava per abbracciare. Un altro esempio ancora è Levi, il pubblicano, che divenne l'apostolo

Matteo. Anche se questo cambio di nome non è narrato in modo esplicito nei Vangeli, la tradizione lo identifica così, segnando il passaggio dalla sua vecchia vita di esattore a quella di uomo di fede. Guardando in generale alla storia cristiana, moltissimi santi hanno cambiato nome nel momento in cui hanno intrapreso la propria missione spirituale. Per esempio santa Teresa di Calcutta, nata come Anjezë Gonxhe Bojaxhiu, che prendendo i voti come suora si è ispirata a Teresa di Lisieux. In tante altre tradizioni monastiche e religiose il cambio di nome è un momento chiave: segna l'inizio di una nuova identità e l'allineamento a una missione di vita, in un percorso sia spirituale sia laico e universale. In molte di esse il nome è considerato una forma di potere e di identità profonda, per diventare più fedelmente ciò che si è chiamati a essere. Cambiare nome, in altre parole, significa riscrivere la propria storia, allineare la propria vita alla propria vocazione. È un atto di consapevolezza e di coraggio, per avvicinarci, in qualunque momento della nostra esistenza, alla nostra vera essenza.

Si tratta di un vero e proprio viaggio dentro se stessi. Un percorso di autoascolto, in cui ci prendiamo il tempo di comprendere davvero la nostra vocazione, i nostri talenti, ciò che ci dà gioia e ci fa sentire vivi. È come ascoltare il sussurro più autentico dell'anima. Quando ci prendiamo il tempo per osservarci a fondo, diventiamo anche consapevoli di quanto la nostra vita si svolga in superficie. Abbiamo invece un grande bisogno di uno spazio interiore che ci aiuti a capire chi siamo al di là dei ruoli, delle aspettative e pressioni esterne. In quello spazio si trova anche il nostro nome. Chi sceglie di portare quel nome riconosce il senso più profondo del proprio cammino. Da quel momento, la sua vita può davvero cambiare direzione.

Il nome che ci portiamo dentro ha anche un'altra funzione. Quella di aiutarci a riconoscere il *dharma* altrui: la vocazione, i talenti, lo scopo profondo e il significato della loro vita. Ci relazioniamo agli altri attraverso le onde superficiali della personalità e dell'ego, senza quasi mai riuscire a scorgere cosa si cela più a fondo. Mi sono reso conto dell'importanza di queste consapevolezze quando ho iniziato a lavorare nelle carceri con i detenuti. Se mi fermavo alla superficie, considerandoli e relazionandomi in base a ciò che avevano fatto o agli spigoli delle loro personalità, la relazione era complessa e piena di attriti, diffidenze e giudizi. Nel momento esatto in cui vedevo il nome che portavano dentro e mi mettevo al servizio del loro *dharma*, accadeva un cambio straordinario in termini di fiducia.

Quasi mai ci relazioniamo agli altri considerando il nome che portano dentro. Solitamente, li definiamo in base a ciò che fanno, ai loro comportamenti, ai tratti della loro maschera sociale. In realtà, tutto ciò che vediamo non è la persona, ma solo la superficie: ruoli, forme, pensieri, definizioni, desideri, emozioni, aspettative. Critichiamo i loro difetti, lodiamo le virtù della personalità, invidiamo o ammiriamo i talenti che servono il successo, l'ego, ma raramente scorgiamo il sigillo dell'anima. Sono poche le persone che vanno dritte lì; che sanno ascoltare il nome che portiamo dentro e lo pronunciano senza paura. Il mondo sarebbe un posto diverso se ci relazionassimo con la vocazione e il proposito della vita altrui. Anziché diventare reattivi, critici e infastiditi, potremmo scorgere un disegno più ampio, un movimento sotterraneo che, se ascoltato, ci permetterebbe un'interazione molto più autentica. Hai presente la sensazione che qualcuno ti capisca realmente? Vedendo quello che gli altri non riescono o non possono scorgere? Non si tratta solo di un'impressione, ma di un'affinità animica. Quelle persone sono in ascolto del nome che ti porti dentro. È questo che crea quella sensazione. Ti conosco intimamente pur non avendo la minima idea della tua storia, di cosa fai, dove hai vissuto, chi hai amato, cosa è accaduto e quali sono i tratti della tua personalità e le ferite del tuo ego. Sono in contatto col sigillo impresso nella tua anima.

Quando accediamo a una dimensione più alta, più pura, possiamo maturare una visione completamente differente delle relazioni, delle interazioni e degli accadimenti. Rivolgendosi a qualcuno col nome che porta dentro, tutto cambia. Il nome iniziatico, nella tradizione indovedica, ha esattamente questa funzione: ricordare chi siamo davvero.

Il nome civile, quello di nascita, spesso non ha la forza giusta per sostenere ciò che l'anima è venuta a compiere. Il nome iniziatico, invece, è la soglia della vera missione di vita. Per questa ragione non può essere scelto con leggerezza: deve nascere da una profonda autoindagine capace di portare alla luce il *dharma* personale, la vocazione più autentica, i talenti dati in dono, il servizio che l'anima è chiamata a offrire. Una chiamata radicale, alla quale non si può disobbedire senza tradire se stessi.

Il nome iniziatico è un sigillo, un archetipo, un codice di attivazione. Ciascun nome, tra cui quelli che abbiamo visto, *Ananda* (beatitudine), *Sevā* (servizio), *Karuna* (compassione), *Rūpa* (forma), *Vid* (colui che conosce), è una direzione precisa, un modo in cui il *dharma* si manifesta attraverso quella vita. La bellezza, il silenzio, la parola, il nutrimento, la protezione, la guarigione: ogni talento ricevuto in dono è sacro, se messo al servizio del proprio *dharma*. Ma non bisogna avere preconcetti, perché a volte il proprio talento è qualcosa di inaspettato e apparentemente contraddittorio. Può essere quello di creare scompiglio, o di provocare, o di portare crisi, o ancora di mettere il dito nella piaga, innescare grandi trasformazioni. Proprio per questo le caratteristiche più profonde non dovrebbero essere impiegate per servire l'ego e la personalità. La maggior parte di noi invece utilizza i talenti per nutrire la propria importanza personale ed essere funzionali all'omologazione in un sistema votato al profitto e distante dalla legge naturale. Alcuni tra i maestri e i mentori che ho incontrato nel mio cammino facevano uso delle proprie capacità per destabilizzare le distorsioni dell'ego, sradicare attaccamento ai ruoli, mostrare uno spigolo o una debolezza in modo contundente. Così facendo, il talento diventa strumento di liberazione e armonia e chi lo possiede onora il proprio *svadharma*, che richiede di far fiorire ciò che ci è stato dato, non per l'ego, ma per l'anima. Questo processo richiede discernimento, umiltà, ascolto e, soprattutto, un'educazione che manca completamente nel nostro attuale stato di evoluzione.

Il nome iniziatico come seme

Ogni nome iniziatico non rappresenta soltanto la chiamata della propria anima (la direzione, il *dharma*), ma contiene anche la potenziale ombra, la prova. Ciascuna vocazione porta con sé una sfida: ciò che può diventare pienezza, compimento, può anche degenerare nell'illusione, o in una sorta di catena. Il nome, quindi, è come un laboratorio di realizzazione esistenziale: dentro c'è sia la luce sia l'oscurità della distorsione.

Un esempio. Se il proprio nome iniziatico contiene un *dharma* legato al servizio e al dono di sé, la vocazione luminosa consisterà nella compassione, nella cura, nel sacrificio amorevole e nella generosità. La distorsione (prova), invece, porterà all'annullamento di sé, al trascurare i propri bisogni, a diventare indispensabili per controllare gli altri, a essere a servizio, ma in modo tale da alimentare dipendenza o vittimismo.

Se il proprio *dharma* si esprime attraverso l'esercizio del potere e il talento di guidare le altre persone, la vocazione luminosa porterà verso una leadership saggia, il discernimento, la capacità di ispirare verso il bene comune, mentre la distorsione si manifesterà mediante un ego smisurato, orgoglioso, l'imposizione, la brama di dominio, la manipolazione, l'abuso di fiducia, anziché l'ascolto della volontà superiore.

Nel caso di un *dharma* basato sulla saggezza e sulla conoscenza, la vocazione luminosa si manifesterà attraverso una visione chiara, l'insegnamento, la manifestazione di una luce che illumina gli altri, la custodia della verità, mentre la distorsione attraverso l'intellettualismo sterile, l'arroganza spirituale, il dogmatismo, l'attaccamento al ruolo di «maestro».

Nessuno è esente dalle prove, neanche chi ha come via di espressione della propria unicità l'amore: la vocazione luminosa condurrà all'apertura del cuore, alla comunione e alla capacità di vedere l'altro come se stesso; la distorsione, invece, porterebbe attaccamento simbiotico, dipendenza affettiva, possessività e confusione tra amore spirituale e bisogno emotivo.

L'essere umano non consapevole tende a polarizzare costantemente. Filtra tutto attraverso la lente della dualità. E così, per fare un esempio, la libertà, da forza creativa che rompe le catene, può sfociare in ribellione sterile, anarchia distruttiva, narcisismo, egoismo camuffato da autenticità e desiderio di distinguersi per sentirsi superiori. Tutto, ma proprio tutto, ha in seno una controparte. A noi la scelta di evitare che il silenzio si trasformi da capacità di ascolto e raccoglimento nella presenza in isolamento, fuga dal mondo, indifferenza e omertà. Non vi è aspetto della nostra esistenza, lo ripeto, che sia esente da questi rischi. E il nostro nome iniziatico è proprio la prova mediante la quale poter trascendere le polarità. In questi anni di ricerca ho potuto testimoniare tante cadute. Ho visto persone capaci di grande compassione, di essere canali di consolazione e guarigione, cadere nella sofferenza senza trascenderla, restare vittime del dolore altrui, assumere su di sé fardelli insostenibili, credendosi «salvatori indispensabili».

Il nome iniziatico è dunque come una parola-seme: dentro custodisce *dharma* (vocazione, destino superiore), ma anche *karma* (prove e distorsioni da trasformare). La vera maturità spirituale non è evitare la distorsione, ma riconoscerla, attraversarla e trasformarla, così che la luce originaria del nome possa manifestarsi senza catene.

Un'educazione fondata sul dharma

L'altra notte ho fatto un sogno. Ho visto una scuola dove si entrava nel silenzio. Maestri e allievi sedevano in cerchio, osservando il nome che l'altro portava dentro. Il successo non era dato dal voto più alto, ma dalla cura, dalla presenza, dall'inclusione. Quel luogo era un ponte tra il sogno di ciascuno e il bisogno di tutti, in cui il sapere incontra la saggezza e la libertà si veste di responsabilità. In quel sogno vedevo le persone andare nel mondo non solo con un mestiere, ma con una missione. E il mondo, grazie a questo, era un po' più giusto, più bello, più vero. Mi sono fermato davanti a un bambino per guardare i suoi occhi. Mi ha detto: «Qui ho imparato chi sono e come posso servire la vita». Che bel sogno...

Il *dharma*, nella sua accezione più alta, non è una regola esterna o interna, ma il principio vivente che sostiene la vita e orienta ogni essere verso la propria realizzazione autentica. Per questo gli asili, le scuole, le università e qualsiasi percorso professionalizzante dovrebbero far parte di un sistema educativo basato sul *dharma*. L'obiettivo primario dell'educazione non può essere ridotto a una mera trasmissione di competenze, ma dovrebbe essere un processo di consapevolezza integrato da tre aspetti fondanti. Il primo riguarda lo studio di se stessi, ossia un processo di autoconoscenza autentico, per imparare a osservarsi, riconoscere pensieri, emozioni, schemi e condizionamenti, scoprire il proprio *svadharma*, ovvero identificare vocazione, talenti, inclinazioni e proposito di vita. Il secondo è relativo alla comprensione e all'importanza del servizio: occorre formare esseri capaci di mettere la propria unicità a disposizione del bene comune, integrando la crescita personale con il contributo al mondo. Il terzo, infine, riguarda l'equilibrio interiore, ossia coltivare qualità come compassione, responsabilità, discernimento, integrità. In questa visione, il successo non è misurato solo in termini economici o di prestigio, ma nella coerenza tra ciò che si è, ciò che si fa e il bene che si genera. Se dovessi immaginare un modello capace di integrare il *dharma* nel percorso di studi, proporrei un curriculum che integri quattro aree: le competenze specifiche della professione scelta; il sapere interiore (meditazione, autosservazione, consapevolezza emotiva); il sapere espressivo (come arte, linguaggio, creatività, comunicazione autentica); il sapere di servizio (progetti sociali, ecologia, economia solidale). Ogni studente verrebbe affiancato da una guida esperta che lo aiuti a esplorare vocazioni, talenti e scopo di vita. Oppure, proporrei una «Scuola del Sé e del Mondo», in cui metà tempo verrebbe dedicato a materie tradizionali e l'altra metà a progetti concreti sul campo, in cui applicare i talenti per la comunità (per esempio, agricoltura sostenibile, arte pubblica, assistenza sociale, innovazione ecologica). L'educazione basata sul *dharma* sarebbe ciclica e continua, con momenti di studio, lavoro e servizio alternati durante tutto il corso dell'esistenza. Il cambiamento e la crescita, in questo modo, non sarebbero prerogativa della gioventù, ma si svilupperebbero vita natural durante.

L'educazione che vorrei

L'educazione non è un mero strumento per preparare alla competizione economica: è l'arte di far fiorire l'essere umano, affinché viva in pienezza la propria vocazione e contribuisca al bene comune. Un'educazione basata sul *dharma* non forma semplicemente professionisti, ma esseri umani integri, realizzati e utili alla comunità. Si tratta di un passaggio da un sistema competitivo, ego-centrico e mercato-dipendente a un ecosistema che rigeneri individui e società. Ecco alcune azioni concrete per la trasformazione dell'educazione:

1. Introdurre spazi quotidiani di autosservazione nelle scuole: meditazione breve, scrittura riflessiva, cerchi di condivisione.

2. Creare laboratori di scoperta vocazionale: mappare talenti, valori e passioni già in età scolare.
3. Istituire percorsi di «progetto di vita»: ogni studente sviluppa un progetto che unisce il proprio talento a un bisogno reale della comunità.
4. Formare gli insegnanti affinché acquisiscano competenze di ascolto, facilitazione, consapevolezza emotiva e spirituale.
5. Valutare come indicatore di successo la capacità di generare benessere comune.
6. Collegare le imprese al *dharma*: partnership con realtà economiche che valorizzino creatività, sostenibilità e contributo sociale, non solo profitto.

I principi fondamentali di un'educazione consapevole:

1. Centralità dell'essere

- Ogni persona è portatrice di uno *svadharma*: vocazione, talento e scopo unico.
- L'educazione deve aiutare a riconoscerlo, coltivarlo e offrirlo al mondo.
- Educare significa insegnare a conoscersi: osservare consapevolmente pensieri, emozioni, desideri e limiti, con chiarezza e compassione.
- Servizio e interconnessione: la realizzazione personale è inseparabile dal contributo alla comunità, alla Terra e a tutte le forme di vita.

2. Equilibrio tra sapere interiore e sapere esteriore

- Coltivare conoscenze tecniche e intellettuali insieme a valori, etica e saggezza interiore.
- Apprendimento continuo e ciclico.
- La formazione non si esaurisce in gioventù: è un percorso che accompagna tutta la vita.

3. Metodi educativi

- Spazi quotidiani di meditazione e silenzio.
- Laboratori di scoperta vocazionale.

- Attività per riconoscere passioni, talenti e valori fondamentali.
- Progetti di servizio.
- Ogni studente realizza esperienze concrete in cui il proprio talento si mette al servizio di un bisogno reale.
- Apprendimento esperienziale: alternanza tra studio teorico e applicazione pratica nella comunità.
- Mentorship personalizzata che aiuti a integrare vocazione e vita.

Bibliografia

Aftab, A., Lee, E.E., Klaus, F., Daly, R., Wu, T.-C., Tu, X., Huege, S., Jeste, D.V. (2019), *Meaning in life and its relationship with physical, mental, and cognitive functioning: A study of 1,042 community-dwelling adults across the lifespan*, «The Journal of Clinical Psychiatry», 81 (1), 19m13064. DOI: 10.4088/JCP.19m13064.

Alimujiang, A., Wiensch, A., Boss, J., Fleischer, N.L., Mondul, A.M., McLean, K., Mukherjee, B., Leigh Pearce, C. (2019), *Association between life purpose and mortality among US adults older than 50 years*, «JAMA Network Open», 2 (5), e194270. DOI: 10.1001/jamanetworkopen.2019.4270.

Arnett, J.J. (2000), *Emerging adulthood: A theory of development from the late teens through the twenties*, «American Psychologist», 55 (5), pp. 469-480.

Berman, M.G., Jonides, J., Kaplan, S. (2008), *The cognitive benefits of interacting with nature*, «Psychological Science», 19 (12), pp. 1207-1212.

Boreham, I.D., Schutte, N.S. (2023), *The relationship between purpose in life and depression and anxiety: A meta-analysis*, «Journal of Clinical Psychology», 79 (12), pp. 2736-2767. DOI: 10.1002/jclp.23576.

Boyle, P.A., Barnes, L.L., Buchman, A.S., Bennett, D.A. (2009), *Purpose in life is associated with mortality among community-dwelling older persons*, «Psychosomatic Medicine», 71 (5), pp. 574-579. DOI: 10.1097/PSY.0b013e3181a5a7c0.

Boyle, P.A., Buchman, A.S., Barnes, L.L., Bennett, D.A. (2010), *Effect of a purpose in life on risk of incident Alzheimer disease and mild cognitive impairment in community-dwelling older persons*, «Archives of General Psychiatry», 67 (3), pp. 304-310. DOI: 10.1001/archgenpsychiatry.2009.208.

Bratman, G.N., Hamilton, J.P., Daily, G.C. (2012), *The impacts of nature experience on human cognitive function and mental health*, «Annals of the New York Academy of Sciences», 1249 (1), pp. 118-136.

Brewer, J.A., Worhunsky, P.D., Gray, J.R., Tang, Y.-Y., Weber, J., Kober, H. (2011), *Meditation experience is associated with differences in default mode network activity and connectivity*, «PNAS», 108 (50), pp. 20254-20259.

Damásio, A.R. (1999), *The Feeling of What Happens: Body and Emotion in the Making of Consciousness*, Harcourt Brace, New York; trad. it. *Emozione e coscienza*, Adelphi, Milano 2000.

Dimitrov, K. (2023), *The impact of work motivation on job satisfaction with mediating effect of key work behaviour variables: A Bulgarian case of Generation Z employees*, SHS Web of Conferences, 176 (1).

Elbers, J., McCraty, R. (2020), *HeartMath approach to self-regulation and psychosocial well-being*, «Journal of Psychology in Africa», 30 (1), pp. 69-79.

Erikson, E.H. (1959), *Identity and the Life Cycle*, International Universities Press, New York.

Freud, S. (1923), *Das Ich und das Es*, Internationaler Psychoanalytischer Verlag, Leipzig; trad. it. *L'Io e l'Es e altri scritti (1917-1923)*, in *Opere di Sigmund Freud*, vol. IX, Boringhieri, Torino 1977.

Gallagher, S. (2000), *Philosophical conceptions of the self: Implications for cognitive science*, «Trends in Cognitive Sciences», 4 (1), pp. 14-21.

Ganguli, R., Padhy, S.C. (2023), *Effect of HR practices of organisations on retention of Gen Z employees: The mediating role of motivation*, «European Economic Letters», 13 (4), pp. 454-467.

Gardner, H.E., *Intelligence Reframed: Multiple Intelligences For The 21st Century*, Basic Books, New York 1999.

Gochangco, J.P.M. (2024), *Exploring the work motivational factors of Generation Z workforce in selected BPO companies: Basis for job satisfaction*, «International Journal For Multidisciplinary Research», 6 (3).

Gogtay, N., Giedd, J.N., Lusk, L., Hayashi, K.M., Greenstein, D., Vaituzis, A.C., Nugent, T.F., Herman, D.H., Clasen, L.S., Toga, A.W., Rapoport, J.L., Thompson, P.M. (2004), *Dynamic mapping of human cortical development during childhood through early adulthood*, «Proceedings of the National Academy of Sciences», 101 (21), pp. 8174-8179.

Graziano, M.S.A., Kastner, S. (2011), *Human consciousness and its relationship to social neuroscience: A novel hypothesis*, «Cognitive Neuroscience», 2 (2), pp. 98-113.

Huaihongtong, S. (2022), *Somatism «heart» in german and thai idioms: A cognitive-semantic analysis*, «Nusantara Science and Technology Proceedings», 1, pp. 106-112.

Jäckel, K., Garai-Fodor, M. (2024), *Aspects of Generation Z job choice in 2023 based on the results of primary research among Chinese and Hungarian youth*, 2024 IEEE 22nd World Symposium on Applied Machine Intelligence and Informatics.

Kaplan, R., Kaplan, S. (1989), *The Experience of Nature: A Psychological Perspective*, Cambridge University Press, Cambridge.

Kuo, F.E., Taylor, A.F. (2004), *A potential natural treatment for attention-deficit/hyperactivity disorder: Evidence from a national study*, «American Journal of Public Health», 94 (9), pp. 1580-1586.

Li, Q. (2010), *Effect of forest bathing trips on human immune function*, «Environmental Health and Preventive Medicine», 15 (1), pp. 9-17.

McCraty, R., Rees, R.A. (2009), *The Central Role of the Heart in Generating and Sustaining Positive Emotions*, in S.J. Lopez, C.R. Snyder (a cura di), *Oxford Handbook of Positive Psychology*, Oxford University Press, Oxford, pp. 527-536.

Ochsner, K.N., Phelps, E. (2007), *Emerging perspectives on emotion-cognition interactions*, «Trends in Cognitive Sciences», 11 (8), pp. 317-318.

Okuzono, S.S., Shiba, K., Kim, E.S., Shirai, K., Kondo, N., Fujiwara, T., Kondo, K., Lomas, T., Trudel-Fitzgerald, C., Kawachi, I., VanderWeele, T.J. (2022), *Ikigai and subsequent health and wellbeing among Japanese older adults: Longitudinal outcome-wide analysis*, «Lancet Regional Health – Western Pacific», 21, 100391. DOI: 10.1016/j.lanwpc.2022.100391.

Olds, J., Milner, P. (1954), *Positive reinforcement produced by electrical stimulation of septal area and other regions of rat brain*, «Journal of Comparative and Physiological Psychology», 47 (6), pp. 419-427.

Pandey, M., Bhatia, T. (2018), *A comparative study of mental health among different swadharma related teachers*, «Pramana», 8 (11), pp. 94-104.

Popaitoon, P. (2022), *Fostering work meaningfulness for sustainable human resources: A study of Generation Z*, «Sustainability», 14 (6), pp. 1-13.

Pretty, J., Peacock, J., Sellens, M., Griffin, M. (2005), *The mental and physical health outcomes of green exercise*, «International Journal of Environmental Health Research», 15 (5), pp. 319-337.

Raichle, M.E., MacLeod, A.M., Snyder, A.Z., Powes, W.J., Gusnard, D.A., Shulman, G.L. (2001), *A default mode of brain function*, «PNAS», 98 (2), pp. 676-682.

Rogers, C.R. (1951), *Client-Centered Therapy*, Houghton Mifflin, Boston; trad. it. *Terapia centrata sul cliente*, La Nuova Italia, Scandicci 1997.

Routledge, C., FioRito, T.A. (2021), *Why meaning in life matters for societal flourishing*, «Frontiers in Psychology», 11, 601899. DOI: 10.3389/fpsyg.2020.601899.

Schaefer, S.M., Morozink Boylan, J., Van Reekum, C.M., Lapate, R.C., Norris, C.J., Ryff, C.D., Davidson, R.J. (2013), *Purpose in life predicts better emotional recovery from negative stimuli*, «PLoS One», 8 (11), e80329. DOI: 10.1371/journal.pone.0080329.

Sone, T., Nakaya, N., Ohmori, K., Shimazu, T., Higashiguchi, M., Kakizaki, M., Kikuchi, N., Kuriyama, S., Tsuji, I. (2008), *Sense of life worth living (ikigai) and mortality in Japan: Ohsaki Study*,

«Psychosomatic Medicine», 70 (6), pp. 709-715. DOI: 10.1097/PSY.0b013e31817e7e64.

Stern, D.N. (1985), *The Interpersonal World of the Infant*, Basic Books, New York; trad. it. *Il mondo interpersonale del bambino*, Bollati Boringhieri, Torino 1987.

Sutin, A.R., Lucchetti, M., Stephan, Y., Sesker, A.A., Terracciano, A. (2024), *Purpose in life and stress: An individual-participant meta-analysis of 16 samples*, «Journal of Affective Disorders», 345, pp. 378-385. DOI: 10.1016/j.jad.2023.10.149.

Tang, Y.-Y., Hölzel, B.K., Posner, M.I. (2015), *The neuroscience of mindfulness meditation*, «Nature Reviews Neuroscience», 16 (4), pp. 213-225.

Twohig-Bennett, C., Jones, A. (2018), *The health benefits of the great outdoors: A systematic review and meta-analysis of greenspace exposure and health outcomes*, «Environmental Research», 166, pp. 628-637.

Ulrich, R.S. (1984), *View through a window may influence recovery from surgery*, «Science», 224 (4647), pp. 420-421.

Vogt, B.A., Laureys, S. (2005), *Posterior cingulate, precuneal and retrosplenial cortices: Cytology and components of the neural network correlates of consciousness*, «Progress in Brain Research», 150, pp. 205-217.

Yu, N. (2009), *The Chinese HEART in a Cognitive Perspective: Culture, Body, and Language*, Mouton de Gruyter, Berlino.

“Bene, vediamo un po’ come fiorisci.”

Patrizia Cavalli

Indice

Finito di stampare nel mese di ottobre 2025
per conto di RCS MediaGroup S.p.A.,
da Rotolito S.p.A., Via Sondrio, 3, Pioltello (Milano)
Printed in Italy